ミラクルきょうふ!

本当に怖いストーリー DX《デラックス》

編著✤闇月 麗

西東社

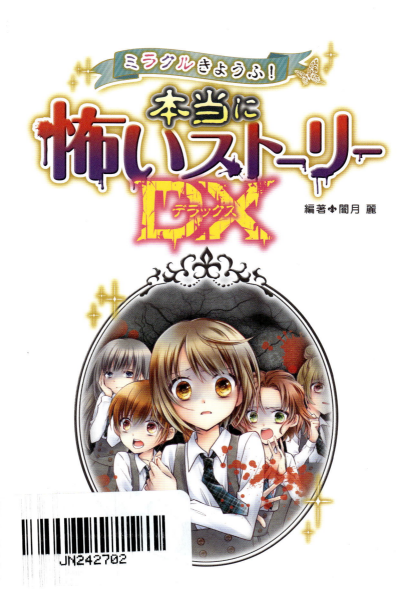

1話《わ》 あの日《ひ》から…

ケンが見《み》た夢《ゆめ》

メインストーリー　恐怖レベル　ミステリー

あ～
いたいた！
サーヤ
ミャー
あらソフィーだったわ
ねぇケンはどこ？
ニャー
ニャーニャー
そっか…
行《い》ってみるわ
ありがとう

ぼやー…
や…
闇月《やみづき》さんっ！
ガタッ
ちがうわ
わたしよ…
なんだ…
ミシェルか…
ちょっと
なんだとは
失礼《しつれい》ね
ひさしぶり
なのに…

ご…ごめん
そうじゃなくて
わかってるわよ
闇月《やみづき》さんを
待《ま》ってるんでしょ
ひさしぶりに
屋敷《やしき》へ遊《あそ》びに
行《い》ったのに
だ～れも
いないいん
だもん
フランソワたちも
出《で》かけてるんだ…
ソフィーに
聞《き》いたわよ
いっつもここに
来《き》てるんだって?
…夢《ゆめ》を
見《み》たんだ…

闇月《やみづき》さんは どこかをひとり ただよっていた…
彼女《かのじょ》は 生《い》きている 気《き》がする
そう思《おも》ったら いてもたっても いられなくて…
…… そうよね きっと…
そうだ!
シュナイザーや ヒカルは元気《げんき》 かしらね?
彼《かれ》らのことだから もちろん元気《げんき》に やってるだろう

おぉ
いたいた〜
探《さが》しましたよ〜
あれなんでミシェルが？
ふたりとも ひさしぶりだね！
みんな…
考《かん》えることは同《おな》じみたいね
クスッ
ウワサをすれば…だ
？
このお話《はなし》は次《つぎ》のページへ続《つづ》きます……。

え～そうだったのぉ～？ ちょうどみんなが屋敷《やしき》に来《き》ていたなんて…。ヒドイわよ、ケン。わたしがどれだけみんなに会《あ》いたがっていたか、あなたは知《し》ってるくせに…。

どうしてもっとみんなに屋敷《やしき》へ残《のこ》ってくれるよう、説得《せっとく》してくれなかったわけ？ サーヤもケンがひどいって、そう思《おも》わない？

ニャー。ミャアアアア。ニャーー、ニャー。ミャアアアアア。

いや…ぼくだって、フランソワとサーヤが帰《かえ》ってくるまで、みんなに残《のこ》ってくれるよう話《はな》したさ。でも、フランソワ、ずいぶん帰《かえ》るのが遅《おそ》かったじゃないか。きみが戻《もど》る予定《よてい》の日《ひ》までは、みんな待《ま》ってくれていたんだけどな……。また屋敷《やしき》へ遊《あそ》びに来《く》るって言《い》ってたから、怒《おこ》らないでよ。

ところでフランソワ。旅行《りょこう》って言《い》ってたけど、いったいどこへ出《で》かけていたんだい？

う……うん。ちょっとヨーロッパのほうにね…。ステキなお城《しろ》を見《み》つけたから行《い》ってみたの。そうしたら、お茶会《ちゃかい》とかダンスパーティーとか毎日《まいにち》とても楽《たの》しくて。ついつい帰《かえ》るのが遅《おそ》くなってしまったのよね…。

（…ケンにはまだ、わたしがどこへ出《で》かけていたかは、話《はな》さないほうがよさそうね…）

そっか、楽《たの》しい旅行《りょこう》だったのならよかった。

それはそうと、この屋敷《やしき》には『恐怖《きょうふ》の郵便《ゆうびん》』が、毎日《まいにち》たくさん届《とど》くんだろ。フランソワたちが人間界《にんげんかい》に戻《もど》るまでは、ぼくたちその郵便《ゆうびん》を見《み》ていなかったんだよね。

じゃあ、だいぶたまってしまっているわね。紅茶《こうちゃ》でも飲《の》みながら、見《み》ていくことにしましょう…。ケンはどんな恐怖《きょうふ》ストーリーが好《す》きなのかしら？

『日常《にちじょう》にひそむ恐怖《きょうふ》』に興味《きょうみ》があるな。誰《だれ》にでも起《お》こりそうな…ね。

そうだ、たしかほかの3人《にん》は異世《いせ》界《かい》と人間界《にんげんかい》を行《い》き来《き》しながら、恐怖《きょうふ》の調査《ちょうさ》を続《つづ》けるって言《い》ってたな…。

このお話《はなし》は175ページへ続《つづ》きます……。

もくじ

本当に怖いストーリーDX デラックス

恐怖《きょうふ》の世界《せかい》を深《ふか》く楽《たの》しむために…

マンガのタイトルページには下《した》のようなマークがあり、マンガの特徴《とくちょう》をあらわしています

マンガのジャンル

今回《こんかい》はいろいろなテーマのマンガが盛《も》りだくさんだよ!

- 心霊写真《しんれいしゃしん》マンガ
- ショートマンガ
- 恋《こい》のストーリー
- 学校《がっこう》のストーリー
- 芸能界《げいのうかい》の怖《こわ》い話《はなし》
- リクエストマンガ
- 特集《とくしゅう》マンガ
- ゲームブックマンガ

恐怖《きょうふ》の入口《いりぐち》

主人公《しゅじんこう》が恐怖《きょうふ》の世界《せかい》に迷《まよ》いこむきっかけとなるキーワード。注目《ちゅうもく》して読《よ》んでみて…。

恐怖《きょうふ》レベル

ガイコツの数《かず》が増《ふ》えるほど怖《こわ》いマンガに

心霊写真《しんれい しゃしん》マンガ　恐怖レベル　ゾクッ　カラオケ　恐怖の入口

ストーリーの種類《しゅるい》

- 絶叫《ぜっきょう》── とにかく怖《こわ》いシーンがたっぷり…
- ゾクッ ── あとからジワジワ怖《こわ》くなる…
- 感動《かんどう》── 怖《こわ》いだけじゃなく感動《かんどう》できる…
- ミステリー ── 不思議《ふしぎ》な世界《せかい》に迷《まよ》いこむ…

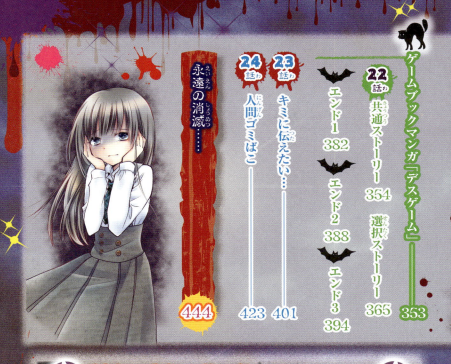

霊《れい》はあなたのそばに…

心霊写真《しんれいしゃしん》お悩《なや》み郵便《ゆうびん》

ぼくがみんなに紹介《しょうかい》するのもおなじみになった「心霊写真研究所《しんれいしゃしんけんきゅうじょ》」。
ここには、心霊写真《しんれいしゃしん》が入《はい》ったお悩《なや》み郵便《ゆうびん》が、毎日《まいにち》たくさん届《とど》くそうだよ。
今日《きょう》は特別《とくべつ》にそんな心霊写真《しんれいしゃしん》の一部《いちぶ》を見《み》せてもらえるよ。

心霊写真《しんれいしゃしん》マンガも紹介《しょうかい》！

神奈川県《かながわけん》 K.Tさんより

郵《ゆう》便《びん》1

オブジェから赤《あか》い光《ひかり》

これは数年前《すうねんまえ》、もとは病院《びょういん》だった廃墟《はいきょ》を探検《たんけん》したときに撮《と》った写真《しゃしん》です。柱《はしら》に飾《かざ》られていたオブジェの顔《かお》から、赤《あか》い光《ひかり》がでているように見《み》えませんか？　この写真《しゃしん》を撮《と》った後《あと》、オブジェから奇妙《きみょう》な声《こえ》が聞《き》こえてきたので、わたしたちは急《いそ》いで逃《に》げだしたのですが…。

廃墟《はいきょ》にただよう複数《ふくすう》の霊《れい》が合体《がったい》したもの。ふざけて廃墟《はいきょ》に足《あし》をふみいれた投稿者《とうこうしゃ》に対《たい》し、強力《きょうりょく》な霊気《れいき》を発《はっ》していたようです。写真《しゃしん》は早《はや》く処分《しょぶん》しましょう。

郵《ゆう》便《びん》2

鳥取県《とっとりけん》 S.Mさんより

霊《れい》道《どう》を移《い》動《どう》する霊《れい》

木登《きのぼ》りをしている弟《おとうと》を撮《と》った写真《しゃしん》なのですが、写真《しゃしん》の右半分《みぎはんぶん》を赤《あか》と黄色《きいろ》のモヤがおおっているのが気《き》になります。これは心霊写真《しんれいしゃしん》でしょうか？

赤《あか》と黄色《きいろ》の帯状《おびじょう》のモヤは、この付近《ふきん》を移動《いどう》していた複数《ふくすう》の霊《れい》が写《うつ》りこんでしまった、めずらしい1枚《まい》です。これは心霊写真《しんれいしゃしん》ですが、とくに心配《しんぱい》はいりません。ただ、この付近《ふきん》には霊《れい》が通《とお》る霊道《れいどう》があるので、弟《おとうと》さんが木《き》に登《のぼ》って遊《あそ》ぶときは、気《き》をつけたほうがいいでしょう…。

郵《ゆう》便《びん》3

小《ちい》さな手《て》がつかむ

修学旅行《しゅうがくりょこう》の宿泊先《しゅくはくさき》で撮影《さつえい》した1枚《まい》です。左《ひだり》がわに3人《にん》で写《うつ》る女子《じょし》たちのまんなかを見《み》てください。あきらかにおかしい、小《ちい》さな手《て》が写《うつ》りこんでいます。もちろん小《ちい》さな子《こ》どもはいませんでした…。

千葉県《ちばけん》 Y.Kさんより

これは近《ちか》くをさまよっていた子《こ》どもの霊《れい》が、みんなのさわぐ声《こえ》につられてやってきたものです。霊《れい》の手《て》は黒《くろ》い服《ふく》を着《き》た子《こ》をつかんでいるので、さみしさをうったえかけているのだと思《おも》います。

郵《ゆう》便《びん》4

悲《かな》し気《げ》な女性《じょせい》

小学生《しょうがくせい》のころ遊園地《ゆうえんち》で撮《と》った写真《しゃしん》を見《み》てください。写真《しゃしん》の左下《ひだりした》に女《おんな》の人《ひと》の顔《かお》が写《うつ》りこんでいませんか？この遊園地《ゆうえんち》はもうありませんが、幽《ゆう》霊《れい》がでる遊園地《ゆうえんち》として有名《ゆうめい》だったらしいので、霊《れい》じゃないか心配《しんぱい》です…。

昔《むかし》、この遊園地《ゆうえんち》の乗《の》り物《もの》から落《お》ちて亡《な》くなった女性《じょせい》がいたそうです。おそらくこの女性《じょせい》がそのまま地縛霊《じばくれい》になったと考《かんが》えられます。写真自体《しゃしんじたい》は心配《しんぱい》いりません。この霊《れい》は自分《じぶん》が亡《な》くなったことに、まだ気《き》づいていないのでしょう。

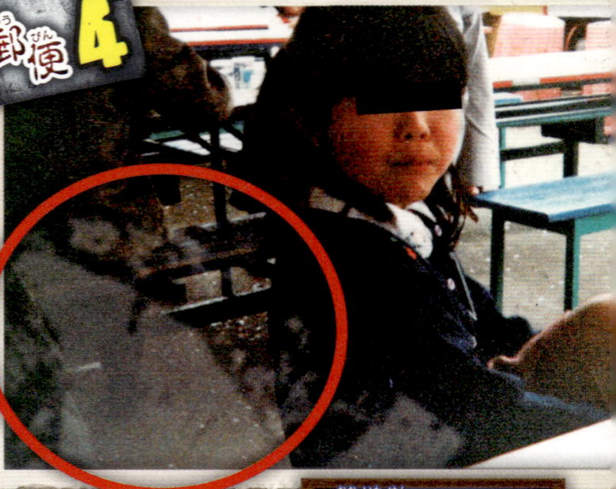

大分県《おおいたけん》 U.Oさんより

すきまからのぞく 真《ま》っ白《しろ》な顔《かお》の子《こ》

郵《ゆう》便《びん》5

長野県《ながのけん》 Y.Nさんより

心霊写真《しんれいしゃしん》を撮《と》ってしまったようなので、相談《そうだん》したくて手紙《てがみ》を書《か》きました。これは近所《きんじょ》の集《あつ》まりで、カラオケボックスへ行《い》ったときに撮影《さつえい》した写真《しゃしん》です。写真《しゃしん》の左《ひだり》がわの奥《おく》を見《み》てください。カラオケの機械《きかい》の後《うし》ろから、こちらをじっと見《み》つめる白《しろ》い子《こ》どもの顔《かお》が見《み》えるのです…。ちなみにこのスペースには、人《ひと》が入《はい》れるすきまなどないですし、当日《とうじつ》は子《こ》どもはひとりも来《き》ていませんでした。霊感《れいかん》のある友人《ゆうじん》がこの写真《しゃしん》はマズイと言《い》いますが、大丈夫《だいじょうぶ》でしょうか?

この子《こ》どもの霊《れい》からは強《つよ》い怨念《おんねん》を感《かん》じます。すぐにでも写真《しゃしん》を処分《しょぶん》することをオススメします。なんらかの悲《かな》しい理由《りゆう》でここからはなれられない霊《れい》は、この場所《ばしょ》にやってくる人間《にんげん》すべてに敵意《てきい》をもち、恨《うら》みをぶつけているようです。この場所《ばしょ》には近《ちか》づかないほうがよいでしょう。霊感《れいかん》のある人《ひと》がここに行《い》けば、体調《たいちょう》を悪《わる》くしてしまいます。

群馬県《ぐんまけん》 J.Nさんより

郵《ゆう》便《びん》 6

影《かげ》が消《き》えた子《こ》…

お花見《はなみ》の時期《じき》にめいっ子《こ》を撮《と》った写真《しゃしん》です。右《みぎ》がわを歩《ある》いている男《おとこ》の子《こ》の足元《あしもと》を見《み》てください。この男《おとこ》の子《こ》には影《かげ》がまったくありません。これも心霊写真《しんれいしゃしん》なのでしょうか……?

はい。これも心霊写真《しんれいしゃしん》です。影《かげ》が消《き》えてしまうという現象《げんしょう》はそう多《おお》くは起《お》こりませんが、人間《にんげん》の寿命《じゅみょう》をあらわす重要《じゅうよう》なサインであることも多《おお》いのです。このお子《こ》さんは今《いま》は元気《げんき》ですが、写真《しゃしん》が撮《と》られた数《すう》か月《げつ》後《ご》に大《おお》きな事故《じこ》にあったそうです。

黒《くろ》いモヤと目玉《めだま》

郵《ゆう》便《びん》 7

わたしと彼《かれ》が、彼《かれ》の友《とも》だちに誘《さそ》われてカラオケに行《い》ったときの写真《しゃしん》です。写真全体《しゃしんぜんたい》をおおうあみ目《め》のような黒《くろ》いモヤ、さらにその間《あいだ》からのぞく目玉《めだま》みたいなものが写《うつ》ってしまい、怖《こわ》いです…。

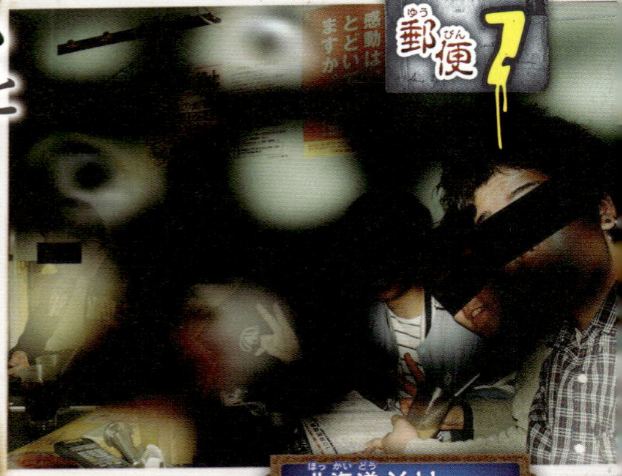

北海道《ほっかいどう》 Y.Hさんより

このカラオケボックスにとどまる地縛霊《じばくれい》です。自分《じぶん》の存在《そんざい》に気《き》づいてほしくて、写真《しゃしん》に写《うつ》りこんだだけなので心配《しんぱい》はいりません。とても悲《かな》しい念《ねん》が伝《つた》わってきます。カラオケで楽《たの》しむ人間《にんげん》がうらやましいのでしょう…。

24ページから、マンガで読《よ》めるよ…。

郵《ゆう》便《びん》8

窓《まど》にうかぶ4体《たい》の黒《くろ》い影《かげ》

広島県《ひろしまけん》 D.Aさんより

はじめまして。ぼくの友人《ゆうじん》が撮影《さつえい》したこの写真《しゃしん》を見《み》てください。
ぼくは旅行《りょこう》が好《す》きでよく高速《こうそく》バスに乗《の》るのですが、これは東北《とうほく》へむかう高速《こうそく》バスのなかで、友人《ゆうじん》がぼくの知《し》らぬ間《あいだ》に撮影《さつえい》していた1枚《まい》です。
写真全体《しゃしんぜんたい》に青白《あおじろ》い光《ひかり》が広《ひろ》がり、窓《まど》のあたりに4体《たい》の黒《くろ》い人影《ひとかげ》が写《うつ》っている気《き》がします。
ぼくはバスに乗《の》るといつもすぐに寝《ね》てしまうのですが、このときだけはなぜかまったく眠《ねむ》れず、バスを降《お》りた後《あと》、ものすごく体《からだ》がだるかったことを覚《おぼ》えています。
これって、やはり写真《しゃしん》と関係《かんけい》があるんでしょうか?

4体《たい》の黒《くろ》い影《かげ》は、バスが通《とお》ったトンネルで事故死《じこし》してしまった家族《かぞく》の霊《れい》。今《いま》もトンネル内《ない》をさまよっているのでしょう。あなたは霊感《れいかん》があったため、びんかんに感《かん》じてしまったようです。このトンネルでは雨《あめ》の日《ひ》ひんぱんに事故《じこ》が起《お》こるそうです。これも霊《れい》のしわざだといえます。

あらわれた足《あし》

郵《ゆう》便《びん》 9

これはわたしの子《こ》どものころの写真《しゃしん》です。友《とも》だちといっしょに、蒸《じょう》気《き》機《き》関《かん》車《しゃ》の模《も》型《けい》の前《まえ》で撮《さつ》影《えい》してもらいました。右《みぎ》がわに写《うつ》る友《とも》だちの足《あし》元《もと》がおかしいのです。その子のものではない、すけた足《あし》が写《うつ》っています…。気《き》になるのでこの写《しゃ》真《しん》について教《おし》えてください。

これは生霊《いきりょう》が写《うつ》りこんだものです。いっしょにこの場所《ばしょ》へ行《い》きたかったけれど、なんらかの理《り》由《ゆう》で行《い》けなかった子《こ》はいませんか？　その子《こ》の強《つよ》い思《おも》いが生霊《いきりょう》となって、この場所《ばしょ》へむかったと考《かんが》えられます。

大阪府《おおさかふ》 Y.Yさんより

じっとにらむ顔《かお》

郵《ゆう》便《びん》 10

受《じゅ》験《けん》の合《ごう》格《かく》祈《き》願《がん》のために参《さん》拝《ぱい》した神《じん》社《じゃ》で、絵《え》馬《ま》を書《か》きました。そのときの記《き》念《ねん》に撮《さつ》影《えい》した写《しゃ》真《しん》を見《み》てください。写《しゃ》真《しん》の左《ひだり》上《うえ》あたりに、こちらをじっと見《み》つめる子《こ》どもが写《うつ》りこんでしまったのです。もちろん、写《しゃ》真《しん》を撮《と》ったときには誰《だれ》もいませんでした…。

長崎県《ながさきけん》 N.Mさんより

写《うつ》りこんだのは、この神社《じんじゃ》で供養《くよう》された子《こ》どもの霊《れい》です。強《つよ》い霊気《れいき》を感《かん》じますが、ぐうぜんに写《うつ》りこんだものなので、心配《しんぱい》はいりません。ただ、神社《じんじゃ》やお寺《てら》でいろいろな人《ひと》の想《おも》いがこめられた絵馬《えま》は、撮《と》らないほうがよいでしょう。強《つよ》い想《おも》い（なかには人《ひと》への恨《うら》みなども）をつれてきてしまいます。

郵便《ゆうびん》11 消《き》えた首《くび》から上《うえ》

東京都《とうきょうと》 S.I さんより

中学《ちゅうがく》の卒業《そつぎょう》パーティーで撮影《さつえい》した1枚《まい》です。怖《こわ》くて誰《だれ》にも相談《そうだん》できずにいました。写真中央《しゃしんちゅうおう》にいる女《おんな》の子《こ》の顔《かお》が消《き》えてしまっていますが、どうしてでしょうか？

この顔《かお》が消《き》えてしまった女《おんな》の子《こ》は、人間《にんげん》ではない可能性《かのうせい》が高《たか》いです。ハッキリと写《うつ》っていますが、まわりに写《うつ》る子《こ》たちとあきらかにちがう気《き》を感《かん》じます。霊《れい》がまぎれこんでしまったのかもしれません…。

33ページから、マンガで読《よ》めるよ…。

郵便《ゆうびん》12 岩《いわ》から走《はし》る光《ひかり》

奈良県《ならけん》 E.N さんより

ぼくが山登《やまのぼ》りをした際《さい》に滝《たき》の前《まえ》で撮影《さつえい》した写真《しゃしん》です。最初《さいしょ》はまったく気《き》づかなかったんですが、岩肌《いわはだ》から白《しろ》っぽい光《ひかり》が稲妻《いなづま》のように走《はし》っています。これは滝《たき》の水《みず》ではないので、おかしいですよね？

これはとてもめずらしい写真《しゃしん》です。この滝《たき》に宿《やど》っている水《みず》の神《かみ》が写真《しゃしん》に写《うつ》りこんだもの。この水《みず》の神《かみ》は竜神《りゅうじん》の化身《けしん》で、この山《やま》を訪《おとず》れる人間《にんげん》たちを見守《みまも》ってくれているようです。

宮城県《みやぎけん》 Y.Kさんより

郵便《ゆうびん》13

無《む》数《すう》の顔《かお》…顔《かお》…顔《かお》…

先日《せんじつ》、母《はは》がわたしの子《こ》どものころの写真《しゃしん》を整理《せいり》していて、こんな写真《しゃしん》を見《み》つけたそうです。その写真《しゃしん》が怖《こわ》かったので、相談《そうだん》させてください。
これは近所《きんじょ》の子《こ》たちとキャンプへ出《で》かけたときの写真《しゃしん》です。夜《よる》に撮影《さつえい》した写《しゃ》真《しん》ですが、写真全体《しゃしんぜんたい》に白《しろ》いモヤのようなものが見《み》えます。しかし、このモヤをよく見《み》てみると、いくつもの不気味《ぶきみ》な顔《かお》に見《み》えてしかたありません。
母《はは》はただのみまちがいだよと言《い》いますが、わたしには顔《かお》に見《み》えます。これはやはり心霊写真《しんれいしゃしん》でしょうか？　このまま持《も》っていて大丈夫《だいじょうぶ》でしょうか？

はい、たくさんの顔《かお》が見《み》えます。これはまちがいなく心霊写真《しんれいしゃしん》です。この土地《とち》には今《いま》も成仏《じょうぶつ》していない霊《れい》がたくさんさまよっており、おそらく戦争《せんそう》で亡《な》くなってしまった人《ひと》たちの霊《れい》でしょう。強《つよ》い悲《かな》しみの念《ねん》を感《かん》じるので、この写真《しゃしん》はすぐに処分《しょぶん》してください。

心霊写真《しんれいしゃしん》を撮《と》ってしまったときは…

写真《しゃしん》やデータ自体《じたい》に霊《れい》はとり憑《つ》いてはいないのでむやみに心配《しんぱい》する必要《ひつよう》はないんだよ！

デジカメやスマホのデータ

すぐにデータを消去《しょうきょ》しよう。そして機《き》械《かい》がこわれていないか確認《かくにん》すること。機械《きかい》は霊《れい》の影響《えいきょう》でこわれやすいため注意《ちゅうい》が必要《ひつよう》なんだ。

プリントした写真《しゃしん》

悪《わる》い気《き》や心配《しんぱい》する心《こころ》をなくすためにも、いち早《はや》く手《て》でビリビリとやぶり捨《す》ててしまおう。

郵《ゆう》便《びん》14

影《かげ》についた目《め》

山口県《やまぐちけん》 R.Bさんより

わたしの6歳《さい》の誕生日《たんじょうび》パーティーで撮影《さつえい》してもらった写真《しゃしん》です。写真左《しゃしんひだり》はしの男《おとこ》の子《こ》。その影《かげ》をよく見《み》てください…。影《かげ》のなかに、カメラをギロリと見《み》つめる、大《おお》きな目玉《めだま》が見《み》えないですか？　気《き》のせいならいいのですが…。

これはこの土地《とち》に長《なが》い年月《ねんげつ》すみついている女性《じょせい》の霊《れい》です。とくに悪《わる》さをする霊《れい》ではありませんので、心配《しんぱい》せず大丈夫《だいじょうぶ》です。たくさんの子《こ》どもたちが楽《たの》しそうにさわぐ様子《ようす》を見《み》て、思《おも》わず姿《すがた》をあらわしたのでしょう。

郵《ゆう》便《びん》15

緑《みどり》色《いろ》のモヤ…モヤ…

秋田県《あきたけん》 A.Wさんより

心霊写真《しんれいしゃしん》らしきものを撮《と》ってしまったので、送《おく》ります。これは専門学校《せんもんがっこう》のクラスメイトとご飯《はん》やさんで撮影《さつえい》した写真《しゃしん》です。写真全体《しゃしんぜんたい》が白《しろ》や緑色《みどりいろ》のモヤでおおわれています。このとき、数人《すうにん》の子《こ》がスマホで撮影《さつえい》をしたのですが、こんな写真《しゃしん》が撮《と》れてしまったのは、わたしだけでした。気《き》になってしまい不安《ふあん》なので、写真《しゃしん》について教《おし》えてください。

このモヤはたしかに霊《れい》が写《うつ》りこんだものですが、緑色《みどりいろ》は癒《いや》しの色《いろ》と言《い》われており、このモヤからはまったく悪《わる》い気《き》は感《かん》じられません。心配《しんぱい》はいりません。この霊《れい》はこの土地《とち》を守《まも》ってくれている霊《れい》でしょう。

2話《わ》 部《へ》屋《や》番《ばん》号《ごう》211

ここに
目《め》みたいなの見《み》えない？
もしかして心霊写真《しんれいしゃしん》…？
…
歩《あゆむ》？
…じつはさおれ昨日《きのう》——…

karaoke Entertainment's
VIP ECHO
ぼくたちは友《とも》だちに誘《さそ》われてカラオケに行《い》ったのですが…
部屋《へや》211だって
オッケー
ギャハハ
211
あはは めっちゃさわいでる~
ガチャ
おー
きたきた
ういーす
ん……?
ヒヤッ

ここ さむっ…
エアコン下《さ》げすぎなのか？
のどか寒《さむ》くない？
え？
大丈夫《だいじょうぶ》だけど…
気《き》のせいか……
ほら～ のどかちゃんも曲《きょく》入《い》れて！
隆弘《たかひろ》くん ありがと～

撮《と》るよぉ
みんな近《ちか》づいて！
カシャッ

う〜ん…
やっぱ なんか寒《さむ》いん だよなぁ
カゼかな？
211
あれ……
ダレだろ？
隆弘《たかひろ》が カノジョ 呼《よ》んだの かな…
す…

なんだ？
なにかのモノマネ？
うなってるみたいな
カチャ……
あれ？
いない……
さっきの女《おんな》の人《ひと》はいったい……

や…やだ やめてよ そんな
みんなが怖《こわ》がるから言《い》えなかった…
でも
たしかに見《み》たし 聞《き》こえたんだよ……
211
211
これは後日《ごじつ》隆弘《たかひろ》が友《とも》だちに聞《き》いた話《はなし》ですが
ぼくたちが入《はい》った211という部屋《へや》は
女性《じょせい》の霊《れい》の目撃談《もくげきだん》が頻繁《ひんぱん》にあり
お店《みせ》が混《こ》んでいない日《ひ》は
お客《きゃく》さんを入《い》れないようにしているんだそうです
キィィ…

カラオケルーム
写《うつ》りこんだのは
あの部屋《へや》から
はなれられない
地縛霊《じばくれい》かなにか
なんでしょうか?

3話《わ》 ダレだっけ…？

心霊写真《しんれいしゃしん》マンガ

恐怖レベル ゾクッ

まぎれた子《こ》 恐怖の入口

——数《すう》日《じつ》前《まえ》
中学《ちゅうがく》の卒業式前《そつぎょうしきまえ》に お別《わか》れパーティー をやろうぜ！
おやじのレストラン 貸切にしてさ
いいねーっ!!
学年《がくねん》の人気者《にんきもの》 同《おな》じクラスの黒坂《くろさか》くんが パーティーを企画《きかく》しました
未央《みお》ちゃんも いっしょに 行《い》こうよ～
…うん
クラスの友《とも》だちに 誘《さそ》われて わたしも参加《さんか》する ことにしたのですが
ガヤ
ガヤ

くじで席《せき》決めって
やだなぁ…クラスの子《こ》
近《ちか》くにいないよ～
ちらっ
村久保と同小に
まじで？
そうだよーっ!!
へー
そうなんだ
こっちのおいしいよ
たべる？
気きくーっ
おぉ
さんきゅ！
どうしよう
なんか気《き》まずいな…
トイレ行《い》こ…
ヤターン

ジャー…
ひとりくらい声《こえ》かけてみようかな…
ぽっん…。
あれ？
見《み》たことない子《こ》何組《なんくみ》の子《こ》かな…？
わ…わたし4組《くみ》の春《かす》日《が》未《み》央《お》…です
あなたは？

にこっ
わたしは 7組《くみ》の 飯塚友恵《いいづかともえ》です
7組《くみ》か…
よろしくね
3年《ねん》になって 転校《てんこう》して きたんだ…
じゃあ 知《し》らないかも…
人見知《ひとみし》りだから こういう会《かい》って 苦手《にがて》で…
同《おな》じ〜
おいしいねっ
よかった… 友恵《ともえ》ちゃんがいて
春休《はるやす》み どこか行《い》く？
遊園地《ゆうえんち》 行《い》くよ♪

テーブルごとに写真《しゃしん》撮《と》るから店前《みせまえ》の階段《かいだん》に来《き》て！
あぁ…わ…わたしのデジカメでも撮《と》って
カシャ
わたし帰《かえ》らなきゃ
じゃあ携帯番号《けいたいばんごう》交換《こうかん》しよ！
うん
バイバイ今度遊ぼーーっ

卒業式《そつぎょうしき》も無事《ぶじ》に終《お》わり
春休《はるやす》みも中《なか》ごろ
お別《わか》れパーティーで撮《と》った
写真《しゃしん》のことを思《おも》いだしました
カチ
カチ
なにこれ…
友恵《ともえ》ちゃんの顔《かお》が消《き》えてる
やだっ…
ゾ
わたしは怖《こわ》くなり…このことは
誰《だれ》にも言《い》えずにいました――

――そして高《こう》1の夏休《なつやす》み
写真《しゃしん》のことなど忘《わす》れていたころに中学《ちゅうがく》の同窓会《どうそうかい》が開《ひら》かれました…
友恵《ともえ》ちゃんいるかな？
あっ…7組《くみ》の子《こ》がいる
あ…あのさ飯塚《いいづか》さんって今日《きょう》来《き》てるかな？
ん？飯塚《いいづか》さん？ダレだっけ？
飯塚友恵《いいづかともえ》ちゃんだけど
ツインテールの…

そんな子《こ》7組《くみ》にいないよ…
同《おな》じテーブルでわたしと話《はな》してた子《こ》…おぼえてない…かな？
……さぁ？おまえずっとひとりだったよな？
え？そんな…
みんなで撮《と》った写真《しゃしん》があった…
でも…たしか友恵《ともえ》ちゃんの顔《かお》
そうだ！携帯番号《けいたいばんごう》交換《こうかん》したんだ
？？
ガサガサ
トゥルルル
飯塚 友恵
え⁉友恵《ともえ》ちゃんから着信《ちゃくしん》…
もしもし友恵《ともえ》ち…

キャハハハハ
キャハハ
きゃあっ
カシャ
プツッ
ツー
ツー

い…今《いま》のなに?
トゥルルルル…
カタ
カタ
お客《きゃく》さまがおかけになったこの電話《でんわ》番号《ばんごう》は現在《げんざい》使《つか》われておりません
そ…そんな…
番号《ばんごう》をよくお確《たし》かめのうえおかけ直《なお》しください——
あの日《ひ》会《あ》った女《おんな》の子《こ》はいったいダレだったのでしょう
顔《かお》が写《うつ》らなかったのは人間《にんげん》じゃなかったから?今《いま》思《おも》いだしてもふるえが止《と》まりません

ショートマンガ

ゾクッ

恐怖
レベル

夕方《ゆうがた》の階《かい》だん

恐怖の入口

4話《わ》 ふり返《かえ》ってはイケナイ

るいちゃん待《ま》たせてごめんね
バタ
バタ
えっちゃん遅《おそ》いよぉ～
それでね昼休みにさ――っ
あ…
おばけ階《かい》だん…
どうしよう…ほか通《とお》る?
え～やだよ遠回《とおまわ》りじゃん…
でも…もう夕暮《ゆうぐ》れ時《どき》だし

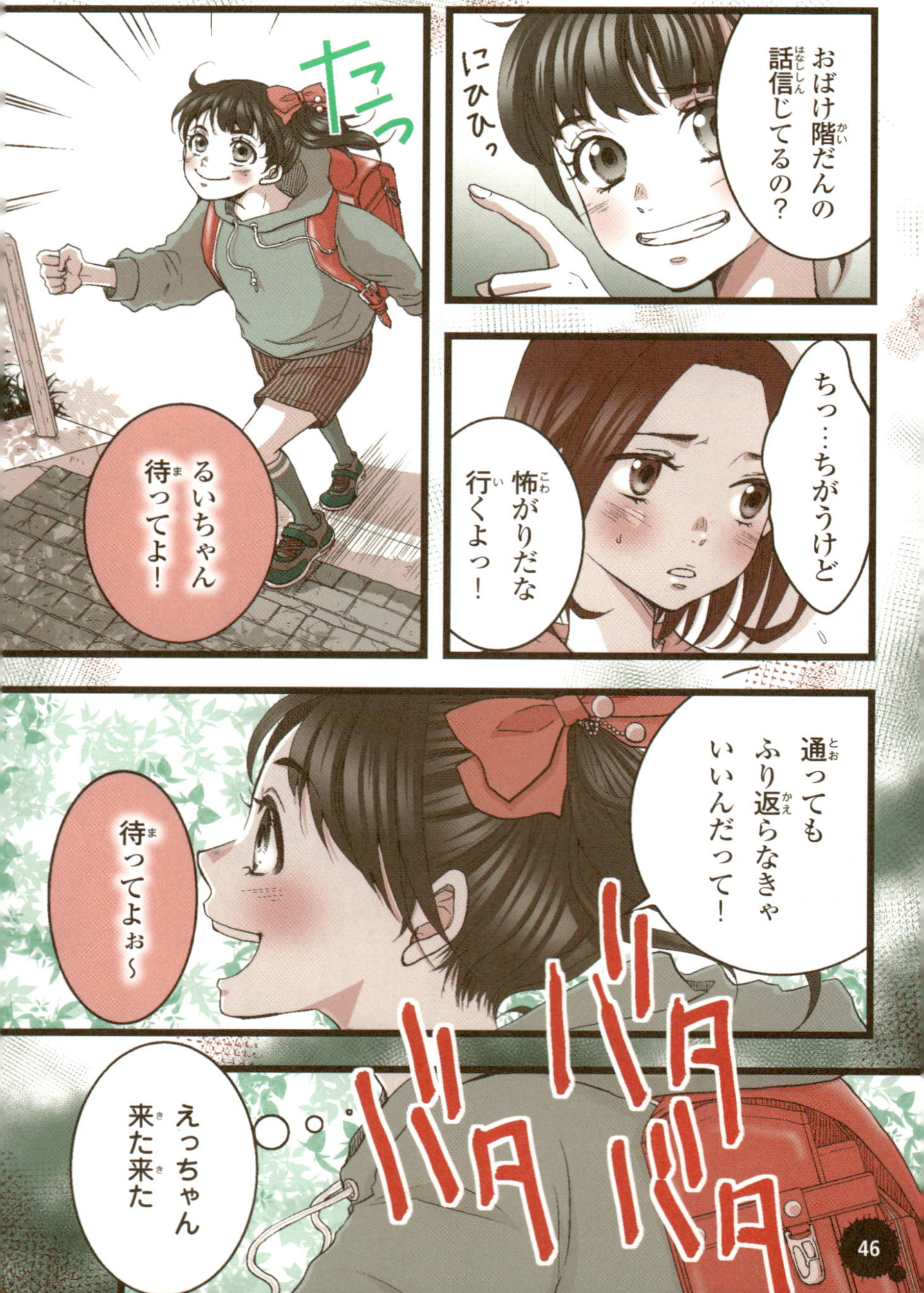
おばけ階《かい》だんの話《はなし》信《しん》じてるの？
にひひっ
たっ
ちっ…ちがうけど
怖《こわ》がりだな行《い》くよっ！
るいちゃん待《ま》ってよ！
通《とお》ってもふり返《かえ》らなきゃいいんだって！
待《ま》ってよぉ〜
バタバタ
バタバタ
えっちゃん来《き》た来《き》た

ほらほら置《お》いてくよ〜
るいちゃん早《はや》いよ〜
ぴたっ
ほらね
なにもないじゃん
うんっ！大《だい》丈《じょう》夫《ぶ》だった
くるっ
遠《とお》回《まわ》りせずすんだでしょ？

あれ?
えっちゃん…なんで…?
じゃあずっと聞《き》こえてた声《こえ》は…
いやぁああああ
なにがあってもふり返《かえ》っちゃダメだよ…

5話《わ》 ハ・ツ・カ・レ？

恋《こい》のストーリー

恐怖レベル

絶叫

見知《みし》らぬメッセージ

恐怖の入口

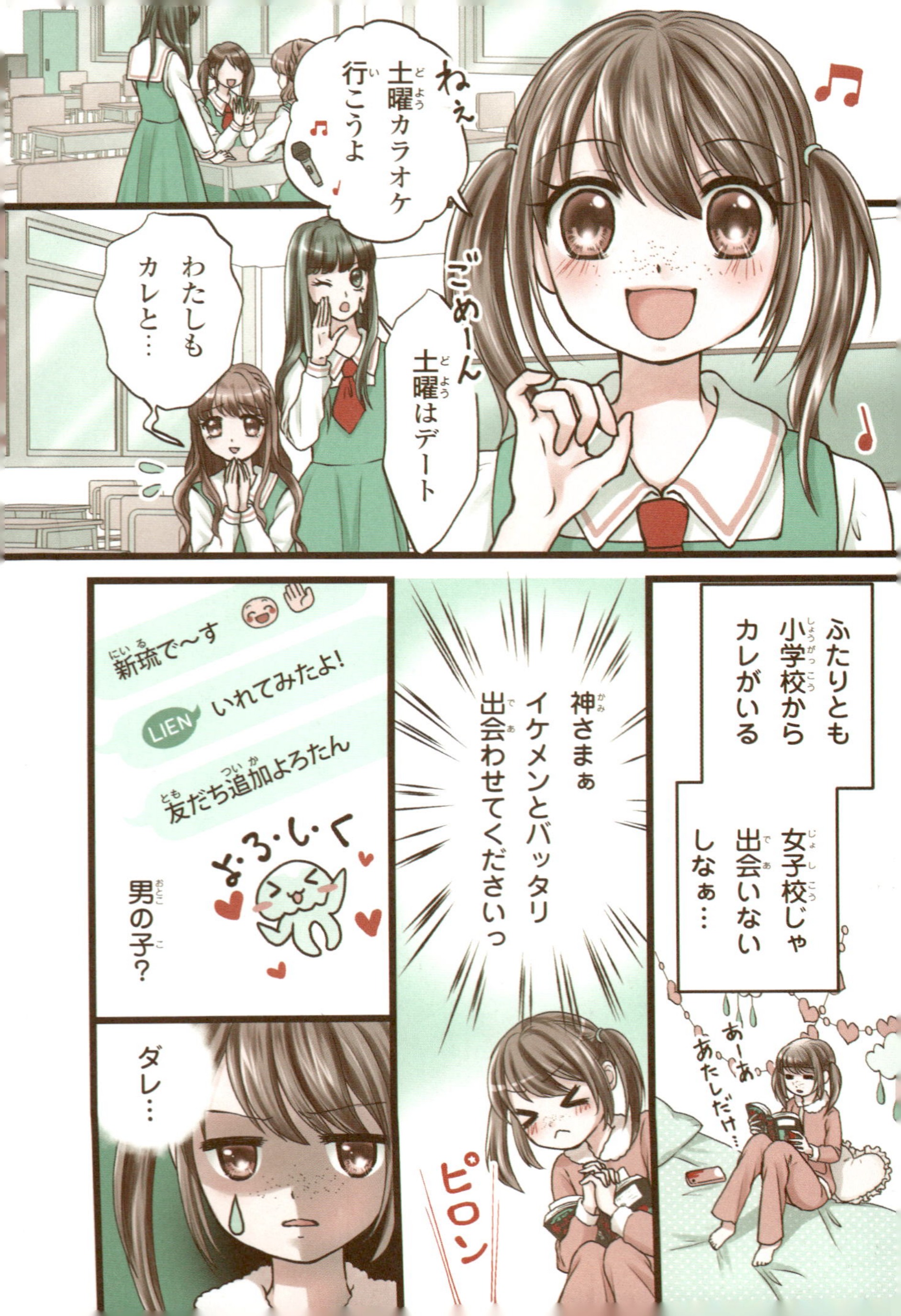

ねぇ
土曜《どよう》カラオケ行《い》こうよ
ごめーん
土曜《どよう》はデート
わたしもカレと…
ふたりとも小学校《しょうがっこう》からカレがいる
女子校《じょしこう》じゃ出《で》会《あ》いないしなぁ…
あーあ あたしだけ…
神《かみ》さまぁ イケメンとバッタリ出《で》会《あ》わせてくださいっ
ピロン
新琉《にいる》で〜す
LIEN いれてみたよ!
友《とも》だち追加《ついか》よろたん
よ・ろ・し・く
男《おとこ》の子《こ》?
ダレ…

あれっ！　俊哉《としや》じゃないの？
ちがうよ。あたしはれあ
あっＩＤ《アイディー》まちがえてた
ゆるい
それに…こんなタイミングって…
ぷっ
れあさんは何歳《なんさい》？どこ住《す》み？
14歳《さい》で中《ちゅう》2。S市《し》だけど…
ＭＪＤ《まじで》！？オレもだよ！
運命《うんめい》とか…♥
れあさんともっと話《はな》したいな
友《とも》だちになってよ！
ドキドキ
ちらっ
あはっ
ポチ
新琉
友だちを

れあぴって呼《よ》んで。これからよろしくね！
れあぴ！カワイイね！
オレのことはにいるでいいよ
男子《だんし》の友《とも》だちができちゃった～♪
部活《ぶかつ》なにしてるの？
卓球《たっきゅう》なんだイケてないイメージだよね…
えー！
オレも卓球《たっきゅう》！
じゃあ好《す》きな科目《かもく》は？
国語《こくご》！苦手《にがて》なのは英語《えいご》
いっしょ!!
え～と好《す》きな食《た》べ物《もの》は？

和風《わふう》アイスに
はまってるんだよね
うそー!!
新琉《にいる》って
めっちゃ
カッコイイ!
きゃあああっ
あたしもそれ好《す》き！
ってかイケメンだねw
ドキドキドキ
神《かみ》さまへのお願《ねが》い
叶《かな》ったのかな？
それに
イケメンと
友《とも》だちなんて
みんなに
自慢《じまん》できる!!
あたし今《いま》怖《こわ》い話《はなし》に
はまってるんだよね
へぇ！じゃあ、こんな話《はなし》どう？

ある男子《だんし》が
勇気《ゆうき》をだして
告白《こくはく》したんだ…
好《す》きです
は？
やめてよ
マジキモイ
アンタ
鏡《かがみ》見《み》たら？
アハハ
アハハ
アンタみたいな
ブサメンが
相手《あいて》にされると
思《おも》ってたの？
ないわ～
告《こく》るとか
マジキモイ…
ショックのあまり
ぼうぜんと
していた彼《かれ》は
階《かい》だんで足《あし》をすべらせ
運《うん》悪《わる》く死《し》んでしまった
それから…
その男子《だんし》の霊《れい》は
見《み》た目《め》をバカにする
女子《じょし》を見《み》つけては
復讐《ふくしゅう》してるんだって
かわいそ～

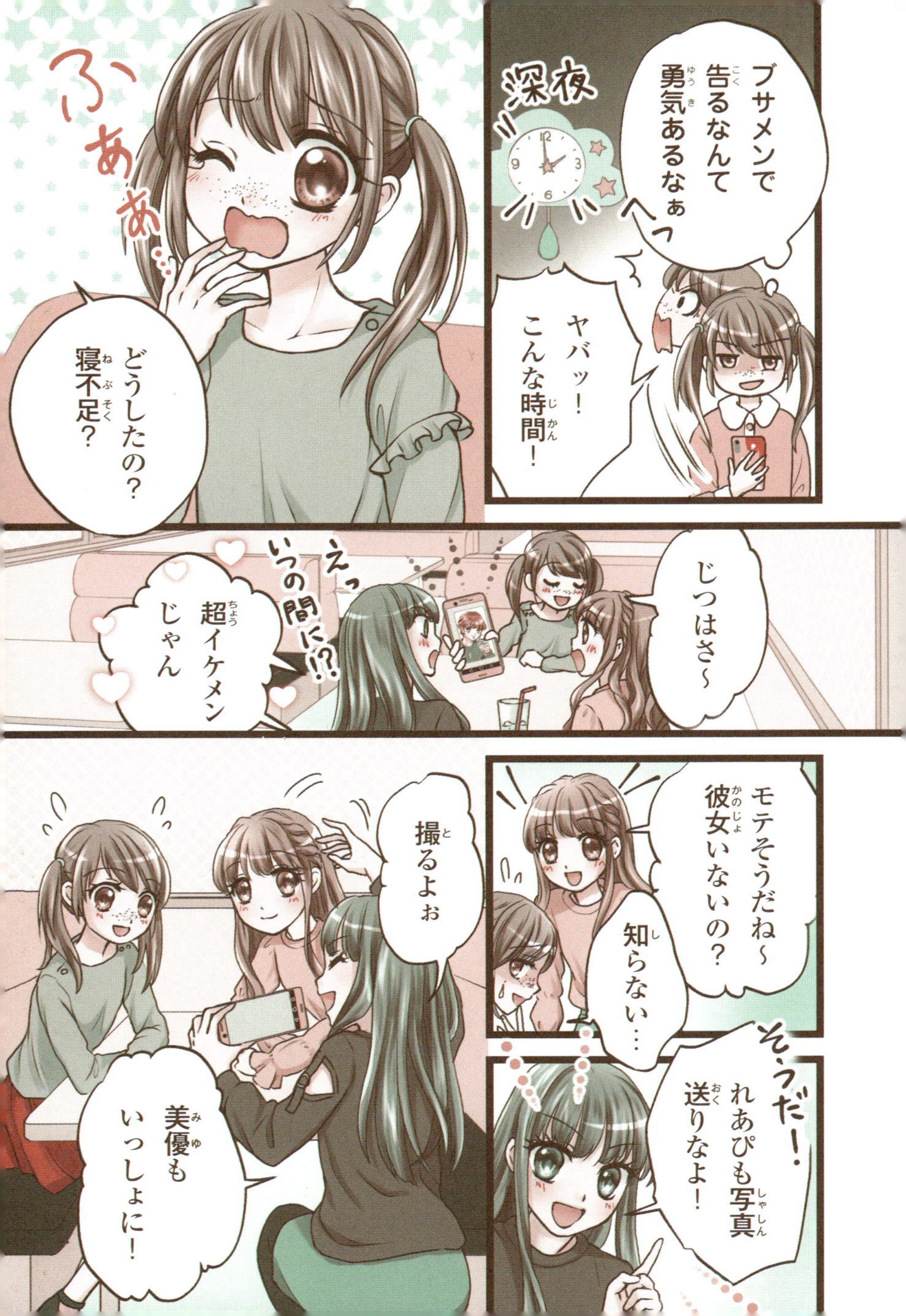

深夜
ブサメンで告《こく》るなんて勇気《ゆうき》あるなぁ
へっ
ヤバッ！こんな時間《じかん》！
ふあぁ…
どうしたの？寝不足《ねぶそく》？
じつはさ～
えっ
いつの間に!?
超《ちょう》イケメンじゃん
モテそうだね～彼女《かのじょ》いないの？
知《し》らない…
そうだ！
れあぴも写真《しゃしん》送《おく》りなよ！
撮《と》るよぉ
美優《みゆ》もいっしょに！

美優《みゆ》のほうがかわいい！
がっかりされて返事《へんじ》こなかったらやだよ〜！
じゃあプリとスロウのW《ダブル》盛《も》りだ撮《と》り行《い》くよ！
ドキドキ
ななみ
みゆ
れあぴ
転送 | タイムライン | Keep
友だちと
ピロン

いいね！ 楽《たの》しそう♪
オレもいっしょに
遊《あそ》びたい
おお！
キャ〜
キターー！
おっと
みゃくあり!?
このまま
彼女《かのじょ》いるか
聞《き》いちゃいなよ！
え〜、でもどうせ
彼女《かのじょ》いるんでしょ？
ピッ
………
返事《へんじ》
こないね
未読《みどく》
スルーか
お〜い
れあぴー
………
聞《き》こえて
ないね
今《いま》まで即《そく》レス
だったのに〜
どうして??
うわ〜ん！

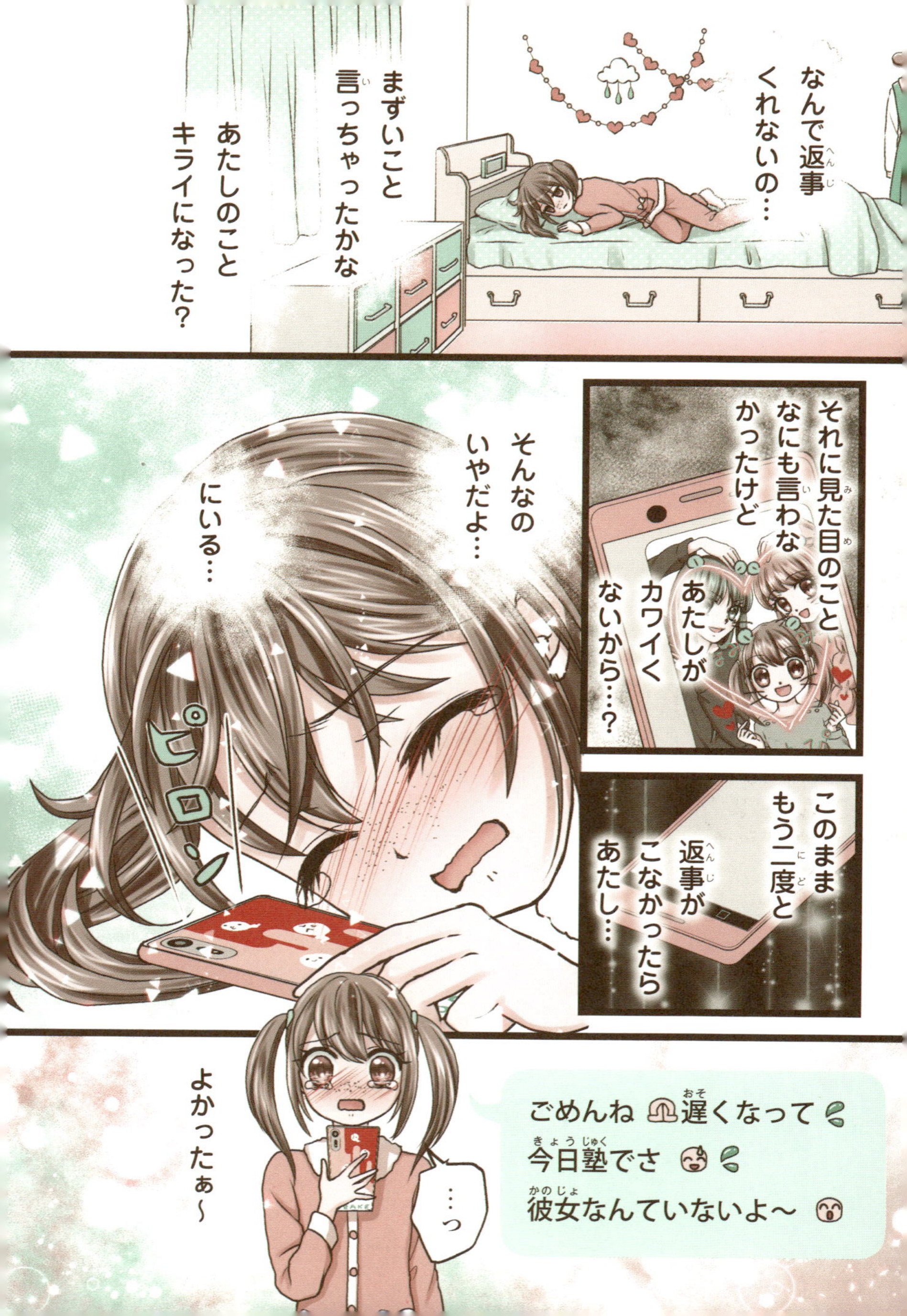
なんで返事《へんじ》くれないの…
まずいこと言《い》っちゃったかな
あたしのことキライになった?
それに見《み》た目《め》のことなにも言《い》わなかったけど
あたしがカワイくないから…?
このままもう二度《にど》と返事《へんじ》がこなかったらあたし…
そんなのいやだよ…
にいる…
ピロ・ン
ごめんね 遅《おそ》くなって
今日《きょう》塾《じゅく》でさ
彼女《かのじょ》なんていないよ〜
…っ
よかったぁ〜

あれ？
涙《なみだ》が…
あたし…
にいるのこと
好《す》きなのかな？
にいるは あたしのこと
どう思《おも》ってるの？
あ～
やっぱり
こんなこと
聞《き》けない…
どんな子《こ》が……………好《す》き？
ピロン
れあぴみたいな子《こ》かな
……え？
うそ！
にいるのこと
もっと知《し》りたいよ
そして
つきあいたい…な

にいるってひとりの画像《がぞう》ばっかだなぁ
にいるは友《とも》だちと撮《と》らないの？
見《み》た〜い !!!
ピロン
新琉 ②
新琉が画像を送信
ました。
送信
え!?
誰《だれ》…？
これにいるの友《とも》だちかな？
すっごいブサイク
あはっ
あっ
もっとある

きゃあああっ
ゴトッ
ピロン
ピロン
さっきの
なに…
きっとまちがえて
送《おく》っちゃったんだよね…?
ピロン
でもなんで
あんな写真《しゃしん》
持《も》ってるの…!?
ピロン
スッ…

ごめん、オレの友《とも》だち写真《しゃしん》キライでさ～これで許《ゆる》して！
あれ…さっきの画像《がぞう》が…ない
夢《ゆめ》だったのかな
最近《さいきん》LIEN《リエン》のやりすぎで寝不足《ねぶそく》だし
今《いま》にいるの顔《かお》が超《ちょう》ぶちゃいくに見《み》えちゃったよ～www
あたし疲《つか》れてるのかな～にいるがぶちゃのわけないのにねwww
なんだよそれww
……
そうだ
いきなりだけど
今度《こんど》の休《やす》み会《あ》わない？

卓球《たっきゅう》しに行《い》こうよ
えっ…！
いいね！
でも本当《ほんとう》のわたしを見《み》たら
にいるがっかりしない？
写真《しゃしん》だとさ
けっこう盛《も》ってるし…
オレだってドキドキするよ
でも、もしれあぴが写真《しゃしん》とちがっても
オレの気《き》もちは変《か》わらないから
ありがとう
うれしい…！

れあぴ〜！
ヤバイんだけど！
カッコイイ!!
れあぴも実物《じつぶつ》
かわいいじゃん
うわぁ〜
夢《ゆめ》みたい…
みて！
かっこいーーっ

なにか飲《の》み物《もの》買《か》ってくるね
…あのさ…キミ卓球《たっきゅう》好《す》きなの？
カシャン…
なに…こいつ
誰《だれ》だよ
こっちくんなよキモいっつーの！

……
あーあ
せっかくのデートなのに
キモいやつに会《あ》っちゃった
カラン
あっ
にいる〜!!
さっき
キモい男子《だんし》が
話《はな》しかけてきてさ〜
怖《こわ》かったよぉ!

…れあぴって
そういう子《こ》
だったんだね…
え…？
ヤバッ
さっきの
聞《き》かれてた…？
オレがブサイク
だったら…
どうする？
ドッ
にいるなら
ブサイクでも
好《す》きだよ
本当《ほんとう》に？
もちろん！
どんな姿《すがた》でも
カンケーないよ！
よかった…

こんな姿《すがた》でも……

好《す》きでいてくれるんだね!!

いやあああっ
ミチッ
見《み》ためで差別《さべつ》するサイテー女子《じょし》は許《ゆる》さない…
ミチッ
ミチ
ミチッ
ミチッ
ボッ
ボッ
ミチッ
まさか…あの話《はなし》…にいる
だったの？

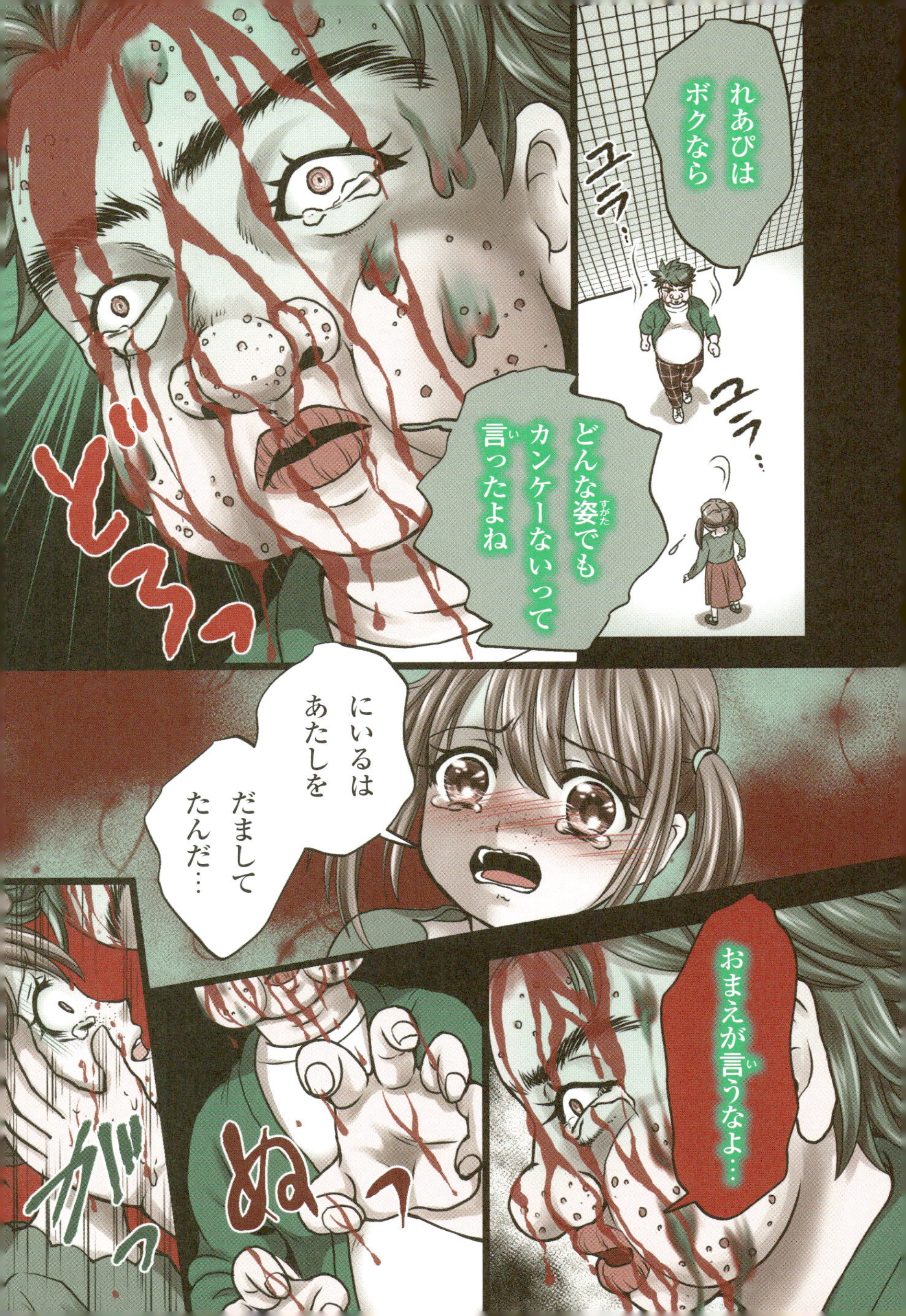
れあぴは
ボクなら
ユラ…
ユラ…
どんな姿《すがた》でも
カンケーないって
言《い》ったよね
どろっ
にいるは
あたしを
だまして
たんだ…
おまえが言《い》うなよ…
ぬっ
ガッ

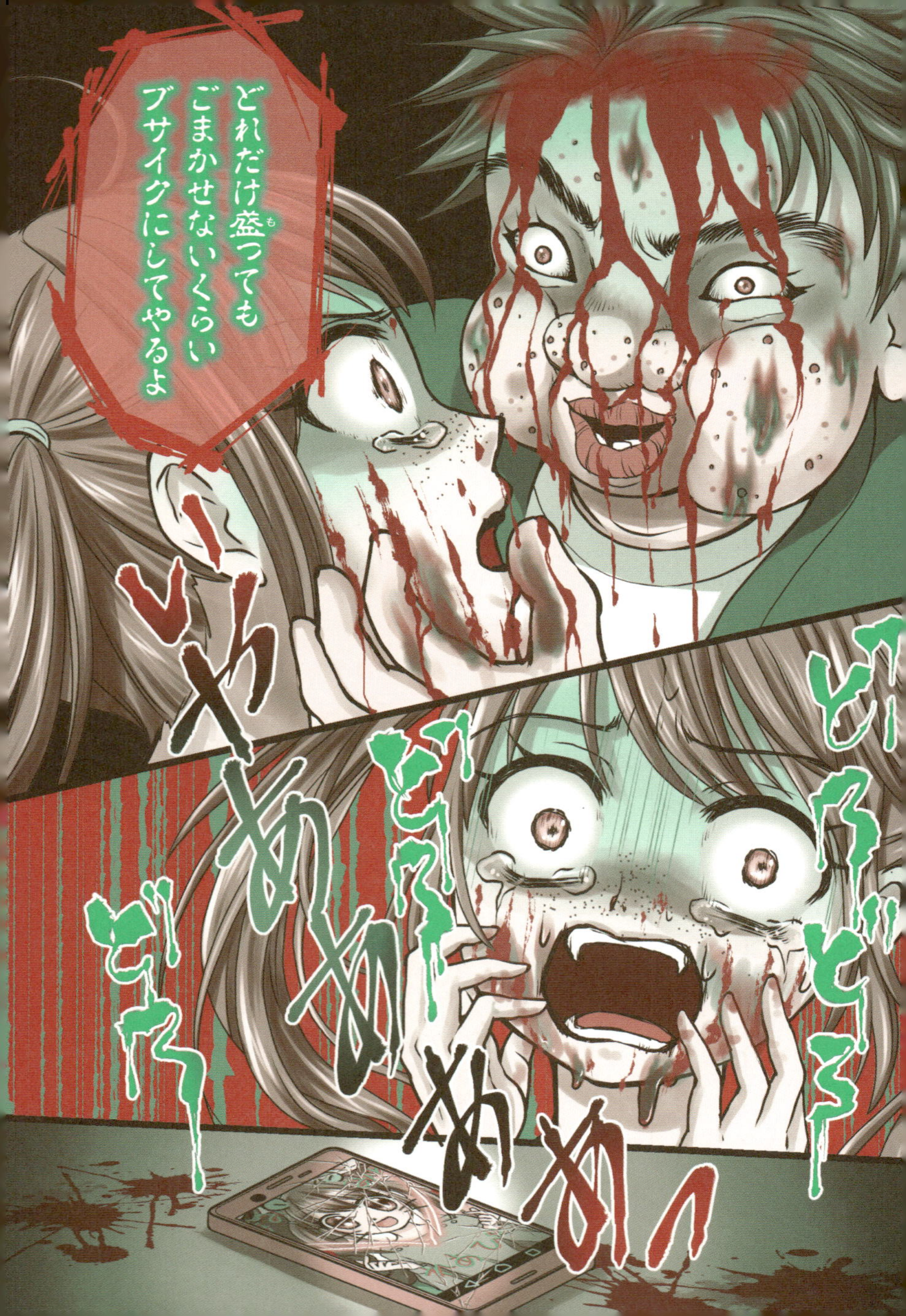
どれだけ盛《も》っても
ごまかせないくらい
ブサイグにしてやるよ
どろどろ
どろ
いやああああっ
どろ

6話《わ》 強《つよ》い嫉妬心《しっとしん》

恋《こい》のストーリー

恐怖レベル

恋《こい》の誘惑《ゆうわく》

恐怖の入口

感動

ハァ…
杏奈《あんな》ちゃん大丈夫《だいじょうぶ》？
半年前《はんとしまえ》から始《はじ》めたファミレスのバイト
お客《きゃく》さんが多《おお》くて大変《たいへん》なんです…
さっき店長《てんちょう》に怒《おこ》られてたけど
またミスしちゃって…

ぽんぽん
！
平気《へいき》だって
がんばってること
オレは知《し》ってるよ
きゅん…
黒木さん…
——でも
がんばれるのは
黒木《くろき》さんが
いるから…
お会計《かいけい》は二千七百円《にせんななひゃくえん》
になります
ちょうど
お預《あず》かりします
黒木《くろき》さんは
とにかく優《やさ》しくて…
ありがとうございました
またお越《こ》しくださいませ
ぼー…
バイトの女子《じょし》はみんな
彼《かれ》を好《す》きだと思《おも》う

…さん
塚本《つかもと》さん
はっ
仕事中《しごとちゅう》はボーッとしないでください
菅原
これフェア開催《かいさい》の回覧《かいらん》です
確認《かくにん》してサインください
は…はい
さっ
菅原《すがわら》さんはバイト歴《れき》が長《なが》いベテランさん
サインしました！
どうも

仕事《しごと》はカンペキ
なのですが
!
暗《くら》くてどことなく
不気味《ぶきみ》な雰囲気《ふんいき》なので
影《かげ》では『ブキミさん』って
呼《よ》ばれてます
ぽろっ
すっ…
はい
そんな彼女《かのじょ》もやっぱり
黒木《くろき》さんが好《す》きみたいで
ニタァ…
黒木

夜道に注意!!
不審者を見たら110
若い女性が狙われています!
ふ〜ん
気をつけよう
夜道に注意!!
テストがあったから
バイトひさしぶりだな…
ガチャ
あっ
杏奈《あんな》〜
ねぇねぇ
ブキミさんが
クビだって!
え? なんで?

菅原《すがわら》さんは黒木《くろき》さんに告《こく》り
ふられてしまったそうだ
それでさ〜
翌日《よくじつ》からさらに
暗《くら》い雰囲気《ふんいき》になり
ミスもするように
あまりにひどい状態《じょうたい》
のためクビになった
らしい――
……でもさ〜
ブキミさん
よく告《こく》ったよね
アイツなんてムリに
決《き》まってんじゃん
わたしも黒木《くろき》さんに
告《こく》ろうかな〜
ちょっと
ぬけがけしないって
約束《やくそく》したじゃん

あ～今日《きょう》もつかれた
ふ～
若《わか》い女性《じょせい》の行方不明《ゆくえふめい》事件《じけん》この辺《へん》で多発《たはつ》してるらしいな
高木《たかぎ》さんと水谷《みずたに》さんもずっと連絡《れんらく》とれないって
高木
もしかしてふたりともこの事件《じけん》に……
いやぁ～
オレはブキミさんのしわざだと思《おも》うな

あのふたり黒《くろ》木《き》と仲《なか》よかっただろ
だからさ嫉《しっ》妬《と》して…
ブキミさんノロイとかかけそうだしな
おまえらやめろよそんなわけないだろ
塚《つか》本《もと》さん
はぁ〜
悪《わる》いんだけど土《ど》日《にち》もバイト入《はい》れる？
は…はい大《だい》丈《じょう》夫《ぶ》です

よかった～今度《こんど》は竹井《たけい》と峰田《みねだ》も連絡《れんらく》とれなくてさ…
え？竹井《たけい》ちゃんと峰《みね》ちゃんまで？
……
杏奈《あんな》ちゃん
心配《しんぱい》だから送《おく》ってくよ
うそ！
はっ…はい！
い…急《いそ》いで着《き》がえてきます！
ど…どうしよう
黒木《くろき》さんと…ふたり

杏奈《あんな》ちゃん
今度《こんど》ウサギカフェ
行《い》かない？
ウサギ好きだったよね？
えっ！
わたしがウサギ好《ず》きなことおぼえててくれたんだ！
は…はいっ!!
え…？
今《いま》のって
もしかして…？
ザッ
いや…
まさかね…

一《いっ》週《しゅう》間《かん》後《ご》――
モフモフでしたねぇ
フフッ 杏奈《あんな》ちゃんかわいい
!
い…今《いま》 かわいいって…？
ドキ ドキ
公園《こうえん》でも 行《い》こうか

…？
なにか…視線《しせん》を感《かん》じるような
ちら
！
ゾッ
菅原《すがわら》さん…が…
ブキミさんノロイとかかけそうだしな
菅原《すがわら》さんがわたしに嫉妬《しっと》してる？
杏奈《あんな》ちゃん？

どうした?
あの…今《いま》…
いえ…
なんでもないです…
…まだそうと決《き》まったわけじゃないし…
♪
メール…? 誰《だれ》から…
17:38
080 11112222
く メッセージ
チカヅクナ
クロキニ チカヅクナ
!!

ピローン♪
また？
ハナレロ
クロキカラ ハナレロ
いやあ！
なにこれ？まさか菅原《すがわら》さん？
コク…
ピローン
！
ワタシハスベテシッテイル
きゃあぁぁ
彼女《かのじょ》がわたしを狙《ねら》ってる…！
大丈《だいじょう》夫《ぶ》だよオレがいるから

やだ…
キョロ
キョロ
怖《こわ》いよ
わたし…っ
オレの家《いえ》に行《い》こう
そこなら安心《あんしん》だし
もう大丈夫《だいじょうぶ》だよ

ありがとう
ございます
連絡《れんらく》がとれなくなったみんなも…
菅原《すがわら》さんが…？
オレが彼女《かのじょ》をふったばかりに…みんなが…
黒木《くろき》さん…
ピロリン♪
ビクッ
すっ
また…メール
…っ!!
ハッ

菅原《すがわら》さんの…ボールペン
きゃあああぁ
え？ それ…
黒木《くろき》さん…
こ…これ…
オレじつはこういうの好《す》きなんだよね
……

あ〜やっぱり誰《だれ》かの
忘《わす》れ物《もの》かな
……
ぐぅ…
み…みんなが行方《ゆくえ》不明《ふめい》になった理由《りゆう》…
黒木《くろき》さん…ですよね？
！
え？ とつぜんどうしたの？
こ…これからわたしも襲《おそ》うんですか？

あ〜あ
……
せっかくうまいこと
アイツのしわざに
できたのに
まあバレても
問題《もんだい》ないか
杏奈《あんな》ちゃんも
このあと
消《き》えちゃうしね
ニタァ
うわあああ
!?

ブ…ブキミ
どうして杏奈《あんな》ちゃんがおまえに…
!
ぎゃあああ
バッ

やめてくれえええ
ギョロ
ギョロ
ああああああ

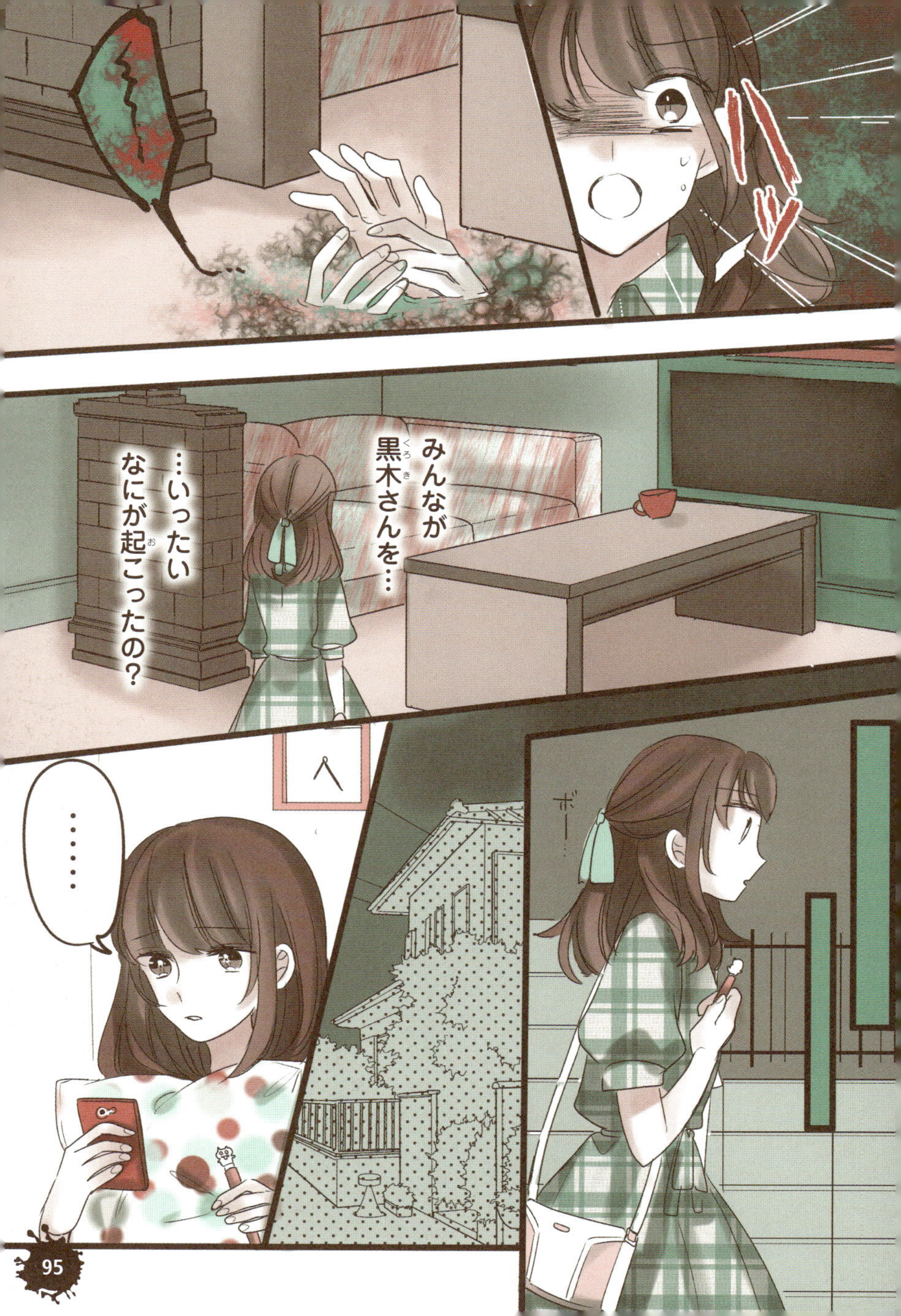
ハッ
みんなが黒木《くろき》さんを…
…いったいなにが起《お》こったの？
ボー…
……

あのときの菅原《すがわら》さんのメール…
クロキハキケン ハンニン
ワタシガ アナタヲタスケル
シンジテ ボールペン
ピロリン♪
アナタノ チカラヲ カリテ フクシュウ デキタ
シンジテクレテ アリガトウ
菅原《すがわら》さんは最初《さいしょ》から わたしを助《たす》けようと…
!
なのにわたし… ごめんなさい
助《たす》けてくれて ありがとう——

ショートマンガ

恐怖レベル

ウワサの呪文《じゅもん》

恐怖の入口

絶叫7話《わ》 読《よ》んではイケナイ

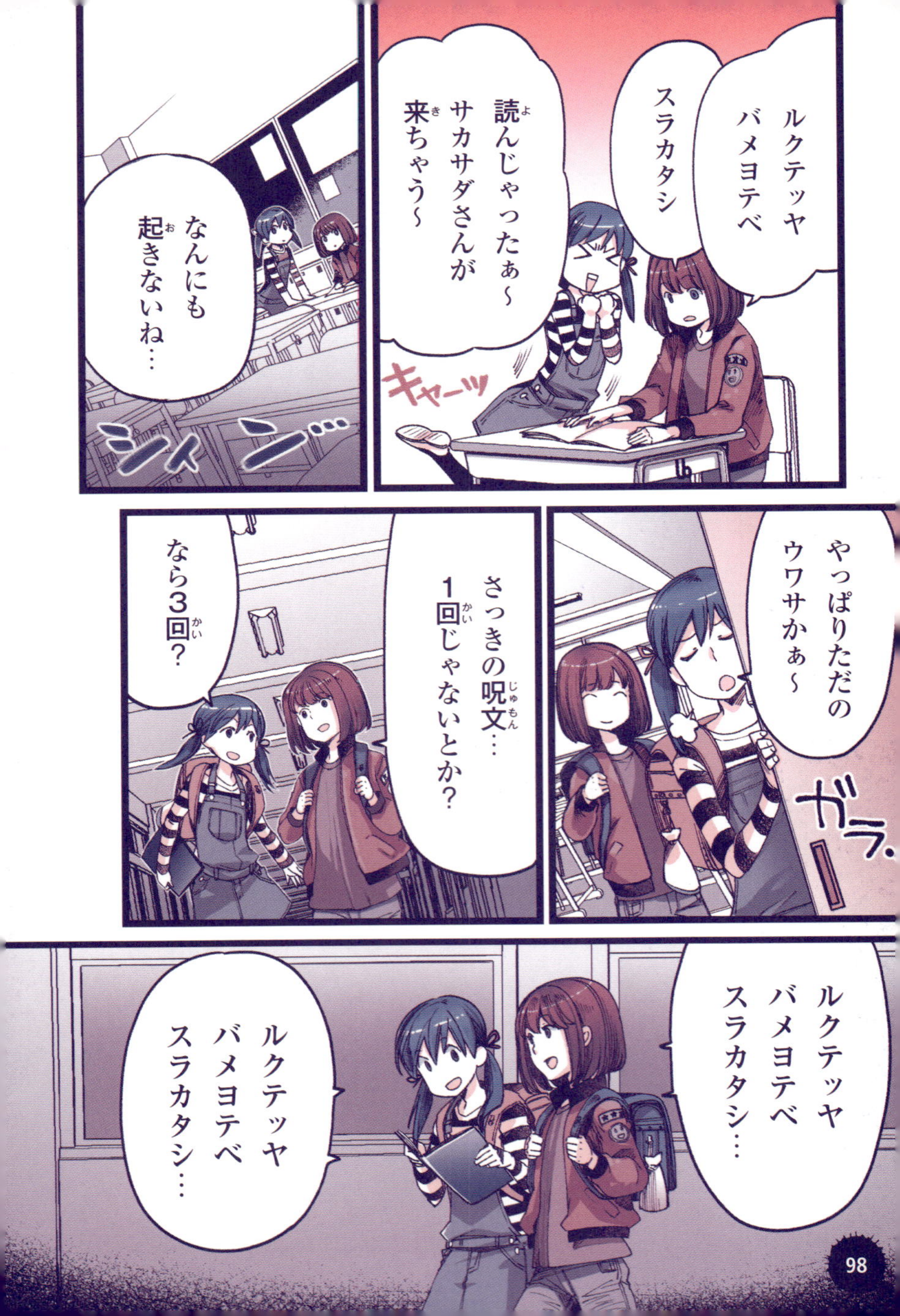
ルクテッヤ バメヨテベ
スラカタシ
読《よ》んじゃったぁ～ サカサダさんが 来《き》ちゃう～
キャーッ
なんにも 起《お》きないね…
シィーン…
やっぱりただの ウワサかぁ～
ガラ.
さっきの呪文《じゅもん》… 1回《かい》じゃないとか?
なら3回《かい》?
ルクテッヤ バメヨテベ スラカタシ…
ルクテッヤ バメヨテベ スラカタシ…

ルクテッヤ
バメヨテベ
スラカタシ
これで3回!!
やっぱりなにも起《お》きないね…
サカサダさん…
あっ!!
もしかして逆《さか》さまから？
シタカラス
ベテヨメバ
ヤッテクル
クテッヤ
バメヨテベ
スラカタシ
下《した》からすべて読《よ》めば
やってくる…
スルッ

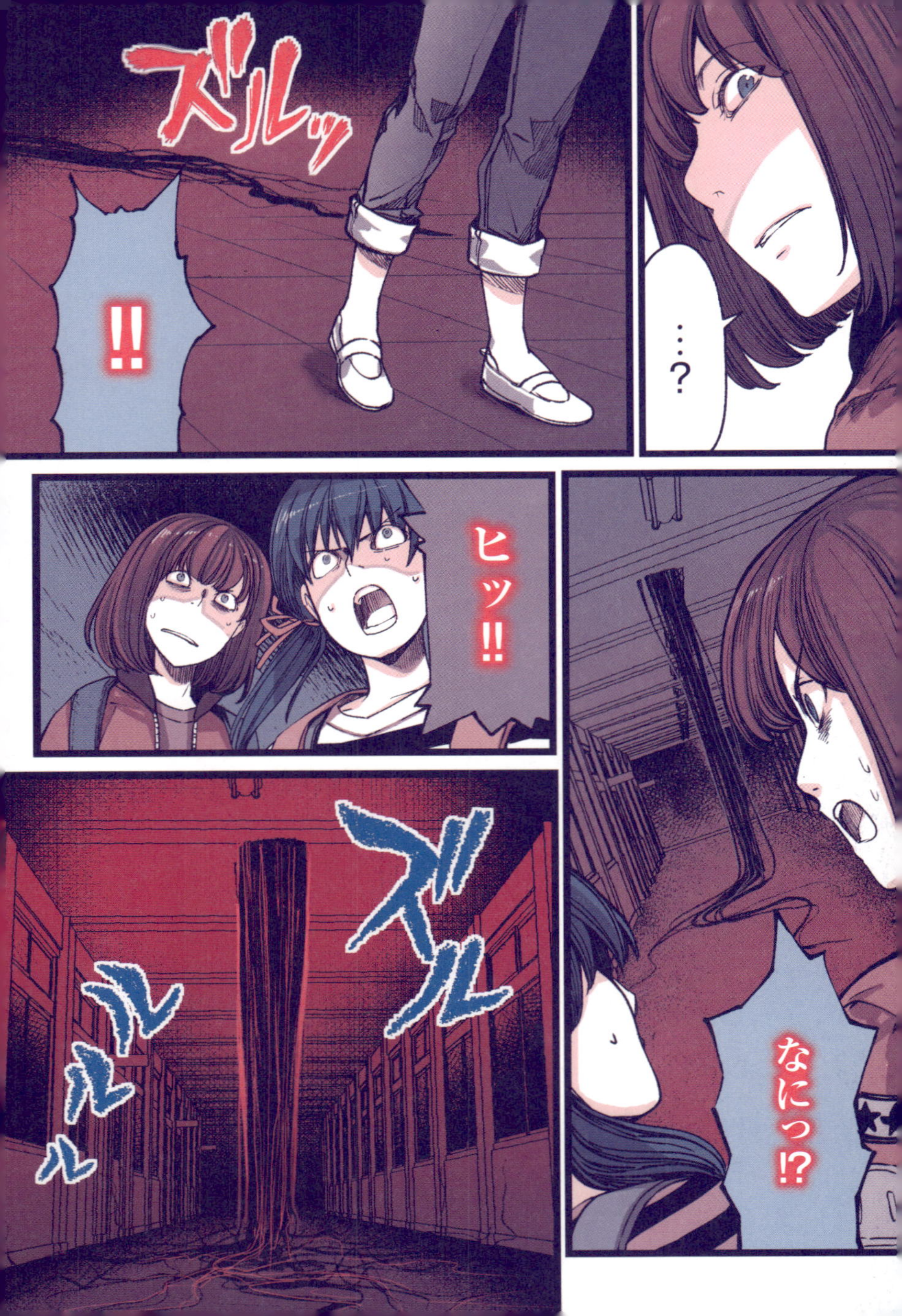
…?
ズルッ
!!
なにっ!?
ヒッ!!
ズル
ルルル

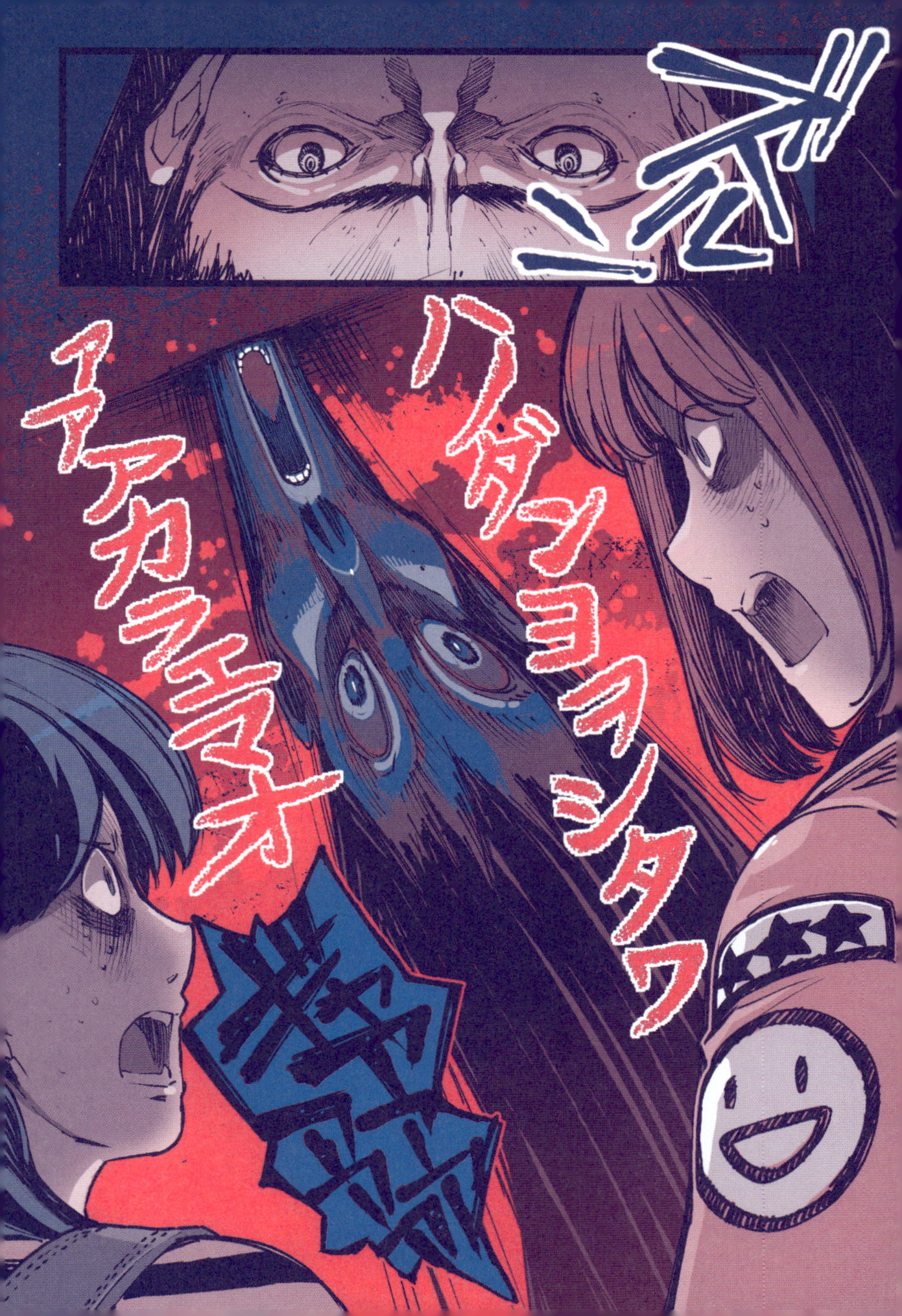
ズ
ハダンヨワシタワ
ァアカラエマオ
ギャアアア

ショートマンガ ゾクッ 8話《わ》

恐怖レベル

タクシーのなか 恐怖の入口

聞《き》いてはイケナイ

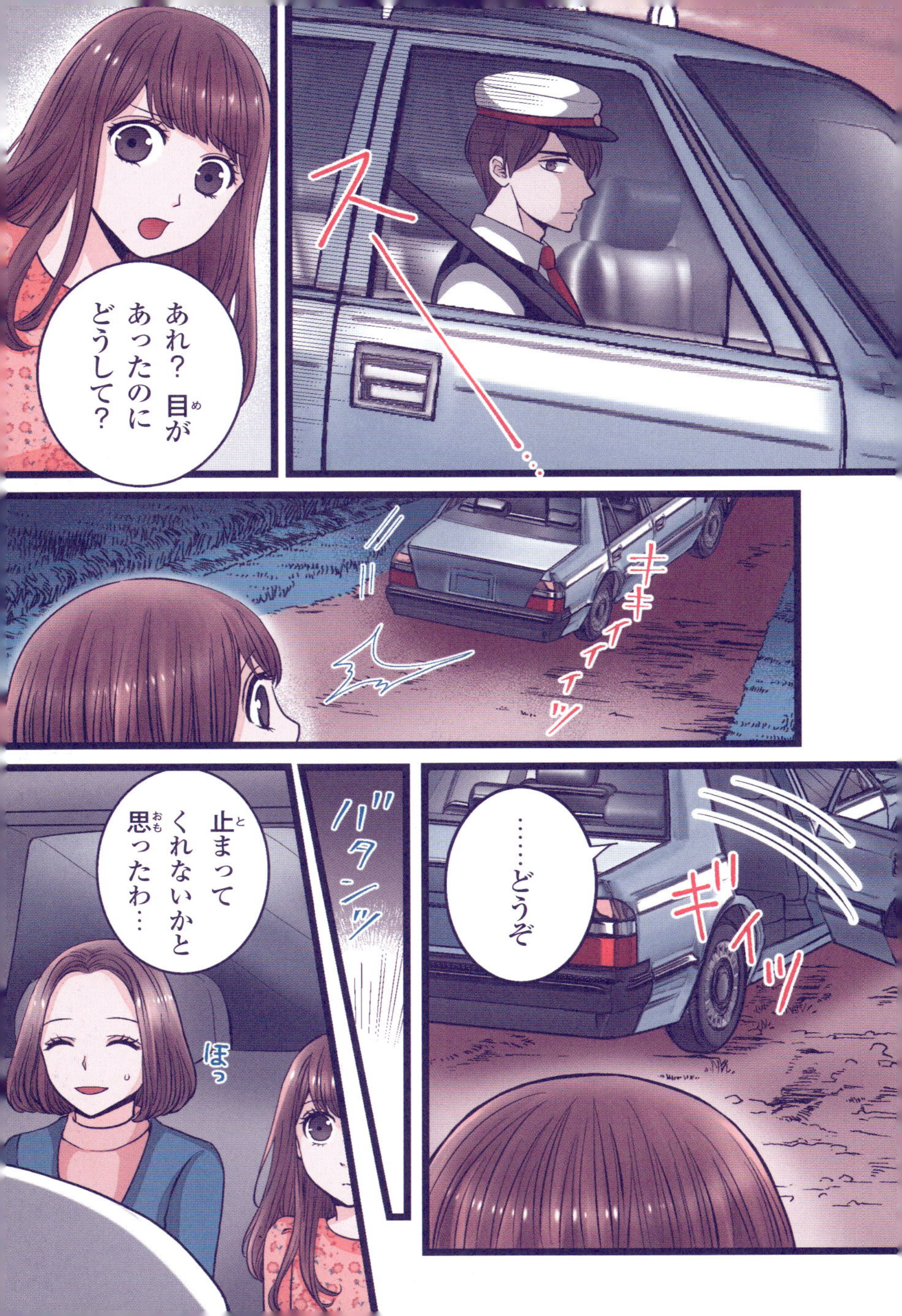
スー…
あれ？ 目《め》があったのにどうして？
キキイイイッ
ギイッ
……どうぞ
バタンッ
止《と》まってくれないかと思《おも》ったわ…
ほっ

すみません…止《と》まろうか迷《まよ》ったんですが…
お客《きゃく》さんたちみんな…幽霊《ゆうれい》と思《おも》ったもので…
そんなわけないじゃないですか～
もしかして…
怖い話すきー
幽霊《ゆうれい》を乗《の》せたことあるんですか?
ええ…何度《なんど》かありますよ
それってやっぱり真夜中《まよなか》とか?
わくわく
いいえ…夜《よる》とは限《かぎ》りませんよ
チラ

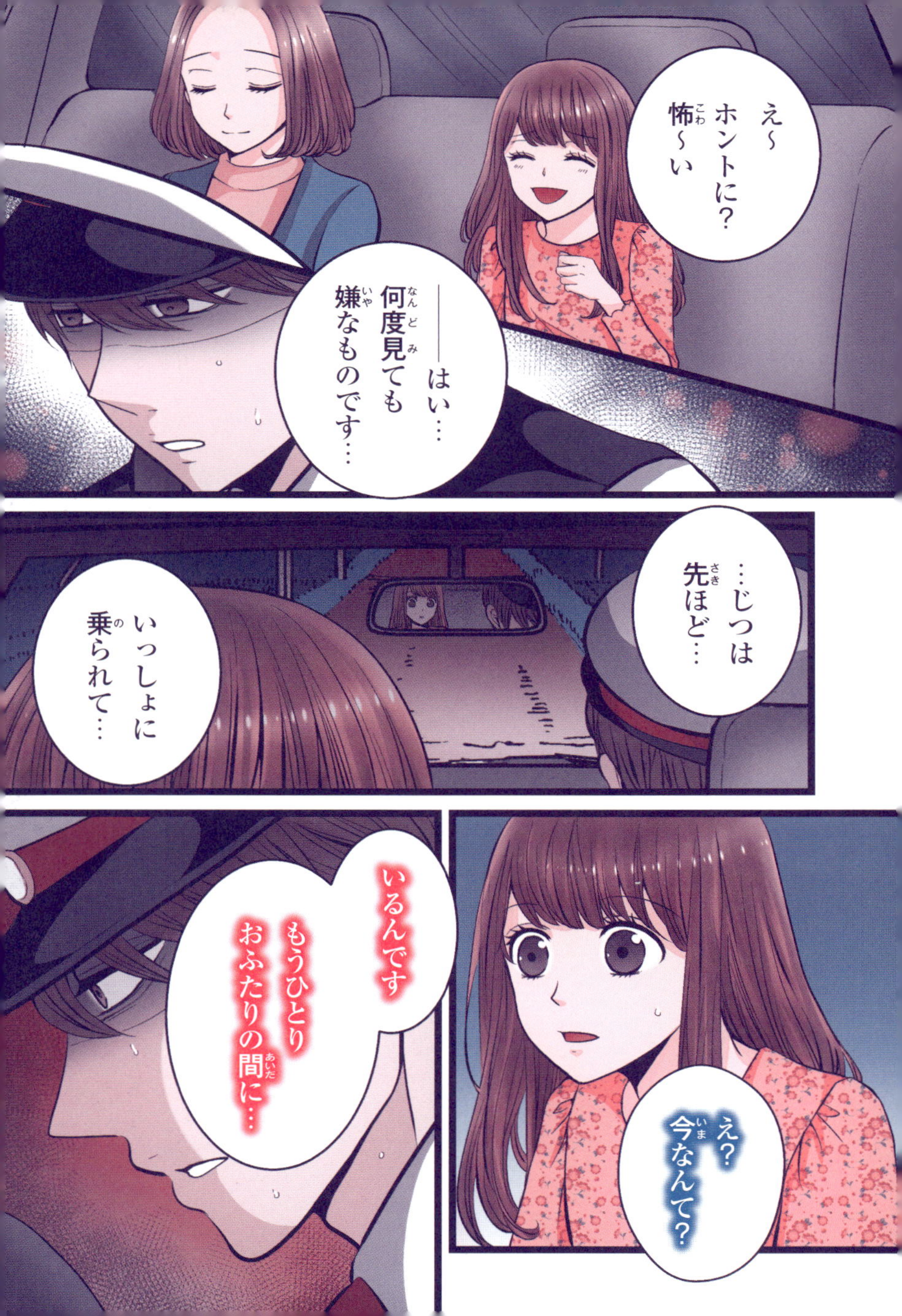
え～
ホントに？
怖《こわ》～い
――はい…
何度《なんど》見《み》ても
嫌《いや》なものです…
…じつは
先《さき》ほど…
いっしょに
乗《の》られて…
いるんです
もうひとり
おふたりの間《あいだ》に…
え？
今《いま》なんて？

え？いる…？
こ…こに

ミシエル×ホラーストーリーテラーの特別対談《とくべつたいだん》

芸《げい》能《のう》界《かい》で起《お》こった怖《こわ》い話《はなし》

異空間《いくうかん》に戻《もど》ってからも、人間界《にんげんかい》の芸能界《げいのうかい》は気《き》になっていたの。
最近《さいきん》も以前《いぜん》と変《か》わらず、心霊現象《しんれいげんしょう》がたくさん起《お》こっているようだから
いつもわたしたちに怖《こわ》い体験談《たいけんだん》を紹介《しょうかい》してくれる
ホラーストーリーテラー（怪談師《かいだんし》）の志月《しづき》かなでさんを呼《よ》んで
芸能界《げいのうかい》と霊《れい》の関係性《かんけいせい》について、いろいろとインタビューしてみたわよ。
フフフ…とても興味深《きょうみぶか》い話《はなし》が聞《き》けたわ。

今日《きょう》は来《き》てくれてありがとう。いろいろな話《はなし》が聞《き》けるのを楽《たの》しみにしているわ。ところで志月《しづき》さんは、霊感《れいかん》はあるのかしら？

こんにちは。あなたがミシェルさんね。どうぞよろしくお願《ねが》いします。わたしには霊感《れいかん》はないんです。ただ、ホラーストーリーテラーを始《はじ》めてから、奇妙《きみょう》な体験《たいけん》がふえました。

それにわたしがホラーストーリーテラーだと知《し》ると、こっそり怖《こわ》い体験談《たいけんだん》を打《う》ちあけてくれる人《ひと》も多《おお》くなりましたね。

志月《しづき》さんが怖《こわ》い話《はなし》を引《ひ》きよせているのよ…。じゃあ、さっそく話《はなし》を聞《き》いていくわね。

――芸能人《げいのうじん》には、霊感《れいかん》がある人《ひと》が多《おお》いってウワサは、本当《ほんとう》なのかしら？

ええ。みんながそうではないけれど、霊感《れいかん》が強《つよ》い人《ひと》はたくさんいますね。歌《うた》や演技《えんぎ》など人前《ひとまえ》でなにかを表現《ひょうげん》する人《ひと》たちはみなさん、感受性《かんじゅせい》（外《そと》からの刺激《しげき》や印象《いんしょう》を受《う》けいれる力《ちから》や、物事《ものごと》を感《かん》じとる力《ちから》）というものが、とてもすぐれた人《ひと》が多《おお》いんです。

この感受性《かんじゅせい》がすぐれている分《ぶん》、霊《れい》などの不思議《ふしぎ》なものも、ふつうの人《ひと》よりも、敏感《びんかん》に感《かん》じとってしまうのかなと思《おも》っています。

そして霊《れい》たちもそれがわかっているから、そういう人《ひと》たちのまわりにあらわれるんですよね…。

なるほどね。それは納得《なっとく》のいく話《はなし》だわ。霊《れい》たちは、つねに自分《じぶん》の存在《そんざい》を見《み》つけてほしいものだから…。

――テレビ局《きょく》やラジオ局《きょく》、舞台《ぶたい》といった場所《ばしょ》に霊《れい》が集《あつ》まりやすいというのはなぜかしら？

それはおそらく、そういった場所《ばしょ》ではたくさんの電波《でんぱ》を使《つか》ったり、情報《じょうほう》を発信《はっしん》しているからだと思《おも》います。

さっきも話《はなし》にでましたが、霊《れい》は自分《じぶん》の存在《そんざい》を見《み》つけてほしくてあらわれるので、自《じ》分《ぶん》の姿《すがた》をよりたくさんの人《ひと》に見《み》せたり、映像《えいぞう》や録音《ろくおん》として残《のこ》したいという思《おも》いがあるみたいなんです。

だから、カメラや録音《ろくおん》の機材《きざい》にトラブルが起《お》こったなんて話《はなし》は、しょっちゅう聞《き》きますね。

霊《れい》の声《こえ》がまぎれる…。わたしも体験《たいけん》しました。

――これは、わたしの怖《こわ》い話《はなし》をCD《シーディー》にするために、スタジオで録音《ろくおん》をしていたときに起《お》こった出来事《できごと》です…。

その日《ひ》、録音《ろくおん》作業《さぎょう》は順調《じゅんちょう》に進《すす》

志月《しづき》かなでさん

小説《しょうせつ》の朗読《ろうどく》コンテストで賞《しょう》をもらったことをきっかけに、怪談《かいだん》の朗読《ろうどく》を始《はじ》める。朗読会《ろうどくかい》や怪談《かいだん》イベント、テレビ、ラジオと幅広《はばひろ》く活《かつ》やく中《ちゅう》。

んでいたのですが、最後《さいご》の録音《ろくおん》になって、スタッフさんたちがとつぜんざわつき始《はじ》めたのです。

「すみません、志月《しづき》さん。録音《ろくおん》をやめようかと」

「え？　どうしてですか？　この話《はなし》で録音《ろくおん》は終《お》わりますよね？　なにか問題《もんだい》ありましたか？」

わたしがたずねると、A《エー》さんはだまりこみ、下《した》をむいてしまいました。

そしてB《ビー》さんが、なんだか話《はな》しにくそうに、こう言《い》ったのです。

「あの……ですね。なにを言《い》っているかはわからないんですが、さっきから、お…女《おんな》の人《ひと》がボソボソとしゃべったり、奇妙《きみょう》なうめき声《ごえ》がまざっているんです。志月《しづき》さん、こ…これはやばいですよ。だから今《いま》すぐやめないと…」

ウゥゥ……アァアア……ウ……アァア

録音《ろくおん》を聞《き》いてみると、たしかにわたしの声《こえ》にまざって、なにかをつぶやくような声《こえ》が聞《き》こえました。それはとても不気味《ぶきみ》なものでした。

わたしたちは急《いそ》いで片《かた》づけをして、スタジオをあとにしました。

そしていやな気分《きぶん》を変《か》えるためにも、みんなで食事《しょくじ》をすることになったのです。

スタッフさんとわたしの5人《にん》は、わざと明《あか》るくふるまって食事《しょくじ》を続《つづ》けました。

そこにとつぜん店員《てんいん》さんがやってきて——。

「イスが足《た》りなかったんですね。大変《たいへん》申《もう》し訳《わけ》ありませんでした。どうぞ」

こう言《い》って頭《あたま》を下《さ》げ、なぜかイスをわたしのとなりに置《お》いたのです。

「……だ…誰《だれ》の分《ぶん》？」

わたしたちは静《しず》かに顔《かお》を見合《みあ》わせました。

スタジオにいた奇妙《きみょう》な声《こえ》の主《ぬし》である女性《じょせい》の霊《れい》が、ここまでついてきていたのでしょうか…？

——また、こんなこともありました。これは心霊《しんれい》番組《ばんぐみ》の撮影時《さつえいじ》に起《お》こった出来事《できごと》です……。

それは、心霊《しんれい》スポットで百物語《ひゃくものがたり》を行《おこな》うという番《ばん》組《ぐみ》でした。１００人《にん》が集合《しゅうごう》して、それぞれに怖《こわ》い話《はなし》を披《ひ》ろうしあったのです。

わたしたちはボロボロの廃病院《はいびょういん》に集《あつ》まり、スタッフさんから撮影手順《さつえいてじゅん》の説明《せつめい》を聞《き》いていました。でも、誰《だれ》もが真剣《しんけん》に話《はなし》を聞《き》くなか、たったひとり、壁《かべ》にむかって立《た》つ男性《だんせい》がいるんです。その男《だん》性《せい》は茶色《ちゃいろ》い顔色《かおいろ》をして、真夏《まなつ》にもかかわらず、茶《ちゃ》色《いろ》のダウンベストを着《き》ていました。壁《かべ》の前《まえ》を行《い》ったり来《き》たりと、おかしな様子《ようす》が気《き》になりました。

そして百物語《ひゃくものがたり》の撮影《さつえい》がスタート。後半《こうはん》にさしかかると、ある芸人《げいにん》さんがこんな話《はなし》をしました。

「撮影《さつえい》が始《はじ》まる前《まえ》、この暑《あつ》さで茶色《ちゃいろ》のダウンベストを着《き》たおかしな男《おとこ》を見《み》たんですよね。誰《だれ》かの知《し》り合《あ》いですかね？」

（さっきの男性《だんせい》のことだ…！）

わたし以外《いがい》にも、あの奇妙《きみょう》な男性《だんせい》を見《み》ていた人《ひと》はたくさんいたのです。

奇妙《きみょう》な男性《だんせい》はすでにおらず、彼《かれ》の知《し》り合《あ》いは、誰《だれ》ひとりいませんでした…。人間《にんげん》ではないなにかが、撮影《さつえい》にまぎれこんでいたのです。

フフッ、やっぱり芸能界《げいのうかい》には恐怖《きょうふ》の話《はなし》があふれてるのね。志月《しづき》さん、今日《きょう》はこのほかにも怖《こわ》い話《はなし》をしてくれるのよね？

せっかくだから、その話《はなし》はマンガで紹介《しょうかい》しようと思《おも》っているんだけど、いいかしら？

ええ、もちろんです。これから、役者《やくしゃ》の小林《こばやし》さんと松田《まつだ》さん（どちらも仮名《かめい》）から聞《き》いた話《はなし》をしていくことにしましょう。

この小林《こばやし》さんと松田《まつだ》さんもやはり霊感《れいかん》が強《つよ》い方《かた》で、しょっちゅう霊《れい》に遭遇《そうぐう》するようですよ。

…でもその前《まえ》にもうひとつだけ、わたしの奇妙《きみょう》な体験談《たいけんだん》をお話《はなし》しますね。

――この日《ひ》、わたしはライブハウスで、後《こう》はいの女《おんな》の子《こ》といっしょに怪談《かいだん》イベントに参加《さんか》していました。イベントも無事《ぶじ》に終《お》わり着《き》がえをしようと、地下《ちか》1階《かい》の会場《かいじょう》から、4階《かい》にある楽屋《がくや》へと、エレベーターに乗《の》ったのですが……――。

次《つぎ》のページのマンガへ続《つづ》きます…。

9話《わ》 エレベーターの怪《かい》
芸能界《げいのうかい》の怖《こわ》い話《はなし》
恐怖レベル ゾクッ
エレベーター 恐怖の入口
カチ。
着《き》がえたら1階《かい》に来《き》てください！
は〜い！

スー…
イベント盛《も》りあがってよかったね
はい！悲鳴《ひめい》も多《おお》かったですよね～
女性《じょせい》の霊《れい》が見《み》えたときはあせりましたけど…
ゴ……
たしかにイベント中《ちゅう》はおかしなことが多《おお》かったな…
ガタン!!
きゃっ!?

止《と》まった?
なに…故障《こしょう》?
か…
かなでさん…
階数表示《かいすうひょうじ》がぜんぶ消《き》えてるんです…
怖《こわ》くて見《み》れない…
やめてよ…

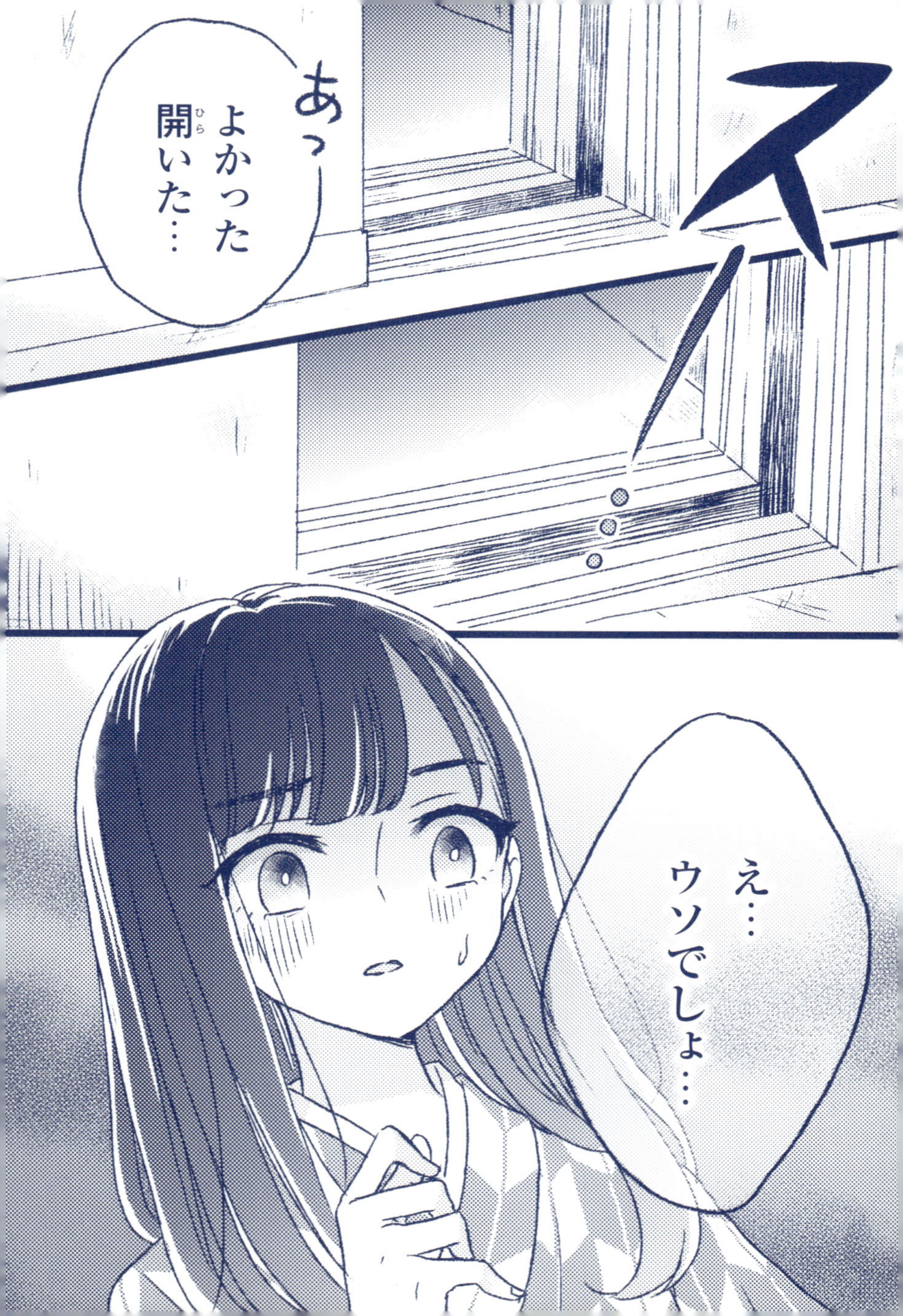
ス…
あっ よかった 開《ひら》いた…
え… ウソでしょ…

ここ…
どこ?

4階《かい》…じゃないよね
奥《おく》は…なにも見《み》えない…
こんなフロア…
このビルにはないですよ
カチャ
カチャ
カチャ
カチャ
いやだ閉《し》まって!
カチャ
カチャ
は…早《はや》く閉《し》まってよ!!

スー…
チーン！
バタバタ
バタ
…あれ？志月《しづき》さん
どうしてまだ袴姿《はかますがた》なんですか？
？
なんでまだ1階《かい》なの？
そんなことって

もっと長《なが》い時間《じかん》
エレベーターは
動《うご》いていたはず
なのに…
ゾクッ…
あのとき止《と》まった場所《ばしょ》は
いったいどこだったの
でしょうか?
エレベーターはときどき異世界《いせかい》へ
通《つう》じてしまうと聞《き》きます
もしあそこで
エレベーターを
降《お》りていたら…
わたしたちは戻《もど》って
これなかったに
ちがいありません…

10話《わ》 変《か》わった観客《かんきゃく》
芸能界《げいのうかい》の怖《こわ》い話《はなし》
恐怖レベル
遊園地《ゆうえんち》のショー
恐怖の入口
感動
みなさんは着《き》ぐるみショーを見《み》たことがありますか?
これは遊園地《ゆうえんち》などの舞台《ぶたい》で着《き》ぐるみを着《き》て演《えん》じている役者《やくしゃ》
小林《こばやし》さん（仮名《かめい》）から聞《き》いたお話《はなし》です

霊感《れいかん》の強《つよ》い
小林《こばやし》さんは
ショーの最中《さいちゅう》に
霊《れい》を見《み》たり
ほかの役者《やくしゃ》が
霊《れい》にとり憑《つ》かれて
しまうなど
怖《こわ》い体験《たいけん》をしたことが
数《かぞ》えきれないほど
あるそうです
今《いま》からするお話《はなし》は
閉園《へいえん》を間近《まぢか》に
ひかえた
遊園地《ゆうえんち》での
出来事《できごと》です

こんな天気《てんき》で明日《あした》できるのか？
台風《たいふう》のなか遊《あそ》びに来《こ》ないよなぁ
みなさん明日のステージですが…
井田さ…ニャンズの家なんだけど
き…気持《きも》ち悪《わる》い…
寒気《さむけ》がする…
大丈夫か？
ずっと雨だからね
寒《さむ》い…？

!!!
三村《みむら》さん見《み》えていたのね
そりゃあ寒《さむ》いわけだわ

今日《きょう》のショーは中止《ちゅうし》かな?
雨《あめ》は小降《こぶ》りになったみたいだけど
予定《よてい》通《どお》りにやるってよ!
でも
女《おんな》の子《こ》と父親《ちちおや》の1組《くみ》だけらしい
よしっ!

じゃあ その親子《おやこ》に 楽《たの》しんでもらおう！
ショーの前《まえ》に ニャンズの歌《うた》を 歌《うた》おうね！
おひさま キラキラ
女《おんな》の子《こ》ひとり なのに こんな声《こえ》が…
えがお ニコニコ〜

じゃあみんな
ニャンズを
大《おお》きな声《こえ》で呼《よ》ぶよ
ニャンズちゃーん!!
みなさ~ん
こんにちは!
今日《きょう》も元気《げんき》いっぱい
ニャンズだにゃん!
え…さっきの呼《よ》び声《ごえ》も
あの子《こ》ひとりで?

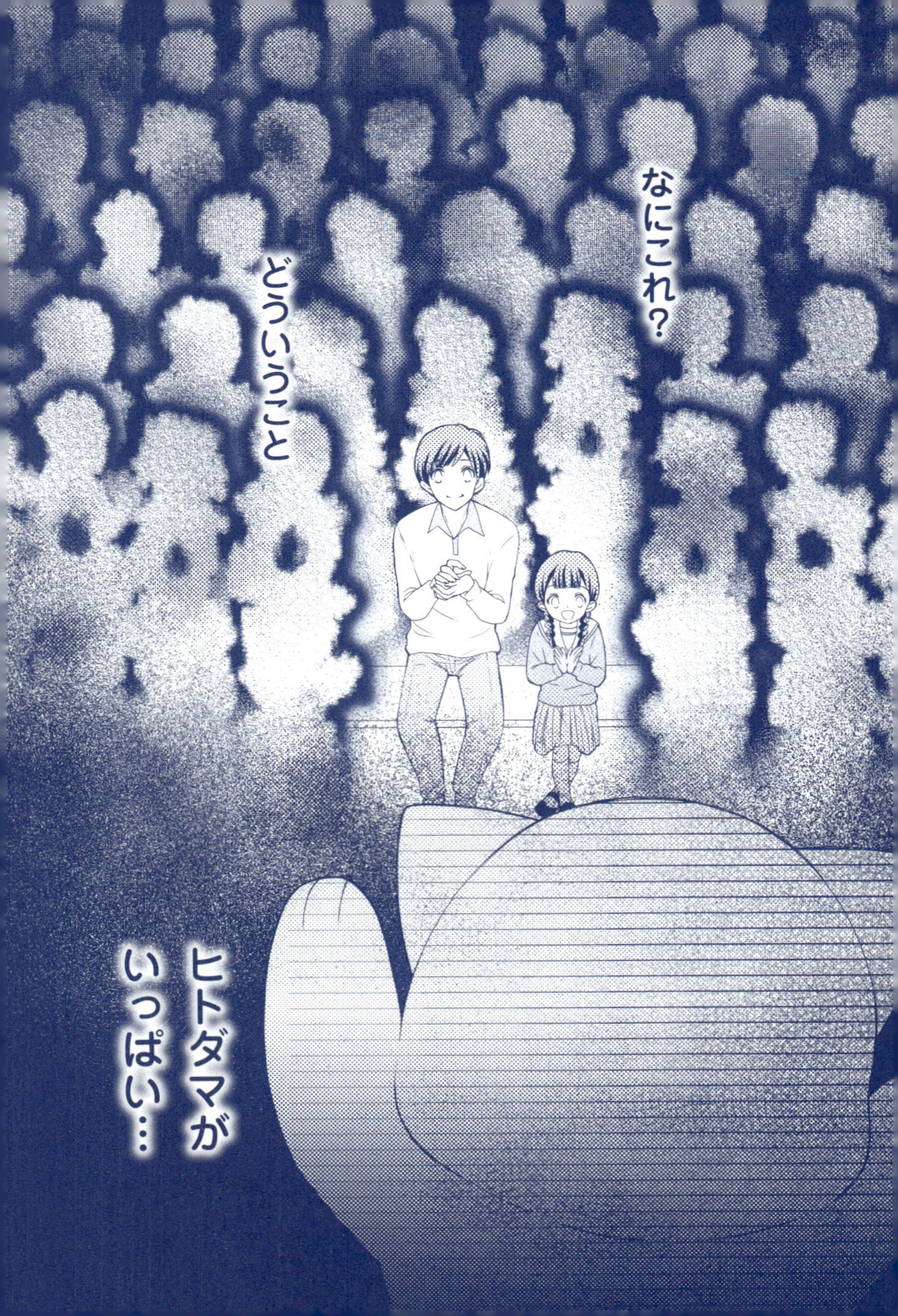
なにこれ?
どういうこと
ヒトダマが
いっぱい…

パンチ!
わーー
ニャンズ
がんばって!
がんばって
負けるな

がんばれ
シャンズ
負けないで
がんばれー
シャンズー!
すごい
みんなが
いっしょに
もりあがって
くれてる…

おそらく観客席《かんきゃくせき》に
いたヒトダマは
この地域《ちいき》に起《お》きた
震災《しんさい》で亡《な》くなって
しまった親子《おやこ》で
この遊園地《ゆうえんち》がなく
なってしまう前《まえ》にと
遊《あそ》びに来《き》たんだ
と思《おも》う——
小林《こばやし》さんは
そう話《はな》して
くれました
おどろいたけれど
なんだか心《こころ》が温《あたた》かく
なる体験《たいけん》だった
そうです

11話《わ》 霊感《れいかん》が備《そな》わったのは
芸能界《げいのうかい》の怖《こわ》い話《はなし》
恐怖レベル
ゾクッ
肝試《きもだめ》し
恐怖の入口
これは役者《やくしゃ》をしている松田《まつだ》さん(仮名《かめい》)から聞《き》いた話《はなし》です
松田《まつだ》さんは舞台《ぶたい》やホラー映画《えいが》などで活《かつ》やくしています
それじゃ次《つぎ》のシーンね
はい!
霊感《れいかん》があり撮影中《さつえいちゅう》に霊《れい》を呼《よ》んでしまうこともしょっちゅうで
まわりの人《ひと》には『死神《しにがみ》』とあだ名《な》をつけられるほどです

よーい スタート!
行《い》って きます!
行《い》って らっしゃい
幼《おさな》いころは まったく 霊感《れいかん》がなかった 松田《まつだ》さんですが
中学生《ちゅうがくせい》のとき とつぜんそれは 起《お》こったのです

ぐしゃっ!
キャー!!
誰《だれ》か飛《と》びおりたぞ
うそだろ…
ギィ…
目《め》があった…笑《わら》ってた…?
時間《じかん》がたってもその女性《じょせい》の顔《かお》は忘《わす》れられず
この日《ひ》を境《さかい》に霊《れい》を見《み》たり感《かん》じたりするようになったそうです…

去年《きょねん》の夏《なつ》 松田《まつだ》さんは
母校《ぼこう》の演劇部《えんげきぶ》から
合宿《がっしゅく》でやる肝試《きもだめ》しを
手伝《てつだ》ってほしいと
たのまれ…
同《おな》じ卒業生《そつぎょうせい》たちと
母校《ぼこう》へ帰《かえ》りました
そこで不思議《ふしぎ》な
体験《たいけん》をしたそうです
西川高校
じゃあ今《いま》から スタートね
小山《こやま》くんは 方向音痴《ほうこうおんち》だから いちばん最初《さいしょ》よ
へへへ
きちんと地図通《ちずどお》り に歩《ある》いてよね
スタート & ゴール
わかって ますって！
行《い》ってき ま〜す！

やっぱり松田《まつだ》の幽霊役《ゆうれいやく》はマジで怖《こわ》いな！
さすが役者《やくしゃ》！
だろ～？
これ地毛《じげ》だけどな！
あっ来《き》た！
うわあああああ！
うける～
怖《こわ》い怖《こわ》い～

きゃああああああああああ！
はっはっは！
オレが本気《ほんき》だせばこれくらいの演技《えんぎ》楽勝《らくしょう》だぜ！
もお～リアルすぎますって！
三田《みた》と松井《まつい》通過《つうか》ね～はいOK！
三田　麻衣子
松井　実子
草薙　唯
安藤　喜美
三浦　カオル
津田　みゆ

ゴールまでがんばれよ～!!
は～い！
今《いま》の子《こ》たちで最後《さいご》だな よし帰《かえ》るか…
おい松田《まつだ》！大変《たいへん》だ！
小山《こやま》がまだ帰《かえ》らないんだ！
いっしょに探《さが》してくれ！
小山 雄大
野坂 夏美
後藤 ゆき
お…おう！

ダメだどこにもいない…
いちばん最初《さいしょ》に出発《しゅっぱつ》したのに…
川《かわ》のむこう側《がわ》は探《さが》したのか?
オレらずっとここで見張《みは》ってたから誰《だれ》も通《とお》してないぜ
むこうへ行《い》くにはこの橋《はし》を通《とお》るしか方法《ほうほう》がないから人《ひと》が来《く》ればわかる
そうだよな…

よ〜し
ゴールだ〜!!
おいっ小山《こやま》!?
おまえどこ行《い》ってたんだよ!
いやぁ怖《こわ》かったけど楽《たの》しかったです!
でもお墓《はか》を歩《ある》かせるのはナシですよ〜
ルートにお墓《はか》なんてないけど…?
またまた怖《こわ》がらせて!

でもぼく ルート通《どお》り
白《しろ》く光《ひか》る道《みち》を 歩《ある》きましたよ！
え⁉
光《ひか》る…？
まあまあ 無事《ぶじ》に戻《もど》って 来《き》たんだし…
今日《きょう》はもう 帰《かえ》ろうぜ
そうだな 帰《かえ》ろう…
松田《まつだ》さんは なんだかいやな 胸《むね》さわぎが したそうです…

なあ松田《まつだ》
昨日《きのう》のあれどう思《おも》う？
どうって言《い》われても小山《こやま》は橋《はし》を通《とお》らなかったんだろ？
そうだけど…おい見《み》ろよ！
もしかして…
たしかにここからならなんとか土手《どて》に降《お》りられる…
そして川《かわ》ぞいに進《すす》んでいけばお墓《はか》があるな…

方向音痴《ほうこうおんち》スゲー!!
この道《みち》は通《とお》らないだろ〜!
階段
お墓
チェックポイント
でも小山《こやま》って橋《はし》のむこうから戻《もど》ってきたよな
このあたり「なにか」いるな…
それって川《かわ》を渡《わた》る以外《いがい》ムリじゃね…? けど小山《こやま》の服《ふく》はぬれてなかった…
小山《こやま》くんはいったいどこを通《とお》って戻《もど》ってきたのか
白《しろ》く光《ひか》る道《みち》とはなんだったのか
松田《まつだ》さんたちは怖《こわ》くてそれ以上《いじょう》話《はなし》をするのをやめたそうです

身近《みぢか》にある数字《すうじ》には神秘《しんぴ》がいっぱい…！

不思議《ふしぎ》なナンバー

少《すこ》し前《まえ》に、ぼくはとても興味《きょうみ》深《ぶか》い本《ほん》を見《み》つけたんだ。そこには「数字《すうじ》の神秘《しんぴ》」が書《か》かれていたんだよ。みんながふだん見慣《みな》れている数字《すうじ》にも、本当《ほんとう》は恐怖《きょうふ》や不思議《ふしぎ》がかくれているって考《かんが》えたことあるかい？ 数字《すうじ》にまつわる怖《こわ》いウワサや数字《すうじ》を使《つか》った神秘的《しんぴてき》な占《うらな》いをみんなに紹介《しょうかい》していくよ。

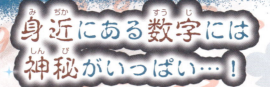

数《すう》字《じ》にまつわる怖《こわ》いウワサ

数字《すうじ》の怖《こわ》い＆不思議《ふしぎ》なウワサについて調《しら》べていたところ、数字《すうじ》の研究者《けんきゅうしゃ》が集《あつ》めたというレポートを送《おく》ってもらえたよ。

レポート1 12という数《すう》字《じ》

わたしたちの身《み》のまわりには「12」という数《すう》字《じ》がたくさんあります。

たとえば、1時間《じかん》は5分《ふん》×12、1年《ねん》は12か月《げつ》、音階《おんかい》は十二音《じゅうにおん》（ドレミファソラシ＋半音《はんおん》）、十二支《じゅうにし》（子《ね》丑《うし》寅《とら》卯《う》辰《たつ》巳《み》午《うま》未《ひつじ》申《さる》酉《とり》戌《いぬ》亥《い》）、12星座《せいざ》。

そして「12㎝」＝霊《れい》があらわれるすきまの広《ひろ》さといわれているのです。

この12㎝は、霊《れい》があの世《よ》とこの世《よ》がつながるトビラを開《ひら》くとき、両手《りょうて》を入《い》れておし広《ひろ》げるために、最低限《さいていげん》必要《ひつよう》な広《ひろ》さなんだそうです。

12㎝のすきまがあれば、お気《き》をつけを…。

レポート 2

不吉《ふきつ》とされる数字《すうじ》

日本《にほん》では「4」や「9」、「49」という数字《すうじ》が不吉《ふきつ》（よくないことが起《お》こりそうと感《かん》じる）とされています。

それは、言葉《ことば》の語呂《ごろ》合《あ》わせで、4＝死《し》、9＝苦《くる》しみ、49＝四苦八苦《しくはっく》（あらゆる苦《くる》しみ）を連《れん》想《そう》させるからです。

そのため旅館《りょかん》やホテル、マンションの部屋《へや》番《ばん》号《ごう》や駐車場《ちゅうしゃじょう》の番号《ばんごう》でも、これらの数字《すうじ》は使《つか》われていないところがあります。3号室《ごうしつ》のとなりは5号室《ごうしつ》になっていたりするのです。

もちろんそんなことは迷信《めいしん》だという考《かんが》えの人《ひと》もいるので、4や9がつく部屋《へや》もありますが、そういった部屋《へや》では、怖《こわ》いウワサがたえないといいます。

「4号室《ごうしつ》で、真夜中《まよなか》に合《あ》わせ鏡《かがみ》をすると、異次《いじ》元《げん》に通《つう》じてしまう…」

「ホテルの9号室《ごうしつ》に泊《と》まったら、夜中《よなか》に女《おんな》の人《ひと》のうめき声《ごえ》が聞《き》こえてきた…」

ちなみに海外《かいがい》では、13（キリストが亡《な》くなった13日《にち》の金曜日《きんようび》）や666（聖書《せいしょ》に登場《とうじょう》する「獣《けもの》」の数字《すうじ》が666から悪魔《あくま》の数字《すうじ》）が不吉《ふきつ》な数字《すうじ》とされてます。

レポート3

数字《すうじ》を伝《つた》えてくる霊《れい》

わたしは大学生《だいがくせい》になってから、ビルの清掃員《せいそういん》のバイトを始《はじ》めました。

「このビルってさ、でるらしいのよ」

ある日《ひ》のバイト終《お》わり、パートの田中《たなか》さんから話《はな》しかけられました。わたしのいやそうな反《はん》応《のう》にもおかまいなしに、彼女《かのじょ》は話《はなし》を続《つづ》けます。

「わたしもさっき、渡辺《わたなべ》さんに聞《き》いたんだけど。このビルにすむ霊《れい》が、なんらかの方法《ほうほう》で、順番《じゅんばん》に数字《すうじ》を伝《つた》えてくるんだって。それは人《ひと》の声《こえ》だったり、物音《ものおと》の回数《かいすう》だったり、目《め》に見《み》える数《すう》字《じ》だったりと、いろいろらしいんだけどね。そしてその数字《すうじ》が10までいくと、それを知《し》った人《ひと》は、消《き》えてしまうらしいのよ～」

楽《たの》しそうに話《はな》す田中《たなか》さんにあきれてしまいましたが、彼女《かのじょ》はさらに話《はなし》を続《つづ》けます。

「それでね～、この話《はなし》を聞《き》いた人《ひと》は、その日中《ひじゅう》に霊《れい》から数字《すうじ》を伝《つた》えられて、10までいくと…。あ～ちなみに助《たす》かる方法《ほうほう》は、次《つぎ》の……」

「ちょっと～休憩《きゅうけい》時間《じかん》10分《ぷん》過《す》ぎてますよ！」

田中《たなか》さんは急《いそ》いで休憩室《きゅうけいしつ》を出《で》ていき、わたしは着《き》がえて、バイト先《さき》をあとにしました。

ブー。ブー。ブー。ブー。ブー。ブー。ブー。ブー。ブー。バッグのなかで鳴《な》っていた携帯《けいたい》のバイブ音《おん》に気《き》づき、電話《でんわ》にでました。

「田中《たなか》さんが休憩《きゅうけい》から戻《もど》らないんだけど、どこに行《い》ったか知《し》ってる？」

わたしは知《し》らないと答《こた》え、電話《でんわ》を切《き》りました。

その後《ご》、家《いえ》でくつろいでいると、チャイムが立《た》て続《つづ》けに8回《かい》聞《き》こえました。異常《いじょう》な数《かず》におびえていると、今度《こんど》はノックの音《おと》が。

ドンドンドンドンドンドンドンドン。おそるおそるドアを開《あ》けると、宅急便《たっきゅうびん》の人《ひと》が立《た》っていました。ホッとして箱《はこ》を受《う》けとると、なかにはぶどうが6房《ふさ》と、りんごが5個《こ》入《はい》っていたのです。

そのとき、また携帯《けいたい》のバイブ音《おん》が。ブーブーブーブーと4回《かい》鳴《な》って切《き》れたので、すぐにかけ直《なお》しましたが、トゥルルル、トゥルルル、トゥルルルと3コール後《ご》には留守電《るすでん》に。

「さ、さっきからなんなの…。コールが3回《かい》。今《いま》のバイブ音《おん》は4回《かい》…。まさか霊《れい》が数字《すうじ》を？　それに田中《たなか》さんって消《き》えたんじゃないよね？」

そのとき、となりの部屋《へや》からバチン、バチンという2回《かい》のラップ音《おん》がひびきわたりました。

「2回《かい》……？　…もしかして………1!!」

わたしはできる限《かぎ》り大《おお》きな声《こえ》で叫《さけ》びました。

そのとき、わたしの背後《はいご》から「チッ！」と大《おお》きな舌打《したう》ちが聞《き》こえました。

田中《たなか》さんは10を聞《き》いたときになにかが起《お》こると話《はな》しましたが、おそらく正《ただ》しくは、数字《すうじ》は10から減《へ》っていき、「1」を聞《き》いてはいけないのではと、とっさに思《おも》ったのです。もしあのときこれに気《き》づかなければ、わたしはきっと…。

レポート4

天使《てんし》からのサイン

目《め》には見《み》えないのでこのことに気《き》づく人《ひと》はいませんが、わたしたちのまわりにはいつでも天《てん》使《し》がいるんだそうです。

そしてその天使《てんし》たちは、ゾロ目《め》というそろった数字《すうじ》の組《く》み合《あ》わせで、わたしたちにサインやメッセージを送《おく》ってくれています。

このサインやメッセージは『エンジェルナンバー（天使《てんし》の数字《すうじ》）』と呼《よ》ばれています。

エンジェルナンバーは、ふとしたときに自然《しぜん》と目《め》に入《はい》ってくる数字《すうじ》をさし、たとえばこんなものがあげられます。

時計《とけい》の時間《じかん》、車《くるま》のナンバープレート、電話番《でんわばん》号《ごう》、教科書《きょうかしょ》のページ数《すう》、テストの点数《てんすう》、買《か》い物《もの》の合計金額《ごうけいきんがく》、おつりの金額《きんがく》など。

あなたにもふと見《み》た時計《とけい》が、5時《じ》55分《ふん》のような数字《すうじ》の組《く》み合《あ》わせ（ゾロ目《め》）だったりした経《けい》験《けん》が一度《いちど》くらいはあるはず。

ある特定《とくてい》の数字《すうじ》を何度《なんど》も見《み》たりするときは、天使《てんし》があなたに重要《じゅうよう》なメッセージを送《おく》っているといわれています。次《つぎ》のページにあるゾロ目《め》を見《み》たときは、天使《てんし》からのメッセージに注目《ちゅうもく》してみると、よいことが起《お》こるかもしれません。

エンジェルナンバーの意味《いみ》

00	あなたに新《あたら》しい恋《こい》や、相手《あいて》への新《あたら》しい気持《きも》ちがすぐそばまできているよ。
000	恋《こい》、勉強《べんきょう》、友情《ゆうじょう》。バラバラになっていたことがひとつにまとまるとき。
11	あなたの思《おも》いや願《ねが》いがまさに実現《じつげん》しているとき。なんでも前《まえ》むきに考《かんが》えて！
111	思《おも》いや願《ねが》いが実現《じつげん》する可能性大《かのうせいだい》！ あなたの望《のぞ》むことに集中《しゅうちゅう》してみて。
22	信《しん》じる心《こころ》を持《も》ち続《つづ》けてという合図《あいず》。信《しん》じる心《こころ》が奇跡《きせき》やチャンスにつながるよ。
222	なにも心配《しんぱい》せず、想像通《そうぞうどお》りにすべてうまくいくことを信《しん》じてみて。
33	天使《てんし》に応《おう》えんしてくれるようお願《ねが》いしてみて。ラッキーが起《お》こるかも！
333	今《いま》のあなたは天使《てんし》たちに守《まも》られ、愛《あい》され、よい方向《ほうこう》へとみちびかれているよ！
44	あなたと愛《あい》する人《ひと》に平和《へいわ》をもたらす手助《てだす》けを天使《てんし》たちに頼《たの》むことができるよ。
444	不安《ふあん》に思《おも》うことはひとつもないよ。すべてうまくいっているから安心《あんしん》して！
55	古《ふる》いものをやめ、新《あたら》しいものを取《と》りいれる時期《じき》。うまくいかないことは見直《みなお》して。
555	大《おお》きな変化《へんか》がおとずれているよ。ポジティブな考《かんが》えで過《す》ごすことが大切《たいせつ》。
66	なにか困《こま》っていることがあるなら、天使《てんし》たちに助《たす》けを求《もと》めてみて。
666	天使《てんし》たちに心配事《しんぱいごと》を打《う》ち明《あ》け、スナオな心《こころ》で天使《てんし》の助《たす》けを待《ま》ってみて。
77	やったね！ 今《いま》あなたがやっていることは、今後《こんご》の成功《せいこう》につながっているよ。
777	やったね！ ラッキーなことが起《お》こる合図《あいず》。スナオに楽《たの》しみにしていて。
88	おこづかいや貯金《ちょきん》など、お金《かね》の面《めん》でラッキーなことが起《お》こりそう。
888	おこづかいや貯金《ちょきん》など、お金《かね》の面《めん》で超《ちょう》ラッキーなことが続《つづ》きそう。
99	勉強《べんきょう》、スポーツ、趣味《しゅみ》。どんなことでもいいので、なにかスタートしてみて。
999	新《あたら》しいトビラが開《ひら》くときだよ。なにか新《あたら》しいことを始《はじ》めるのがオススメ。

運《うん》命《めい》の数《かず》占《うらな》い

宇宙《うちゅう》に存在《そんざい》するものはすべて、数字《すうじ》でルールづけられているのよ。
誕生日《たんじょうび》や名前《なまえ》もそれのひとつ。人《ひと》ぞれぞれにちがう
「運命《うんめい》の数《かず》」を使《つか》った、神秘的《しんぴてき》な占《うらな》いを紹介《しょうかい》していくわ!

バースデーナンバーで占《うらな》うあなた

「バースデーナンバー」とは、誕生日《たんじょうび》を使《つか》ってわりだした数字《すうじ》のこと。このバースデーナンバーで、生《う》まれもった性格《せいかく》や恋愛《れんあい》スタイルがわかるよ。

➡153ページへ

ネームナンバーで占《うらな》う相性《あいしょう》

「ネームナンバー」とは、名前《なまえ》のイニシャルを使《つか》ってわりだした数字《すうじ》のこと。このネームナンバーで、気《き》になるカレや友《とも》だちとの相性《あいしょう》がわかるよ。

➡158ページへ

運《うん》命《めい》の数《かず》を生活《せいかつ》に取《と》りいれよう

バースデーナンバーやネームナンバーは占《うらな》いだけじゃなく、毎日《まいにち》の生活《せいかつ》にも取《と》りいれられるよ。いろんなシーンで使《つか》ってラッキーをよびよせてね。

➡162ページへ

運《うん》命《めい》の数《かず》カードでおまじない

バースデーナンバーやネームナンバーを使《つか》ったおまじないを紹介《しょうかい》するよ。おまじないは、本《ほん》の最初《さいしょ》のページにある「運命《うんめい》の数《かず》カード」を使《つか》って行《おこな》うよ!

➡163ページへ

バースデーナンバーで占《うらな》うあなた

バースデーナンバーのわりだし方《かた》

①生年月日《せいねんがっぴ》の数字《すうじ》を1ケタずつ、すべてたす。

例《れい》：2007年《ねん》12月《がつ》4日《かう》生まれの人《ひと》の場合《ばあい》 2＋0＋0＋7＋1＋2＋4＝16

②2ケタの数字《すうじ》は、バラして1ケタの数字《すうじ》になるまでたす。

16＝1＋6＝7 → バースデーナンバーは 7

バースデーナンバー で自分《じぶん》や友《とも》

気《き》になるカレの基本性格《きほんせいかく》や恋愛傾向《れんあいけいこう》がわかるよ!

各《かく》バースデーナンバーの解説《かいせつ》を読《よ》んでね！

1 のあなたは…

基本性格《きほんせいかく》　行動力《こうどうりょく》と冷静《れいせい》さを持《も》つリーダー

どんなことでも集中《しゅうちゅう》してがんばろうとする努力家《どりょくか》。責任感《せきにんかん》のあるリーダータイプだよ。でも自分《じぶん》の思《おも》ったことしか考《かんが》えられなくて、人《ひと》の意見《いけん》を聞《き》かないところがあるみたい。だから「どうして気《き》づかなかったんだろう」と、後《あと》からへこむことも。

恋愛《れんあい》スタイル　恋愛《れんあい》ではお姫《ひめ》さまになりたい！

強《つよ》くて頼《たよ》りになる男子《だんし》が好《す》き。あなたのことを引《ひ》っぱってくれ、お姫《ひめ》さま扱《あつか》いしてくれるような人《ひと》があうよ。強《つよ》いけれど優《やさ》しくて、友《とも》だちとしても「いいな」と思《おも》える人《ひと》でないとうまくいかないかも。初《はじ》めて会《あ》ったときに一目《ひとめ》ぼれすることが多《おお》そう。

あなたの未来像《みらいぞう》　バリバリはたらくキャリアウーマン

結婚《けっこん》をしてもしなくても、バリバリと仕事《しごと》をこなすパワフルなあなた。いつまでもやりたいことを続《つづ》けるために、自分《じぶん》から動《うご》いていくよ。弱音《よわね》をはかないカッコイイあなたが見《み》えるよ。

このナンバーをもつ男《おとこ》の子《こ》

責任感《せきにんかん》が強《つよ》くてマジメ。やると決《き》めたことはとことんがんばる男《おとこ》らしいタイプ。自分《じぶん》に自信《じしん》がある人《ひと》だよ。好《す》きになる女子《じょし》はかわいさとかの見《み》た目《め》だけでなく、成績《せいせき》のよさや特技《とくぎ》をもった子《こ》にひかれるみたい。みんなから好《す》かれる人気《にんき》のある女子《じょし》が好《す》きだよ。

幸運《こううん》のキーワード

- スタート
- ひとりで行動《こうどう》

ラッキーカラー

- 赤色《あかいろ》

むいている仕事《しごと》

- 社長《しゃちょう》
- プロデューサー

相性《あいしょう》のいいナンバー　恋《こい》

1　6

相性《あいしょう》のいいナンバー　友《とも》

5　3

2のあなたは…

幸運《こううん》のキーワード
- ふたつの合体《がったい》
- いいとこどり

ラッキーカラー
- オレンジ色《いろ》

むいている仕事《しごと》
- カウンセラー
- 看護師《かんごし》

相性《あいしょう》のいいナンバー 恋《こい》
4　1

相性《あいしょう》のいいナンバー 友《とも》
7　5

基本性格《きほんせいかく》　平和《へいわ》を愛《あい》するロマンチスト
人《ひと》から相談《そうだん》されるとほうっておけない優《やさ》しい人《ひと》。あなたと話《はな》したい人《ひと》はたくさんいるはず。でも心配性《しんぱいしょう》のあなたは、自分《じぶん》のことだとなかなか人《ひと》に話《はな》せないみたい。人《ひと》に頼《たの》まれると断《ことわ》れないので、断《ことわ》る練習《れんしゅう》と心配《しんぱい》しすぎないことが必要《ひつよう》かも。

恋愛《れんあい》スタイル　告白《こくはく》はするより待《ま》つ派《は》！
自分《じぶん》から気持《きも》ちを伝《つた》えることはなく、告白《こくはく》してくれる人《ひと》があらわれることを待《ま》ち続《つづ》けるみたい。優《やさ》しくておとなしいけれど、ウソをつかない、マジメで正直《しょうじき》な男子《だんし》がぴったり！　時間《じかん》をかけて相手《あいて》をどんどん好《す》きなっていくイチズな恋《こい》をするよ。

あなたの未来像《みらいぞう》　人《ひと》のハッピーのためにがんばる
病気《びょうき》の人《ひと》を助《たす》けたり、困《こま》っている人《ひと》の相談《そうだん》にのるなど、人《ひと》のためになる仕事《しごと》ではたらいているよ。結婚《けっこん》すると、家族《かぞく》のためにできることを一生懸命《いっしょうけんめい》にがんばっている姿《すがた》が見《み》えるよ。

このナンバーをもつ男《おとこ》の子《こ》
優《やさ》しい彼《かれ》は、いつも人《ひと》のことを考《かんが》えているみたい。意見《いけん》があわないときは「ぼくがあわせよう」と、相手《あいて》にゆずる気持《きも》ちのある人《ひと》だよ。思《おも》いやりは強《つよ》いけれど、男《おとこ》らしく引《ひ》っぱるタイプではないかも。そんな彼《かれ》をはげまして、勇気《ゆうき》を持《も》たせてくれる女子《じょし》がぴったり！

3のあなたは…

幸運《こううん》のキーワード
- よろこび
- 明《あか》るい発想《はっそう》

ラッキーカラー
- 黄色《きいろ》

むいている仕事《しごと》
- 政治家《せいじか》
- クリエイター

相性《あいしょう》のいいナンバー 恋《こい》
3　7

相性《あいしょう》のいいナンバー 友《とも》
6　9

基本性格《きほんせいかく》　楽《たの》しいことが大好《だいす》きな元気《げんき》っ娘《こ》
あまりクヨクヨせずに、みんなを元気《げんき》にするタイプ。おしゃべりもおもしろいから人気者《にんきもの》の子《こ》も多《おお》いはず。勉強《べんきょう》もがんばるけれど、遊《あそ》びだって全力《ぜんりょく》！　遊《あそ》ぶのをとちゅうでやめられなくなって、よくふざけていると思《おも》われちゃうことがあるみたい。

恋愛《れんあい》スタイル　いっしょに楽《たの》しめる人《ひと》が好《す》き！
おもしろくて明《あか》るいスポーツマンがタイプ。男子《だんし》からも人気《にんき》があって、友《とも》だちとしても仲《なか》よくなれる人《ひと》を好《す》きになるよ。ただ、好《す》きな男子《だんし》と仲《なか》よしの友《とも》だちになれても、告白《こくはく》はテレてしまって、なかなかできないみたい。意外《いがい》とシャイなんだよね。

あなたの未来像《みらいぞう》　結婚《けっこん》しても趣味《しゅみ》や仕事《しごと》を続《つづ》ける
アイデアをだしたり、人《ひと》に楽《たの》しさを伝《つた》えるための仕事《しごと》をしていそう。結婚《けっこん》すると、めんどう見《み》のいい明《あか》るい奥《おく》さんになるよ。あなたを応《おう》えんする家族《かぞく》や仲間《なかま》にかこまれている姿《すがた》が見《み》えるよ。

このナンバーをもつ男《おとこ》の子《こ》
楽《たの》しくて明《あか》るい人気者《にんきもの》の彼《かれ》は、いつも新《あたら》しいことにチャレンジしたい人《ひと》だよ。あまり女子《じょし》っぽくなくさっぱりした性格《せいかく》の子《こ》が好《す》きみたい。ベタベタされたり、なんでもかんでもいっしょにやろうとするのが苦《にが》手《て》な自由人《じゆうじん》タイプだから、しつこくするとさけられちゃうかも。

4 のあなたは…

基本性格《きほんせいかく》 マジメで誠実《せいじつ》な慎重派《しんちょうは》

次《つぎ》はこれ、その後《あと》はあれと、スケジュールを組《く》むのが上手《じょうず》なしっかり者《もの》。同《おな》じ失敗《しっぱい》をしないよう注意《ちゅうい》できるマジメな人《ひと》だよ。ねばり強《づよ》く努力《どりょく》して夢《ゆめ》をかなえるタイプだから、クールに見《み》られがちだけど、本当《ほんとう》はすごく不安《ふあん》。だから、慎重《しんちょう》なんだよね。

恋愛《れんあい》スタイル 勉強《べんきょう》もスポーツもできる男子《だんし》に憧《あこが》れ

マジメで優《やさ》しい男子《だんし》がタイプ。しっかりしていて、頼《たよ》れる人《ひと》が好《す》きみたい。相手《あいて》のためになることをしたいと思《おも》って、彼《かれ》のことをひそかに応《おう》えんしそう。親《おや》も気《き》にいるようなカレを選《えら》ぼうとするから、チャラい雰囲気《ふんいき》の男子《だんし》はきらいかも。

あなたの未来像《みらいぞう》 大変《たいへん》なことでもコツコツと

あなたは資格《しかく》をとったり、なにかを調《しら》べたり研究《けんきゅう》する仕事《しごと》をしているかも。ステキな人《ひと》とお見合《みあ》い結婚《けっこん》をして、料理《りょうり》と家事《かじ》を楽《たの》しんでいそう。教育熱心《きょういくねっしん》な教育《きょういく》ママになっている可能性《かのうせい》も！

このナンバーをもつ男《おとこ》の子《こ》

しっかりした考《かんが》えのある人《ひと》だよ。やっていることにはきちんと理由《りゆう》があるし、決《き》めたことを守《まも》ろうとするマジメな彼《かれ》は、責任感《せきにんかん》があって信用《しんよう》できる女子《じょし》がタイプ。優《やさ》しくて思《おも》いやりもあるから、相談《そうだん》にのっているうちに、その子《こ》を好《す》きになっちゃうこともあるみたい。

幸運《こううん》のキーワード

- 現実的《げんじつてき》
- 地道《じみち》な努力《どりょく》

ラッキーカラー

- 緑色《みどりいろ》

むいている仕事《しごと》

- 公務員《こうむいん》
- 研究者《けんきゅうしゃ》

相性《あいしょう》のいいナンバー 恋《こい》

4　2

相性《あいしょう》のいいナンバー 友《とも》

1　6

5 のあなたは…

基本性格《きほんせいかく》 明《あか》るく無邪気《むじゃき》で大《だい》たん

頭《あたま》の回転《かいてん》がはやくてパワフル。なんでも器用《きよう》にできちゃう人《ひと》だよ。思《おも》いついたらやらないと気《き》がすまないけれど、急《きゅう》になにかを始《はじ》めるあなたを見《み》て、友《とも》だちや家族《かぞく》がびっくりすることも。うまくいかないと短気《たんき》になったり、わがままになりがちかも。

恋愛《れんあい》スタイル ライバルのいる恋《こい》に燃《も》えちゃう？

モテるタイプのあなた。いいなと思《おも》う男子《だんし》にわざと冷《つめ》たくしたり、ライバルのいる恋《こい》になぜかやる気《き》をだしちゃう小悪魔《こあくま》なところが。いろいろなことをたくさん知《し》っていて、あなたのことを楽《たの》しませてくれるおもしろい男子《だんし》があうよ。

あなたの未来像《みらいぞう》 実力勝負《じつりょくしょうぶ》の仕事《しごと》で大活《だいかつ》やく！

会社《かいしゃ》に勤《つと》めずひとりでバリバリ仕事《しごと》をしたり、いくつかの仕事《しごと》をやりこなしているかも。たくさんの恋《こい》をするから、結婚《けっこん》はしないか遅《おそ》くなりそう。結婚《けっこん》しても仕事《しごと》はずっと続《つづ》けていくよ。

このナンバーをもつ男《おとこ》の子《こ》

好《す》ききらいがハッキリしていて、少《すこ》し気分屋《きぶんや》なところがあるよ。頭《あたま》がよくておもしろい彼《かれ》は、女子《じょし》からモテモテ！　そんな彼《かれ》の好《す》きなタイプは、同《おな》じように楽《たの》しくておしゃべり上手《じょうず》の好奇心旺盛《こうきしんおうせい》な子《こ》。個性的《こせいてき》でサバサバした雰囲気《ふんいき》の女子《じょし》が好《す》きだよ。

幸運《こううん》のキーワード

- 変化《へんか》
- 思《おも》わぬ出来事《できごと》

ラッキーカラー

- 水色《みずいろ》

むいている仕事《しごと》

- タレント
- ジャーナリスト

相性《あいしょう》のいいナンバー 恋《こい》

7　6

相性《あいしょう》のいいナンバー 友《とも》

5　1

6のあなたは…

幸運《こううん》のキーワード

- 愛《あい》
- 甘《あま》え

ラッキーカラー

- 青色《あおいろ》

むいている仕事《しごと》

- 医者《いしゃ》
- 芸術家《げいじゅつか》

相性《あいしょう》のいいナンバー 恋《こい》

6　4

相性《あいしょう》のいいナンバー 友《とも》

3　8

基本性格《きほんせいかく》　愛情深《あいじょうぶか》い現実派《げんじつは》

センスがよくてオシャレ。絵《え》や音楽《おんがく》が好《す》きな人《ひと》が多《おお》いよ。思《おも》いやりが強《つよ》いお人《ひと》よしで、人《ひと》に信用《しんよう》されるマジメな人《ひと》だよ。ただ、怒《おこ》らせると怖《こわ》いかも。相手《あいて》のことを真剣《しんけん》に考《かんが》える分《ぶん》、裏《うら》ぎられるとショックが大《おお》きく、いつまでも忘《わす》れられないみたい。

恋愛《れんあい》スタイル　イチズでやきもち焼《や》き！

好《す》きな人《ひと》のことをいちばんに考《かんが》えて、せいいっぱいつくすタイプ。イチズに愛《あい》するマジメな恋《こい》をするよ。だから、相手《あいて》がほかの女子《じょし》と話《はな》したり、仲《なか》よくしているのを見《み》ると許《ゆる》せなくなる、やきもち焼《や》きかも。相手《あいて》から一目《ひとめ》ぼれされることも多《おお》いよ。

あなたの未来像《みらいぞう》　多《おお》くの人《ひと》をよろこばせている

人《ひと》のためになる仕事《しごと》をしているよ。マジメな仕事《しごと》ぶりで大出世《だいしゅっせ》したり、億万長者《おくまんちょうじゃ》になっちゃうことも！　結婚《けっこん》すると、旦那《だんな》さんと子《こ》どもにつくす、愛情《あいじょう》たっぷりの奥《おく》さんになりそう。

このナンバーをもつ男《おとこ》の子《こ》

やると決《き》めたことに集中《しゅうちゅう》する情熱的《じょうねつてき》なタイプだよ。ただ優《やさ》しいだけじゃなく、するどいツッコミで人《ひと》をハラハラさせることも！　イチズで優《やさ》しく、自分《じぶん》につくしてくれる家庭的《かていてき》な女子《じょし》がタイプ。理想《りそう》が高《たか》くて見《み》た目《め》のかわいさやきれいさ、声《こえ》の美《うつく》しさまで気《き》にするよ。

7のあなたは…

幸運《こううん》のキーワード

- 自分《じぶん》の考《かんが》え
- ひとりの時間《じかん》

ラッキーカラー

- 紫色《むらさきいろ》

むいている仕事《しごと》

- 裁判官《さいばんかん》
- 哲学者《てつがくしゃ》

相性《あいしょう》のいいナンバー 恋《こい》

7　1

相性《あいしょう》のいいナンバー 友《とも》

3　9

基本性格《きほんせいかく》　高《たか》い理想《りそう》を持《も》つ勉強家《べんきょうか》

大事《だいじ》なことは話《はな》すけれど、わりと物静《ものしず》かなタイプ。いつもいろいろなことを考《かんが》えていて、ひとり自分《じぶん》の世界《せかい》に入《はい》っていることが多《おお》そう。神秘的《しんぴてき》でナゾめいた人《ひと》だと思《おも》われているみたい。クールに見《み》えるけれど、友情《ゆうじょう》を大切《たいせつ》にするあたたかい人《ひと》だよ。

恋愛《れんあい》スタイル　相手《あいて》を大事《だいじ》にするけどドライ？

ウソが大《だい》きらいだから、信頼《しんらい》できる男子《だんし》を好《す》きになるよ。あまり恋《こい》をしないけれど、一度恋《いちどこい》をすると相手《あいて》のことを大切《たいせつ》にするよ。でもベタベタしたり、ずっといっしょにいるのは苦手《にがて》だから、やきもちを焼《や》いたり、そくばくする人《ひと》はあわないかも。

あなたの未来像《みらいぞう》　責任感《せきにんかん》の強《つよ》さとマジメな仕事《しごと》ぶり

研究《けんきゅう》したり、調《しら》べたりするような細《こま》かい仕事《しごと》をしていそう。先《せん》パイや上司《じょうし》からも好《す》かれるよ。あなたを認《みと》めてくれる大好《だいす》きな人《ひと》と結婚《けっこん》するけれど、自分《じぶん》のやりたいことも続《つづ》けているはず。

このナンバーをもつ男《おとこ》の子《こ》

いい人《ひと》だけれど、なにを考《かんが》えているのかわからない不思議《ふしぎ》な人《ひと》。少《すこ》し変《か》わったところがあって、ガンコさもありそう。頭《あたま》がよくて自分《じぶん》のことをわかってくれる女子《じょし》が好《す》きだよ。自分《じぶん》の考《かんが》えを持《も》った個性的《こせいてき》な子《こ》がタイプで、友《とも》だちとして信頼《しんらい》できるかどうかもポイントみたい。

8 のあなたは…

幸運《こううん》のキーワード

- ひとがんばり
- ステキな未来《みらい》

ラッキーカラー

- 茶色《ちゃいろ》

むいている仕事《しごと》

- 弁護士《べんごし》
- 管理職《かんりしょく》

相性《あいしょう》のいいナンバー　恋《こい》

3　7

相性《あいしょう》のいいナンバー　友《とも》

1　9

基本性格《きほんせいかく》　強気《つよき》でルールにとらわれない

なんでもいちばんになろうとする負《ま》けずぎらい。パワフルなリーダータイプだよ。やると決《き》めたらすごい勢《いきお》いでがんばりぬくけれど、勝《か》ち負《ま》けを気《き》にしたり、正《ただ》しいかどうかにもこだわるみたい。思《おも》いこみで行動《こうどう》して後悔《こうかい》することもありそう。

恋愛《れんあい》スタイル　好《す》きになったら自分《じぶん》から告白《こくはく》！

好《す》きな人《ひと》ができたら、その気持《きも》ちをガマンできなくなるみたい。ふりむいてくれるまであきらめない情熱家《じょうねつか》で、ライバルがいても気《き》にしないよ。でもつきあうと恋心《こいごころ》が冷《さ》めてしまいがち。いつもドキドキできるような、おもしろい男子《だんし》がオススメ。

あなたの未来像《みらいぞう》　いつも新《あたら》しいことに挑戦《ちょうせん》したい

大企業《だいきぎょう》で出世《しゅっせ》したり、自分《じぶん》で会社《かいしゃ》を始《はじ》めていそう。仕事《しごと》に燃《も》えるキャリアウーマンタイプ。結婚《けっこん》で仕事《しごと》をやめるとストレスを感《かん》じそう。結婚《けっこん》よりも仕事《しごと》に熱中《ねっちゅう》するのがむいているみたい。

このナンバーをもつ男《おとこ》の子《こ》

いつでもナンバーワンを目指《めざ》す男《おとこ》らしいタイプ。大《だい》たんパワフルで、細《こま》かいことは気《き》にしないよ。思《おも》いついたことはすぐに行動《こうどう》にうつし、すごい集中力《しゅうちゅうりょく》でやりとげるよ。明《あか》るくて活発《かっぱつ》、自分《じぶん》の意見《いけん》をしっかり言《い》える女子《じょし》が好《す》きみたい。自分《じぶん》から告白《こくはく》するタイプだね。

---

9 のあなたは…

幸運《こううん》のキーワード

- 終《お》わりのとき
- 次《つぎ》に進《すす》む

ラッキーカラー

- 虹色《にじいろ》

むいている仕事《しごと》

- 教師《きょうし》
- 小説家《しょうせつか》

相性《あいしょう》のいいナンバー　恋《こい》

3　1

相性《あいしょう》のいいナンバー　友《とも》

8　6

基本性格《きほんせいかく》　ナゾめいた繊細《せんさい》な心《こころ》の持《も》ち主《ぬし》

すごくナゾめいた人《ひと》。用心深《ようじんぶか》いところがあって強《つよ》がり。自分《じぶん》の気持《きも》ちや考《かんが》えをヒミツにしたがるのは、自分自身《じぶんじしん》で自分《じぶん》のことがわからないと思《おも》っているから。人《ひと》のめんどうをみるのが好《す》きだね。強《つよ》い人《ひと》に思《おも》えるけれど、本当《ほんとう》は傷《きず》つきやすい人《ひと》だよ。

恋愛《れんあい》スタイル　相手《あいて》への恋心《こいごころ》をかくしがち

気《き》のあう人《ひと》を好《す》きになるみたい。仲《なか》よくなると、自分《じぶん》から積極的《せっきょくてき》に話《はな》しかけたりするよ。でも、自分《じぶん》の気持《きも》ちを人《ひと》に知《し》られたくないから、恋心《こいごころ》をかくしちゃうんだよね。だから片思《かたおも》いのまま何年《なんねん》も過《す》ぎてしまうことがあるかも！　ゆっくりペースの恋《こい》だね。

あなたの未来像《みらいぞう》　恋《こい》は多《おお》くても結婚《けっこん》は遅《おそ》くなりがち

夢《ゆめ》や目標《もくひょう》にむかって、ひたすら仕事《しごと》と勉強《べんきょう》に集中《しゅうちゅう》するみたい。つかれたと感《かん》じることもないくらいにがんばるよ。ゆっくりペースの恋《こい》をするから、遅《おそ》い結婚《けっこん》で幸《しあわ》せになるタイプなのかも。

このナンバーをもつ男《おとこ》の子《こ》

女子力《じょしりょく》の高《たか》い男子《だんし》かも。細《こま》かいことに気《き》がついて、人《ひと》の気持《きも》ちがわかるデリケートな彼《かれ》だよ。シャイでロマンチストだから、好《す》きな人《ひと》ができても、自分《じぶん》からはなかなか告白《こくはく》できないかも。か弱《よわ》い感《かん》じでおとなしい、優《やさ》しい女子《じょし》がタイプだよ。

ネームナンバーで占《うらな》う相性《あいしょう》

ネームナンバーのわりだし方《かた》

①名前《なまえ》のイニシャル（苗字《みょうじ》・名前《なまえ》の1文字目《もじめ》）を数字《すうじ》に変《か》える。

A	B	C	D	E	F	G	H	I
J	K	L	M	N	O	P	Q	R
S	T	U	V	W	X	Y	Z	
▼	▼	▼	▼	▼	▼	▼	▼	▼
1	2	3	4	5	6	7	8	9

例《れい》：たかだ　みゆ（TAKADA　MIYU）→ T＝2　M＝4

②1ケタの数字《すうじ》になるまで、数字《すうじ》をバラしてたす。

2＋4＝6 → バースデーナンバーは 6

▼

ネームナンバーで自分《じぶん》と友《とも》や
自分《じぶん》と気《き》になるカレの相性度《あいしょうど》がわかるよ！

恋《こい》の相性度《あいしょうど》 → 159ページの相性一覧表《あいしょういちらんひょう》を見《み》てね！

友《とも》のキズナ度《ど》 → 160ページの相性一覧表《あいしょういちらんひょう》を見《み》てね！

161ページでは
「特別《とくべつ》な相性《あいしょう》をもつネームナンバー」を大公開《だいこうかい》！

恋《こい》の相性《あいしょう》度《ど》一《いち》覧《らん》表《ひょう》

わたし ＼ 相《あい》手《て》	1	2	3	4	5	6	7	8	9
1	★★★★	★★★	★★★	★	★★	★★★	★	★★	★
2	★★★	★	★	★★★★	★	★★★	★★	★★	★★★
3	★★	★★	★★★★	★	★★★	★★	★★★	★	★★
4	★★★	★★★	★	★★★★	★★	★★★	★★	★★	★
5	★	★	★★★	★★	★★★	★★★	★★★★	★★	★★
6	★★	★★★	★★	★★★	★★	★★★★	★	★	★★★
7	★★★	★	★	★★	★★	★★	★★★★	★★★	★★★
8	★	★	★★★★	★★★	★★	★★	★★★	★★	★★★
9	★★★	★	★★★★	★★★	★	★★	★★★	★★	★★

星《ほし》マークの見方《みかた》

★★★★ 相性《あいしょう》度《ど》100％ やったー！ 超《ちょう》ラブラブなベストの相性《あいしょう》だよ。

★★★ 相性《あいしょう》度《ど》80％ かなりいいよ！ ラブラブまでもう少《すこ》し。

★★ 相性《あいしょう》度《ど》50％ よくも悪《わる》くもないね。恋《こい》のきっかけを作《つく》ろう。

★ 相性《あいしょう》度《ど》20％ あまりよくないかも。もっと近《ちか》づく努力《どりょく》を。

友《とも》の相性度《あいしょうど》一覧表《いちらんひょう》

わたし／相《あい》手《て》	1	2	3	4	5	6	7	8	9
1	★★★	★★	★★★	★	★★★★	★★★	★★	★	★★★
2	★	★★★	★★	★★	★★★	★★★	★★★★	★★	★
3	★★	★★★	★★★	★	★★	★★★★	★★	★	★★★
4	★★★★	★★	★★	★★★	★	★★★	★	★★	★★★
5	★★★	★★★	★★	★	★★★★	★★★	★★	★	★★
6	★	★★★	★★★★	★★	★★★	★★	★	★★★	★★
7	★★★	★	★★★★	★★★	★★	★	★★	★★	★★★
8	★★★★	★★★	★	★★★	★★	★★★	★★	★	★★★
9	★	★★★	★★	★★	★	★★★	★★	★★★★	★★★

星《ほし》マークの見方《みかた》

★★★★ 相性度《あいしょうど》100% 好《す》きなものがなぜかあっちゃう心《こころ》の友《とも》だよ。

★★★ 相性度《あいしょうど》80% いないとさみしくてしかたない親友《しんゆう》だね。

★★ 相性度《あいしょうど》50% 友《とも》だちのひとり。ふたりで遊《あそ》ぶ時間《じかん》を。

★ 相性度《あいしょうど》20% なぜかケンカしちゃう関係《かんけい》。もっと話《はなし》をして。

特《とく》別《べつ》な相《あい》性《しょう》をもつネームナンバー

ネームナンバーがもつ特性《とくせい》でひかれあう相性《あいしょう》をもったふたりを紹介《しょうかい》。
さあ、あなたやあの人《ひと》、あの子《こ》のナンバーはあるかな?
※158ページでわりだした「ネームナンバー」で占《うらな》うよ。

恋《こい》1 出《で》会《あ》った瞬《しゅん》間《かん》から気《き》があっちゃう

1と1　3と3

恋《こい》2 ケンカばかりでもじつは超《ちょう》仲《なか》よし

2と4　7と8

恋《こい》3 時《じ》間《かん》はかかるけど超《ちょう》ラブラブに

5と6　1と2

恋《こい》4 性《せい》格《かく》はちがうのになぜかひかれあう

4と7　5と6

友《とも》1 年《とし》をとってもずっといっしょ

1と5　8と9

友《とも》2 漫《まん》才《ざい》コンビ級《きゅう》の楽《たの》しさ

3と9　5と5

友《とも》3 自《じ》分《ぶん》たちだけの世《せ》界《かい》を作《つく》っちゃう

2と7　7と9

友《とも》4 性《せい》別《べつ》をこえて超《ちょう》仲《なか》よしに

4と6　8と9

運命《うんめい》の数《かず》を生活《せいかつ》に取《と》りいれよう!

「バースデーナンバー」や「ネームナンバー」は日常生活《にちじょうせいかつ》に取《と》りいれても
あなたにラッキーをもたらしてくれるはず! やってみて!!

1 たくさんのなかから ひとつ選《えら》ぶとき

①友《とも》だちとジャンケンをしよう。
勝《か》ったら➡前《まえ》か左《ひだり》から数《かぞ》える。
負《ま》けたら➡後《うし》ろか右《みぎ》から数《かぞ》える。

②ジャンケンの結果《けっか》で、「バースデーナンバー」分《ぶん》だけ数《かぞ》えて決《き》めよう。

2 クジ引《び》き

①「バースデーナンバー」の回数《かいすう》だけクジをかきまわしてから、1枚《まい》クジを引《ひ》いてみてね。

3 福引《ふくび》き

①「バースデーナンバー」−1回分頭《かいぶんあたま》のなかでガラガラをまわそう。

②「よし当《あ》たる!」と、となえながら、ガラガラを1回《かい》まわしてね!

※バースデーナンバーが1の人《ひと》は、②からやってね。

4 あみだくじ

できそうなものでトライしてみて。

➡「ネームナンバー」だけ、横線《よこせん》をたす。
➡「ネームナンバー」の順番《じゅんばん》であみだくじをする。
➡左《ひだり》から「ネームナンバー」番目《ばんめ》の場所《ばしょ》を選《えら》ぶ。

運《うん》命《めい》の数《かず》カードでおまじない

恋《こい》のおまじない 「カレとの恋《こい》が発展《はってん》しますように!」

やり方

①彼《かれ》のバースデーナンバーをわりだそう。
②「各《かく》バースデーナンバーの解説《かいせつ》(p153〜)」を見《み》て、彼《かれ》の相性《あいしょう》がいいバースデーナンバーのカードを2枚《まい》選《えら》んでね。
③カードと同《おな》じ大《おお》きさの紙《かみ》にピンク色《いろ》で自分《じぶん》のバースデーナンバーを書《か》く。
④カードと紙《かみ》の数字《すうじ》がむきあうように両手《りょうて》ではさみ、「恋《こい》はかなう」と3回《かい》となえてね。

友《とも》のおまじない 「もっと仲《なか》よしになりたい!」

※友《とも》だちは何人《なんにん》でもOKだよ。

やり方

①自分《じぶん》と友《とも》だちのネームナンバーをわりだそう。
②自分《じぶん》と友《とも》だちのネームナンバーをたしていき、1ケタの数字《すうじ》にしよう。そしてその数《かず》のカードを選《えら》んでね。
③姿勢《しせい》を正《ただ》してすわり、そのカードに左手《ひだりて》をのせてね。
④「われわれは●の結束《けっそく》で、よき仲間《なかま》となる」ととなえてね。
※●=カードの数字《すうじ》だよ

ハッピーのおまじない 「幸《しあわ》せな1日《にち》になりますように!」

やり方

①現在《げんざい》の年《とし》+月《つき》+日《ひ》をたしていき、1ケタの数字《すうじ》にしよう。そしてわりだした数《かず》のカードを選《えら》んでね。
②3cmくらいの紙《かみ》に「ハッピー」と書《か》いたら、その紙《かみ》の上《うえ》にカードをのせよう。
③「2017年《ねん》○月《がつ》○日《にち》、世界中《せかいじゅう》にハッピーがもたらされますように」ととなえてね。
④最後《さいご》、静《しず》かにカードに息《いき》をふきかければOK!

ショートマンガ

恐怖レベル

スキマ 恐怖の入口

ゾクッ12話《わ》 閉《し》めてはイケナイ

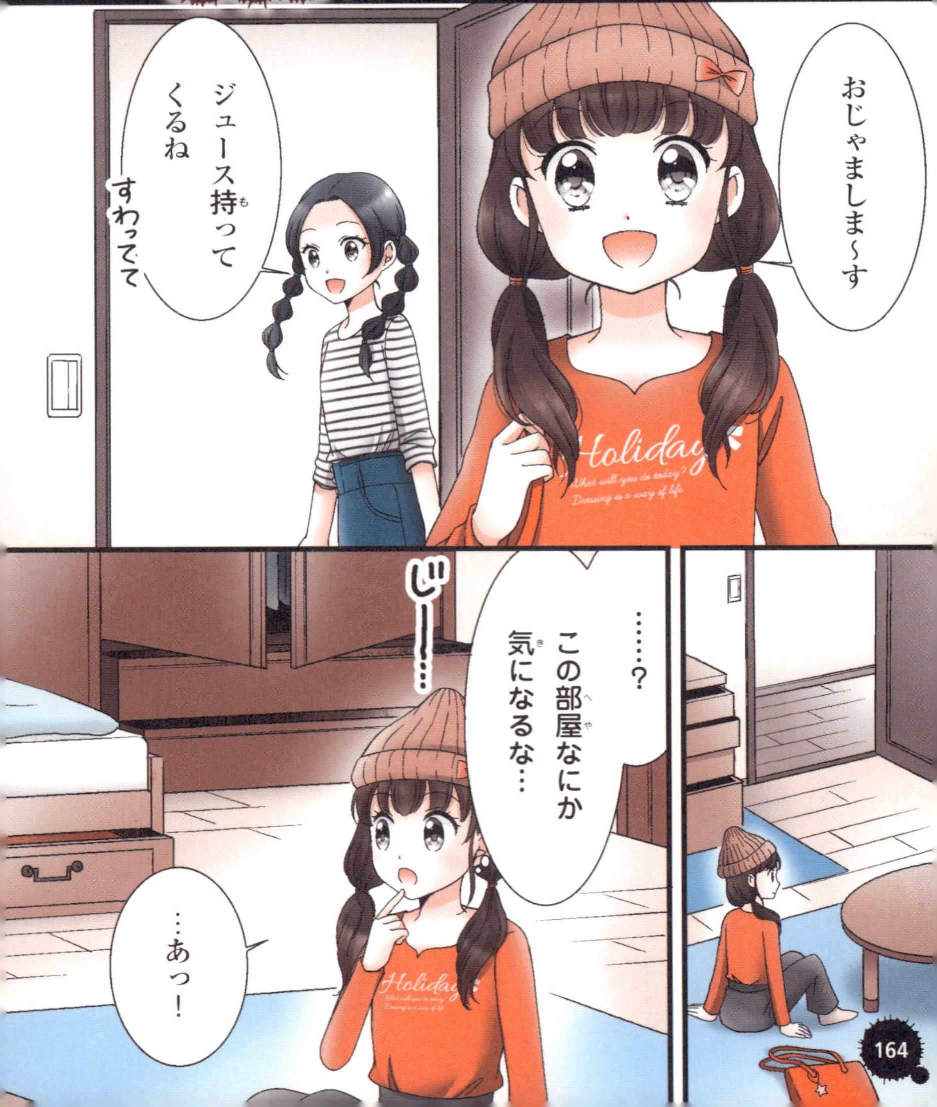

わかった
ぜんぶが開《あ》いているからだ…
それもほんの少《すこ》しずつ…
だらしないな～
ママがパンケーキ焼《や》いてくれたよ♪
おいしそう～
…

もお〜
瑞穂《みずほ》
どうしてちゃんと閉《し》められないわけ？
ガチャン
あっ！
部屋中《へやじゅう》そうじゃん！
しっかりしなさい
……
…閉《し》めちゃ
…ダメなの
なに？
ダメ？
Holiday

じつはね…
ふーつかれた
もお～ママのしわざ？
トン
開《あ》けたら閉《し》めてよね
ママーわたしの部屋《へや》入《はい》った？
今日《きょう》は入《はい》ってないけど？
——え？

ガチャ
じゃあ どうして？
…え!? ウソ……
閉《し》めても 閉《し》めても いつのまにか 開《あ》いてる…
だからもう 閉《し》めないように したの
まさか… そんなことって
ガタ…

ガチャリ
!
ギ…
ギイイ
イイイ…

ショートマンガ

絶叫13話《わ》

恐怖《レベル》

背後《はいご》の気配《けはい》

恐怖の入口

撮《と》ってはイケナイ

怖いストーリー
怖いストーリー④
あれ？背中《せなか》になにかついてる？
なんだか気持《きも》ち悪《わる》いな～
ゴッ
ゴッ
イタッ
じわっ
え？なんで血《ち》が…

見《み》えないな…
う〜ん
そうだ
スマホで
もう少《すこ》し
上《うえ》かな?
カシャ
カシャ
カシャ
どおかな?
ん? なにか
写《うつ》ってる…?

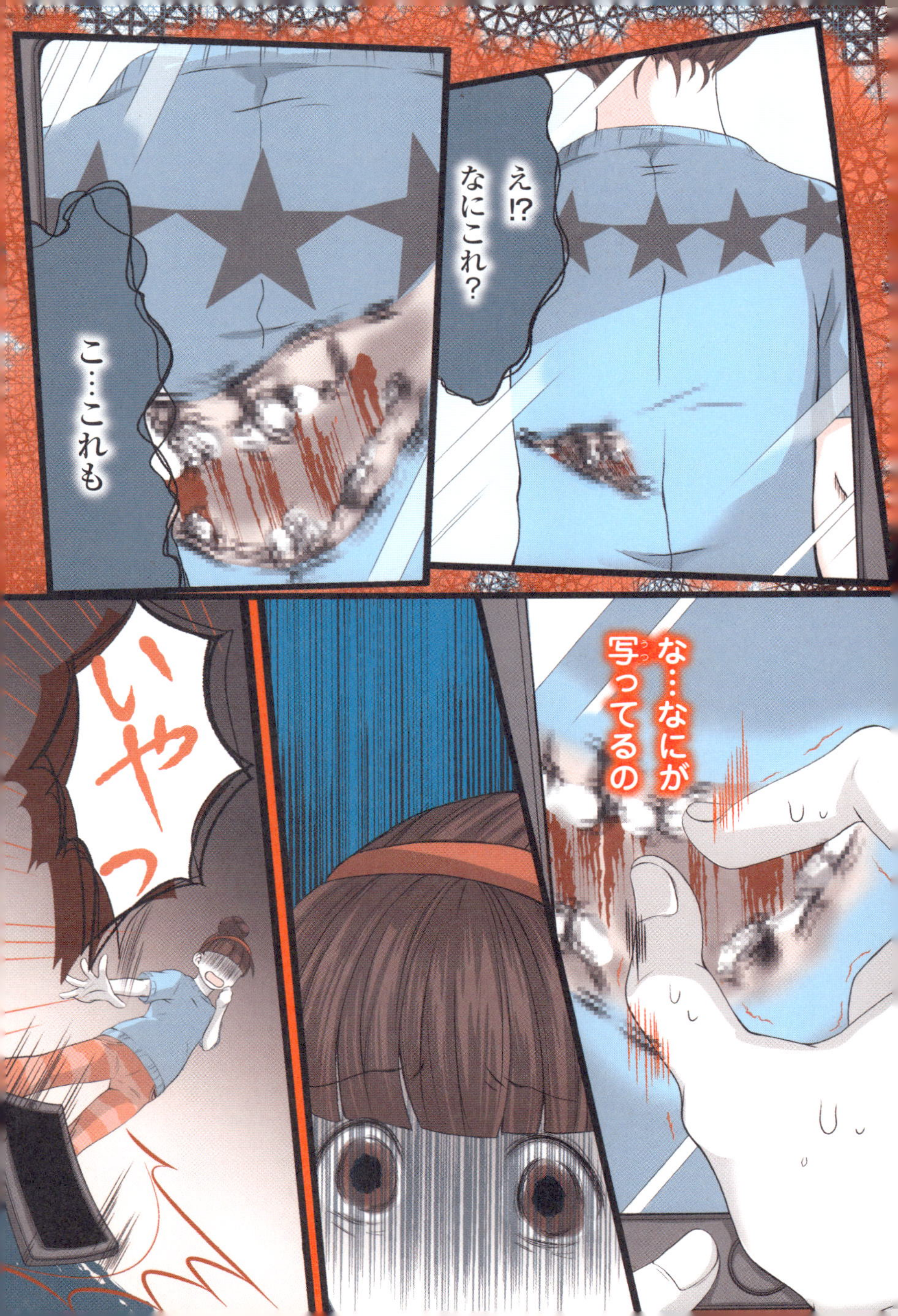

え!?
なにこれ?
こ…これも
な…なにが
写《うつ》ってるの
いやっ

ガッ

人間界《にんげんかい》で起《お》こる、恐怖《きょうふ》のストーリーは本当《ほんとう》につきることがないね…。

恐怖《きょうふ》はその姿《すがた》をかくし、音《おと》も立《た》てずひっそりと人間《にんげん》たちに近《ちか》づく。人間《にんげん》はそれに気《き》づかずに、異世界《いせかい》へのトビラを、いつの間《ま》にか開《ひら》いてしまっているんだな…。

『恐怖郵便《きょうふゆうびん》』を気《き》にいってもらえたようで、なによりだわ。

まだまだたくさんあるから、じっくり見《み》ていきましょう。

……ねえ、ケン。あなたに言《い》いたかったことがあるの…。

あなたはひとり、ずっとこの屋敷《やしき》に残《のこ》っている。もう、最後《さいご》の審判《しんぱん》は終《お》わったんだから、帰《かえ》っていいのよ。

必要《ひつよう》なときにだけ、人間界《にんげんかい》に来《く》ればいいんじゃない？　もちろん、わたしはケンがいたほうが、さみしくなくていいんだけれどね…。

いや、ぼくは闇月《やみづき》さんの帰《かえ》りを待《ま》ちたいんだ。

ぼくは闇月《やみづき》さんの気《き》持《も》ちも知《し》らずにひどいことを言《い》ってしまったから。会《あ》って謝《あやま》りたいんだ…。

だったら、また東西学園《とうざいがくえん》に通《かよ》いつつ、屋敷《やしき》で待《ま》てばいいんじゃない？

ソフィーから聞《き》いたわよ。毎日《まいにち》、異空間《いくうかん》に何時間《なんじかん》も出《で》かけてるって。大丈夫《だいじょうぶ》よ。麗《れい》はそのうち、ひょっこりと帰《かえ》ってくるわ。

……じつはぼく、フランソワが旅行《りょこう》に出《で》かけている間《あいだ》、不思議《ふしぎ》な夢《ゆめ》を見《み》たんだ。闇月《やみづき》さんが異空間《いくうかん》にスーッとあらわれたり、消《き》えたりしながら、フワフワとただよっていたんだよ。

だからぼくは異空間《いくうかん》に出《で》かけて、闇《やみ》月《づき》さんを見《み》つけてあげたいんだ。

でも、毎日毎日《まいにちまいにち》…何時間《なんじかん》も大変《たいへん》じゃない。そんなことしていたって、見《み》つかる保証《ほしょう》なんてないんだし…。

（…どうやらケンも、わたしやサーヤと同《おな》じ夢《ゆめ》を見《み》ていたようね……）

いいんだよ、フランソワ。ぼくがただ、そうしたくてしていることだから。

ぼくが見《み》たあの夢《ゆめ》。闇月《やみづき》さんからのメッセージだと思《おも》っているんだ。『わたしは今《いま》、ここにいるのよ。見《み》つけてちょうだい』ってね……。

ニャ——。ミャアアア。ニャ——。ミャアアアアア。

そうだ、フランソワ。ずっと前《まえ》から聞《き》こうと思《おも》っていたんだけどさ、フランソワやサーヤは、いつからこの屋敷《やしき》に住《す》んでいるんだい？

3人《にん》の間《あいだ》にはとても深《ふか》いキズナがあるから、子《こ》どものころからの友《とも》だちなのかと思《おも》ってるんだけど…。

麗《れい》やサーヤと知《し》りあったのはいつかですって？

フフッ。あなたもおもしろいことを聞《き》きたがるのね。わたしたちは、おたがいの子《こ》どものころのことは知《し》らないわ…。

じゃあ、みんなはいつ出《で》会《あ》って、ここで暮《く》らすようになったんだい？

フランソワの昔《むかし》の話《はなし》も聞《き》きたいな。

しかたないわね。ねえケン、ちょっと長《なが》い話《はなし》になるけどいいかしら？

あとサーヤ。わたしたちの出会《であ》いの話《はなし》、ケンにしても問題《もんだい》ない？

ニャ——。ミャア、ミャア、ミャアアアアア。ニャアア————。

もちろん、長《なが》くなったってかまわないさ。聞《き》かせておくれよ。

その前《まえ》に、新《あたら》しい紅茶《こうちゃ》をいれてくるよ。たしかフランソワは、ローズヒップが好《す》きだったね。

ええ、ありがとう。じゃあ、まずはわたしの生《お》い立《た》ちから話《はな》していくことにしようかしら…。

闇月麗《やみづきれい》
スピンオフストーリー

3人《にん》の出会《であ》い……

わたしたち3人《にん》が出会《であ》ったのは、麗《れい》が人間界《にんげんかい》にやってきて間《ま》もなくのころよ。この世界《せかい》を作《つく》った創造主《そうぞうしゅ》のクリクチャーとエイブに頼《たの》まれ、人間界《にんげんかい》の調査《ちょうさ》にやってきたときのことね。

あっ、でも…麗《れい》との出会《であ》いを説明《せつめい》するには、まずわたしの過去《かこ》を聞《き》いてもらわないとダメね…。

そして話《はなし》は、今《いま》から700年位前《ねんくらいまえ》のヨーロッパにさかのぼるわ…。わたしはとても腕《うで》のいい人形《にんぎょう》職人《しょくにん》によって作《つく》られた、フランス人形《にんぎょう》だったの。人形職人《にんぎょうしょくにん》のアドルフは、もうシワシワのおじいちゃんで、ときどき物忘《ものわす》れがひどかったけれど、人形《にんぎょう》を作《つく》る腕《うで》はすばらしかった。一針《ひとはり》ひとはり愛《あい》情《じょう》をこめてわたしを作《つく》ってくれたわ。

そしてわたしはアドルフに『フランソワ』というステキな名前《なまえ》をもらったのよ。

アドルフの作《つく》る人形《にんぎょう》は、ずっと昔《むかし》から変《か》わることなく、街《まち》の女《おんな》の子《こ》たちのあこがれだったけれど、わたしの美《うつ》しさは特別《とくべつ》でお店《みせ》に飾《かざ》られると、あっという間《ま》に街中《まちじゅう》のウワサとなったわ。
わたしはアドルフと、毎日《まいにち》とても幸《しあわ》せに暮《く》らしていた。彼《かれ》はいつだって優《やさ》しくほほえみながら、

わたしの髪《かみ》をなでてくれたんだから…。
わたしが生《う》まれたアールイ国《こく》は、となりのエルポア国《こく》とずっと戦争《せんそう》をくり返《かえ》していた。
その当時《とうじ》、アールイ国《こく》とエルポア国《こく》にはプリンセスしかおらず、王子《おうじ》がいなかったの。そのためプリンセスの結婚相手《けっこんあいて》として、となりの国《くに》よりもかしこく武術《ぶじゅつ》にもすぐれた王子探《おうじさが》しに、どちらの国《くに》も必死《ひっし》になっていたそうよ。

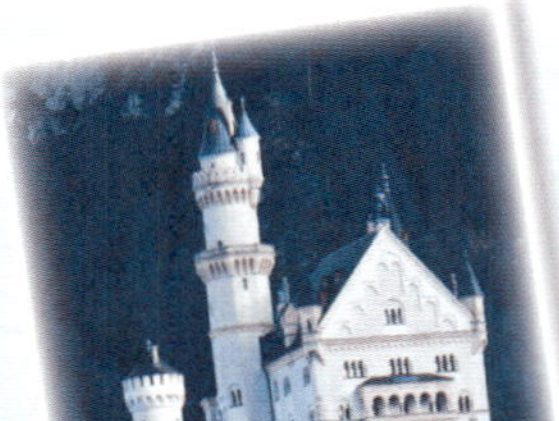

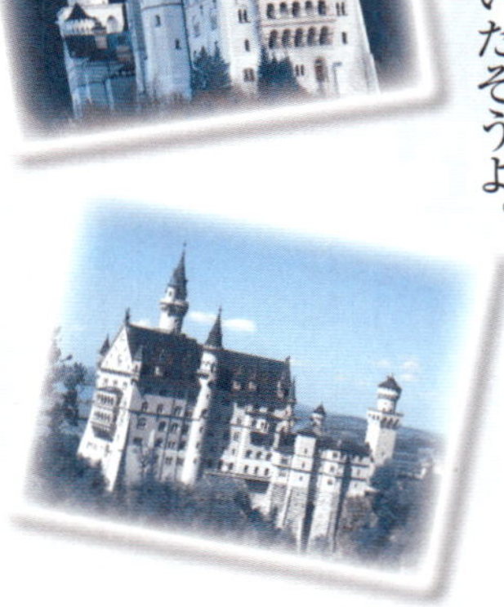

ある日《ひ》、お店《みせ》にあやしい老婆《ろうば》がやってきた。
ドアを開《あ》けるなり、わたしの前《まえ》にやってきて、頭《あたま》から足《あし》先《さき》までをなめまわすように見《み》ている。
「おやまぁ、ウワサどおりの美《うつく》しい人形《にんぎょう》じゃないか…。これなら姫《ひめ》も気《き》に入《い》るわい……ヒッヒッ」
（……変《へん》なお客《きゃく》さんね。なんなのかしら？）
「おい主《しゅ》人《じん》、この人形《にんぎょう》はいくらなんだい？」
「いやあ～すみませんな～。この子《こ》は売《う》り物《もの》じゃないんですよ」
「チッ、なんだい。じゃあなんで飾《かざ》るんだい？」
「街《まち》の女《おんな》の子《こ》たちがね、美《うつく》しいフランソワを見《み》たがるもんでね」
「なあ、お代《だい》はいくらでもはらうよ。だから売《う》っておくれよ。どうしてもこの人形《にんぎょう》が必要《ひつよう》なんだ」
「すみませんな～。フランソワはわしの家族《かぞく》じゃから、売《う》ることはできんのですよ」
「なにが、家族《かぞく》だ。ただの人形《にんぎょう》だろっ！」
その老婆《ろうば》は、またチッと大《おお》きな舌打《したう》ちをして、店《みせ》を出《で》て行《い》った。
（アドルフ…。わたしのことを家族《かぞく》って言《い》ってくれた。うれしいわ）
（……あ～あ、よく寝《ね》たわ。アドルフおはよう。……ん、あれ？　なに？）
まわりを見回《みまわ》すと、そこは見覚《みおぼ》えのない不気味《ぶきみ》でうす暗《ぐら》い部屋《へや》だった。
（ここ……どこ……かしら？）
そしてわたしは、イスにしばられていた……。
（アドルフー!!　アドルフはどこ？　ねえ、ここはどこなのよっ!!）

コツコツコツ。コツコツコツ。

わずかに光《ひかり》がさしこむ部屋《へや》の奥《おく》の階《かい》だんから、足音《あしおと》がひびいてきた。そして姿《すがた》をあらわしたのは、あのときの老婆《ろうば》だった。

「お目覚《めざ》めかい？　美《うつく》しいお人形《にんぎょう》さん？」

「あなたは、あのときの？　なぜわたしはこんなところにいるの？　なんでしばられているの？　早《はや》くアドルフのもとに返《かえ》してちょうだいっ！」

なぜだか、わたしは言葉《ことば》をしゃべっていた！

「しゃべれるようにしてやったら、朝《あさ》からぎゃんぎゃんと、まぁうるさい子《こ》だね。ちょっとはおだまりよ」

「あんたに強力《きょうりょく》なノロイをかけて、アールイ国《こく》のプリンセスさまにプレゼントするのさ…」

老婆《ろうば》はとがったボロボロの歯《は》を見《み》せながら、ニヤリと笑《わら》った。

「ノロイ？　なによそれ？」

「……あたしゃね、エルポア国《こく》からアールイ国《こく》のプリンセスを殺《ころ》すように頼《たの》まれているのさ……」

「あ……あなた、もしかして魔女《まじょ》なの？」

「そうだよ、よくわかったね。ケケケケ」

「いやっ、そんなのゼッタイにいやよ。わたし早《はや》くアドルフのもとへ帰《かえ》りたいわ」

「う～ん、それはできない相談《そうだん》だねぇ…」

「どうして？　ねぇ、お願《ねが》いよ。わたしをアドルフのもとへ返《かえ》してちょうだい！　わたしを返《かえ》してくれるなら、なんでも言《い》うことを聞《き》くから」

「なんでも言《い》うことを聞《き》くのはいいことだね。ただ、アドルフはもういないんだから、おまえさんの願《ねが》いは、叶《かな》えてやれないねぇ～」

「アドルフはもういない…？　それってどう…」

「あのガンコじいさん、あんたをゼッタイにゆずろうとしないもんだから、永遠《えいえん》の眠《ねむ》りについてもらったのさ。だから、あんたは今《いま》ここにいるってわけさ。クックック…」

「……え…永遠《えいえん》の眠《ねむ》り？　そ…それって………。いやあああああああああああああああああああああ」

（アドルフが……。そんなのウソ。アドルフが）

「あんなじいさん、わたしが手《て》をかけなくたって、もうすぐ寿命《じゅみょう》でお迎《むか》えがきたさ」

「許《ゆる》さない。許《ゆる》さないわ……。アドルフ……」

わたしの心《こころ》は今《いま》にもはりさけそうだった。苦《くる》しかった。苦《くる》しくて苦《くる》しくて、息《いき》ができない。こんな気持《きも》ちは生《う》まれて初《はじ》めてのことだった。

「本当《ほんとう》にぎゃんぎゃんと、うるさいったらありゃしない。すぐにでもノロイをかけてやろう…」

わたしは目《め》の前《まえ》が涙《なみだ》でぼやけていたから、よく見《み》えなかったけれど、どうやら魔女《まじょ》はわたしにむかって呪文《じゅもん》のようなものをとなえているらしい。

でも…わたしには、もうさからう気力《きりょく》すら残《のこ》っていなかった…。

「ルカモレ……ラルキャフメンソセニルル…
ルカモレ……ラルキャフジャメレセニレロ……」

魔女《まじょ》の長《なが》い長《なが》い呪文《じゅもん》が終《お》わると同時《どうじ》に、わたしの涙《なみだ》はピタリと止《と》まってしまった。

そしてさっきまで感《かん》じていた苦《くる》しみや悲《かな》しさが、いっさい消《き》えてしまった…。

「さぁ、おまえさんは今日《きょう》から美《うつく》しいノロイの人《にん》形《ぎょう》だ。プリンセスのもとで、しっかりお役目《やくめ》をはたしておいで…。イーヒッヒ」

「ほ～らごらん。おまえがずっとほしかったものをプレゼントしよう！」

「なにかしら、お父《とう》さま。……わぁ、なんてきれいなお人形《にんぎょう》なのかしら。とてもうれしいわ！」

わたしは、アールイ国《こく》のプリンセスのものになった。プリンセスは、わたしをたいそう気《き》にいり、肌身《はだみ》はなさず持《も》つようになった。

しかし、魔女《まじょ》がわたしにかけたノロイのせいで、プリンセスは不治《ふじ》の病《やまい》にかかかり、日《ひ》に日《ひ》にやせ細《ほそ》っていったの。

王様《おうさま》は国中《くにじゅう》から医者《いしゃ》をよびよせたけれど、治《なお》せる者《もの》はひとりもいなかった。そしてプリンセスは、翌年《よくとし》の誕生日《たんじょうび》を迎《むか》える前《まえ》に、亡《な》くなってしまった。

それからわたしは『美《うつく》しい人形《にんぎょう》』ではなく、『ノロイの人形《にんぎょう》』として有名《ゆうめい》となったわ。

「――この人形《にんぎょう》にむかって、相手《あいて》に対《たい》するノロイの言葉《ことば》を話《はな》しかけると、人形《にんぎょう》がその相手《あいて》を呪《のろ》ってくれるんだとさ。でもこのノロイは強力《きょうりょく》だから、成功《せいこう》したら、手放《てばな》さなければならない……」

いつのまにかこんないわくがつき、わたしは人《ひと》から人《ひと》へと渡《わた》っていった。

ノロイの人形《にんぎょう》をほしがる人間《にんげん》は、世界中《せかいじゅう》におどろくほどたくさんいたわ。

「憎《にく》いあいつが不幸《ふこう》になればいい。あいつがいなくなれば、おれはいちばんになれる。あいつさえいなければ……」

「大嫌《だいきら》いなあの女《おんな》にノロイをかけて。キライ。キライ。大《だい》キライ。彼《かれ》をうばったあの女《おんな》なんて、死《し》んでしまえばいい…」

「どうしてアイツは、わたしより幸《しあわ》せなの。そんなの許《ゆる》せない。わたしより不幸《ふこう》になればいい…」

わたしはくる日《ひ》もくる日《ひ》も、他人《たにん》への恨《うら》みや妬《ねた》み、ノロイの言葉《ことば》ばかりを耳《みみ》にする日《ひ》が続《つづ》いた。わたしを見《み》つめる人間《にんげん》の目《め》は、にごってするどくとがり、それはそれは醜《みにく》いものだった。

昔《むかし》わたしをだきあげたアドルフや女《おんな》の子《こ》たちは、いつも優《やさ》しくほほえんでくれ、ていねいに髪《かみ》をなでてくれたものだったけど…。

だからといって、なにも思《おも》うことはなかった。だって魔女《まじょ》がノロイをかけたあの日《ひ》から、わたしの感情《かんじょう》は消《き》えてしまっていたから……。

こんな日々《ひび》がどれくらい続《つづ》いただろう。よくはおぼえていないけれど、きっと、何百年《なんびゃくねん》と続《つづ》いたのだろう。わたしは世界中《せかいじゅう》を渡《わた》り、気《き》づけばこの国《くに》にたどりついた。

長《なが》い年月《ねんげつ》、人間《にんげん》がわたしにノロイの言葉《ことば》をあびせ続《つづ》けたせいで、わたしには邪気《じゃき》がたまっていた。そしていつのまにか、不思議《ふしぎ》な力《ちから》が宿《やど》ってしまった。自分《じぶん》の意思《いし》で少《すこ》しだけ動《うご》いたり、物《もの》をあやつったりすることができるようになっていたのだ。

ある日《ひ》、わたしは窓《まど》ガラスに映《うつ》る自分《じぶん》を見《み》て、言《こと》葉《ば》を失《うしな》った………わ。
目《め》はつりあがり、口《くち》はさけ、肌《はだ》にはヒビが入《はい》り、髪《かみ》の毛《け》もギシギシになっていた。アドルフが毎日《まいにち》ほめてくれたツヤツヤした髪《かみ》や澄《す》んだ水色《みずいろ》の瞳《ひとみ》は、もうどこにもなかったのだ。
そして醜《みにく》くなってしまったわたしを、だれもが嫌《きら》うようになっていた。
「なに……この人形《にんぎょう》……マジで気持《きも》ち悪《わる》いよ……」
「ノロイの人形《にんぎょう》なんだってさ」
「こんな気持《きも》ち悪《わる》い人形《にんぎょう》…見《み》るだけで呪《のろ》われそうじゃん。ヤバイって」
ある雨《あめ》の日《ひ》、わたしは人間《にんげん》にすてられてしまった。それからのことはよくおぼえていない。
気《き》づくと、あたり一面《いちめん》くさいニオイがただよう、ゴミ山《やま》のなかにいた……。

（人間《にんげん》のやつらめ…わたしをこんなに醜《みにく》くして、あげくのはてにすてるなんて…）

わたしはこのゴミ山《やま》に人間《にんげん》が来《く》るのを待《ま》った。くやしいけれど、だれか人間《にんげん》に見《み》つけてもらい、ここからつれだしてもらうしかなかったのだ…。その後《あと》は、身勝手《みがって》な人間《にんげん》どもに復讐《ふくしゅう》をする。毎日《まいにち》こればかり考《かんが》えて過《す》ごしたわ。

――そしてある日《ひ》。ゴミ山《やま》の片《かた》すみで、ひとりたたずむ少女《しょうじょ》があらわれた。

（つ…ついに…人間《にんげん》が来《き》たわ！）

わたしはその少女《しょうじょ》に持《も》ち帰《かえ》ってもらうため、そばに近《ちか》づいてくるように、力《ちから》を使《つか》った。

（さぁ、わたしを持《も》って帰《かえ》るのよ…）

そして力《ちから》のすべてを集中《しゅうちゅう》させ、昔《むかし》の美《うつく》しい姿《すがた》に変身《へんしん》をした。その少女《しょうじょ》はわたしに近《ちか》づき、そしてゆっくりとわたしを持《も》ちあげた。

（フッ、まんまと引《ひ》っかかったわね…）

「きれいな人形《にんぎょう》ね。でも、醜《みにく》いわ……」

（な…なによ、醜《みにく》いって。今《いま》のわたしはとても美《うつく》しいのに…。まあいいわ。ようやくこのときが訪《おとず》れたわ。さあ早《はや》く、人間《にんげん》たちに復讐《ふくしゅう》をしてやりたい！　キャハハハハ!!）

その少女《しょうじょ》はもくろみどおり、わたしを持《も》ち帰《かえ》ったのだ。わたしは笑《わら》いが止《と》まらなかった。

わたしをつれて帰《かえ》った少女《しょうじょ》は大《おお》きな屋敷《やしき》に、ひとりで住《す》んでいるようだった。

(この子《こ》が油断《ゆだん》したところで、思《おも》いきりおどろかせて、呪《のろ》ってやる……。でも…こんな広《ひろ》い屋敷《やしき》にひとりで住《す》んでいるなんて、おかしな子《こ》ね)

時間《じかん》はたち、夜《よる》になった。少女《しょうじょ》はこれから寝《ね》ようとしているみたいだ。

(そろそろ、いいタイミングかしらね…)

ガタガタガタガタ。ガタガタガタガタガタ。

わたしは力《ちから》を使《つか》って、不気味《ぶきみ》な音《おと》をひびかせた。

そして、電気《でんき》をチカチカと点滅《てんめつ》させた。

(クックック…。たいていの人間《にんげん》は、ここでおびえだすのよね。あ~ゆかいだわ。え!? …なぜ? まったく動《どう》じないわ。う~ん、しょうがない)

わたしは飾《かざ》られていた棚《たな》からわざと落《お》ちた。

(さぁ……早《はや》く、わたしにふれなさい)

少女《しょうじょ》は物音《ものおと》にふり返《かえ》り、わたしに気《き》づく。そして、ゆっくりとわたしを床《ゆか》からひろいあげた。

「置《お》き方《かた》が悪《わる》かったのかしら。ごめんなさいね。わたしはもう寝《ね》るから、おやすみなさい」

(そう、そのまま棚《たな》へと戻《もど》そうと、高《たか》くかかげた瞬間《しゅんかん》がチャンスね…。よし今《いま》だ! ここから、わたしの人間《にんげん》どもへの復讐《ふくしゅう》がスタートするの!)

「ぐわあああああああああああああ」

わたしは醜《みにく》い姿《すがた》に戻《もど》り、大《おお》きな口《くち》を開《あ》け、少女《しょうじょ》の喉元《のどもと》にむかって勢《いきお》いよく飛《と》びかかった!

「人間《にんげん》ども、みんな呪《のろ》ってやるぞ!

覚悟《かくご》するがいい!」

（ほら、早《はや》く涙《なみだ》を流《なが》して助《たす》けを呼《よ》んだら？）

しかし、少女《しょうじょ》は動《うご》こうともしない。

（な、なぜ？　わたしが怖《こわ》くないなんて…）

それどころか、少女《しょうじょ》は涙《なみだ》を流《なが》して言《い》ったのだ。

「かわいそう。邪気《じゃき》まみれにされてしまって」

（な…なにを言《い》いだすの。わたしはあなたに襲《おそ》いかかったのよ。そ、それになぜ涙《なみだ》を流《なが》すの？）

わたしはわけがわからなくなってしまった。そして次《つぎ》の瞬間《しゅんかん》、自分《じぶん》になにが起《お》こったのかを理解《りかい》するのに時間《じかん》がかかってしまった……。

人間《にんげん》は他人《たにん》を不幸《ふこう》にしようと、わたしにノロイの言葉《ことば》をはく。恐怖《きょうふ》に遭遇《そうぐう》すると、涙《なみだ》を流《なが》して助《たす》けを求《もと》める。それなのに醜《みにく》いわたしは嫌《きら》う。

わたしが何百年《なんびゃくねん》の間《あいだ》で出会《であ》ってきたのは、こんな人間《にんげん》たちばかりだったのに。

「なんだろうこの温《ぬく》もり……。とってもなつかしいわ。……そっか……わたし。アドルフ……」

「長《なが》い間《あいだ》、辛《つら》かったわね。でも、もう大丈夫《だいじょうぶ》よ。わたしが黒《くろ》い心《こころ》をきれいにしてあげるから」

その少女《しょうじょ》は、名前《なまえ》を『闇月麗《やみづきれい》』と名《な》のった。見《み》た目《め》は人間《にんげん》そのものだけれど、彼女《かのじょ》は人間《にんげん》ではないのだという。

「わたし、じつはお父《とう》さんのこともお母《かあ》さんのことも、なにひとつ知《し》らないの。でも、クリクチャーとエイブがわたしを育《そだ》ててくれた。人間界《にんげんかい》でいろいろな調査《ちょうさ》するためにやってきたの」

「わたしはフランソワよ。わたしを作《つく》ったアドルフがこの名前《なまえ》をつけてくれたの」

麗《れい》はわたしのもげた手足《てあし》をきれいに縫《ぬ》いつけ、新《あたら》しい洋服《ようふく》も作《つく》ってくれた。

「これでもとのかわいいあなたね！」

わたしはとびつきたいほどうれしかったけれど、なにも言《い》えずにいた。この何百年間《なんびゃくねんかん》、『ありがとう』なんて使《つか》ったことがなかったから。

「いいのよ。あなたの気持《きも》ちはわかってるから」

麗《れい》はなにも言《い》わなくても、わたしの考《かんが》えていることがわかるみたいだった。彼女《かのじょ》も不思議《ふしぎ》な力《ちから》を持《も》っているにちがいない。

「人間界《にんげんかい》にやってきてすぐ、邪気《じゃき》にまみれた、でもとても悲《かな》しい想《おも》いが聞《き》こえたの。それをたどっていったら、ゴミすて場《ば》のあなたを見《み》つけた…。わたしも小《ちい》さいころ、お人形《にんぎょう》を持《も》っていたの。ママがわたしに置《お》いていってくれたのかもしれない。だからゴミすて場《ば》から聞《き》こえた、あなたの悲《かな》しい声《こえ》を、ほうっておけなかったの…」

ガタン。そのとき別《べつ》の部屋《へや》から物音《ものおと》がした。

「地下《ちか》から聞《き》こえてくるみたい。わたしもこの屋《や》敷《しき》に引《ひ》っ越《こ》してきたばかりで、地下《ちか》には行《い》ったことがないの…。行《い》ってみましょう」

わたしたちが地下室《ちかしつ》へおり、灯《あか》りをつけると、そこは物置《ものおき》のようだった。

ガタン。そのとき机《つくえ》に置《お》かれたキャンドル台《だい》がたおれた。……そして、暗闇《くらやみ》に光《ひか》るふたつの目《め》。

「な…なにかいるのかしら？」

そこにいたのは、凛《りん》とすました黒《くろ》ネコだった。

「あら。屋敷《やしき》にはもうすでに住人《じゅうにん》がいたようね」

そのネコはわたしたちをじっと見《み》つめたまま。

「わたしたち、この屋敷《やしき》をとても気《き》にいったの。いっしょに暮《く》らしてもいいかしら？」

だけど、黒《くろ》ネコはプイッと行《い》ってしまった。

「わたしたち、嫌《きら》われちゃったかしらね？」

「あのネコから不思議《ふしぎ》な力《ちから》を感《かん》じるわ…」

わたしたちはキッチンへと戻《もど》り、夕《ゆう》ご飯《はん》を食《た》べることにした。

そして麗《れい》は床《ゆか》にミルクを用意《ようい》していた。

「それ…さっきのネコの？　でも来《く》るかしら？」

「フフフ。どうかしらね？」

すると、さっきの黒《くろ》ネコがキッチンにやって来《き》て、ミルクをペロペロと飲《の》みだした。

「屋敷《やしき》に暮《く》らすこと、ＯＫしてくれたみたいよ」

「ニャ――。ニャ――。ニャ――」

「なにか話《はな》してるのかしら…？」

「この子《こ》はこの屋敷《やしき》の番人《ばんにん》として、ずっと暮《く》らしてきたみたい。名前《なまえ》はないみたいね」
「……だったらこの子《こ》は、サーヤがいい！」
「ステキな名前《なまえ》じゃない。サーヤも名前《なまえ》を気《き》にいったみたいよ」
「この屋敷《やしき》、なんだかいろいろ起《お》こりそうね」
「人間界《にんげんかい》で起《お》こった恐怖《きょうふ》の郵便《ゆうびん》が届《とど》くらしいわよ。フランソワ。今日《きょう》から3人《にん》友《とも》だちね！」
「友《とも》だち？　わたし、サーヤに首輪《くびわ》を作《つく》るわ」
「ひとりぼっちだったわたしたちだけど、みんなで仲《なか》よく暮《く》らせそうじゃない？」
「ま…まぁ、それもいいかもね」
「フフッ。フランソワはスナオじゃないのね」
「なによ…麗《れい》。お見通《みとお》しみたいな顔《かお》しちゃって」

……これが、わたしたちの出会《であ》いよ。

その日《ひ》わたしは、何百年《なんびゃくねん》ぶりに心《こころ》から笑《わら》ったわ。そしてわたしは、麗《れい》とサーヤに出会《であ》ったことで、人間《にんげん》への復讐《ふくしゅう》なんてどうでもよくなってしまった。

だって3人《にん》の毎日《まいにち》は、とてもとても楽《たの》しいものだったから……わたし麗《れい》に出会《であ》っていなければ、今《いま》ごろどうなっていたかしらね。

ねぇ…ケン。ごめんなさい。じつはわたし、本当《ほんとう》は旅行《りょこう》じゃなくて、クリクチャーとエイブに会《あ》いに行《い》っていたのよ…。

わたしもケンが見《み》たのと同《おな》じ、麗《れい》の夢《ゆめ》を見《み》たから、ふたりに麗《れい》の居場所《いばしょ》を聞《き》きに行《い》ったの。

だから、もうじき彼女《かのじょ》は見《み》つかるはず。なにかわかれば手紙《てがみ》がくることになっているわ…。

このお話《はなし》は444ページへ続《つづ》きます……。

あの主人公《しゅじんこう》やあの霊《れい》のその後《ご》はいったい…

大発表《だいはっぴょう》！

続《つづ》きが読《よ》みたいストーリー

「本当《ほんとう》に怖《こわ》いストーリーシリーズ」は全部《ぜんぶ》で9冊《さつ》。この9冊《さつ》のなかで紹介《しょうかい》された恐怖《きょうふ》ストーリーの数《かず》は、なんと280話《わ》にもなるそうだよ…。「あの後《あと》、主人公《しゅじんこう》はどうなった?」「不思議《ふしぎ》なアレはいったい…?」。ストーリーのその後《ご》に関《かん》する声《こえ》を、みんなからたくさんもらったからぼくとケンのふたりで、恐怖《きょうふ》ストーリーのその後《ご》を調査《ちょうさ》してきたよ…。

続編《ぞくへん》ストーリーを楽《たの》しもう!

シュナイザーとケンもいっしょにリクエスト！

みんなからのリクエストや声《こえ》が多《おお》かったストーリーのなかで、ぼくたちも続編《ぞくへん》を読《よ》みたいストーリーを選《えら》ばせてもらったよ。続編《ぞくへん》は前《まえ》のお話《はなし》を読《よ》んだことがない人《ひと》でも楽《たの》しめる内容《ないよう》になっているけれど、できれば前《まえ》のお話《はなし》も読《よ》んでほしいな!

いろいろな恐怖《きょうふ》ストーリーがあって、選《えら》ぶのが難《むず》しかったよ。どれもそれぞれの恐怖《きょうふ》があって、興味深《きょうみぶか》かったし…。

そうだね。できれば、すべてのストーリーのその後《ご》を、みんなに紹介《しょうかい》したいくらいだ。今後《こんご》に期待《きたい》してほしいな。

ほかにもリクエストが多《おお》かったストーリー

- ★『悪魔《あくま》の初恋《はつこい》』本当《ほんとう》に怖《こわ》いストーリー 地獄《じごく》の扉《とびら》
- ★『ノロイのブラシ』本当《ほんとう》に怖《こわ》いストーリー 心霊学園《しんれいがくえん》
- ★『自分《じぶん》エール』本当《ほんとう》に怖《こわ》いストーリー 暗黒《あんこく》の舞台《ステージ》
- ★『もう一度《いちど》会《あ》いたい…』本当《ほんとう》に怖《こわ》いストーリー亡霊《ぼうれい》の叫《さけ》び
- ★『ひきこさん』本当《ほんとう》に怖《こわ》いストーリー 永遠《えいえん》の呪縛《じゅばく》
- ★『イレカワリ…』本当《ほんとう》に怖《こわ》いストーリー 最後《さいご》の審判《しんぱん》

これらのストーリーはその後《ご》の調査《ちょうさ》ができなかったけれど
いずれ、その後《ご》のストーリーをお届《とど》けするからね！

ミチコさん…

「本当《ほんとう》に怖《こわ》いストーリー 心霊学園《しんれいがくえん》」P114～

あらすじ グループ内《ない》にちょっと気《き》に食《く》わない友《とも》だちがいたえりか。その子《こ》が怖《こわ》い話《はなし》を苦手《にがて》だと知《し》り、『ミチコさん』というネットのなかにあらわれる女《おんな》の子《こ》の怖《こわ》い話《はなし》を作《つく》ってしまう。グループのみんなも参加《さんか》して、その子《こ》ひとりを怖《こわ》がらせて楽《たの》しんでいた。

しかし、作《つく》り話《ばなし》のはずだったミチコさんから「今《いま》から遊《あそ》ぼう！」と、えりかのもとにメールが送《おく》られてきて、気《き》づけば家《いえ》までやってきてしまう…。

みんなの声《こえ》

★もしわたしも、メールであんなふうに『ミチコさん』の話《はなし》をされたら、怖《こわ》くて泣《な》いちゃうだろうなと思《おも》いました…。

★わたしもよく友《とも》だちとメッセージのやりとりをするのでミチコさんからメッセージがきたら、どうしよう……。

★ミチコさん、怖《こわ》かったです。えりかはミチコさんが家《いえ》に来《き》てめちゃくちゃ怖《こわ》かっただろうなと、想像《そうぞう》してしまいました…。

マンガ家《か》・こいちさんよりメッセージ

「あ…あの、ミチコさんが、また遊《あそ》びに来《き》てしまう…の？」

いったいどんな続《つづ》きのストーリーになるか、わたし自身《じしん》とても楽《たの》しみにしていました。

前回《ぜんかい》よりもぐっと怖《こわ》さが増《ま》している、ミチコさんの顔《かお》。こちらにも注目《ちゅうもく》してほしいですね。今回《こんかい》のミチコさんは、どう主人《しゅじん》公《こう》に恐怖《きょうふ》をあたえていくのか…。楽《たの》しんで読《よ》んでください！

▷続編《ぞくへん》マンガは198ページから！

続編《ぞくへん》マンガ 2

チームワーク

「本当《ほんとう》に怖《こわ》いストーリー 亡霊《ぼうれい》の叫《さけ》び」P302～

あらすじ　小学校時代《しょうがっこうじだい》のミニバスクラブ。強《つよ》いチームを目指《めざ》す純怜《すみれ》は「下手《へた》な子《こ》はみんなの邪魔《じゃま》。バスケをやる意味《いみ》がない」と、バスケがうまくない百香《ももか》とみさきに伝《つた》え、クラブをやめるようしむけた。高《こう》3になりバスケ部《ぶ》の部長《ぶちょう》になった純怜《すみれ》。しかし考《かんが》え方《かた》は変《か》わらない。

そんな彼女《かのじょ》のもとに、マネージャーをやりたいという子《こ》があらわれる。その子《こ》について体育館《たいいくかん》まで行《い》くと、そこで亡《な》くなった百香《ももか》とみさきから復讐《ふくしゅう》をうける…。

みんなの声《こえ》

★わたしはバレーをやっているので、純怜《すみれ》の気持《きも》ちがよくわかりました。でも…こんな結末《けつまつ》になるなら、気《き》をつけないと…。

★純怜《すみれ》は体育館《たいいくかん》で百香《ももか》とみさきに会《あ》ったあの後《あと》、いったいどうなってしまったのでしょうか？　とても気《き》になります……。

★女《じょ》バスのマネージャーになった子《こ》が、じつはあの子《こ》だったなんて。お話《はなし》の最後《さいご》を読《よ》んで、びっくりしてしまいました…。

マンガ家《か》・花鳥由佳《はなとりゆか》さんよりメッセージ

「あれから、純怜《すみれ》はどうなっちゃったの…？」。みなさんと同《おな》じように、わたしも気《き》になっていました。だから今回《こんかい》、続編《ぞくへん》ストーリーを描《か》くことができ、とてもうれしいです！

わたしは勝敗《しょうはい》に執着《しゅうちゃく》する純怜《すみれ》のキャラ、案外好《あんがいす》きですね。今回《こんかい》は、バスケ部員《ぶいん》がたくさん登場《とうじょう》しますよ。ウワサになったあの体育館《たいじくかん》ではなにが起《お》こっているのか…。お楽《たの》しみに。

▷続編《ぞくへん》マンガは216ページから！

続編《ぞくへん》マンガ 3

真《ま》っ暗《くら》な森《もり》

「本当《ほんとう》に怖《こわ》いストーリー 亡霊《ぼうれい》の叫《さけ》び」P167～

あらすじ　都会《とかい》から田舎町《いなかまち》に引《ひ》っこしてきた澪《みお》。「森《もり》には悪《わる》い狼男《おおかみおとこ》がいるから、近《ちか》づいてはダメだよ」と聞《き》かされる。しかしそんな話《はなし》はウソだろうと、森《もり》へと探検《たんけん》に出《で》かけた彼女《かのじょ》。とちゅうで泥棒《どろぼう》と遭遇《そうぐう》してしまい、泥棒《どろぼう》から逃《に》げ隠《かく》れている間《あいだ》に気《き》を失《うしな》ってしまう。目《め》をさますと、ゆうとと名《な》のる青年《せいねん》がいた。彼《かれ》が澪《みお》を助《たす》けてくれたらしい。町《まち》の人々《ひとびと》から、狼男《おおかみおとこ》と呼《よ》ばれている彼《かれ》は、澪《みお》を傷《きず》つけようとした泥棒《どろぼう》から、彼女《かのじょ》を救《すく》い谷底《たにそこ》へ落《お》ちてしまう…。

みんなの声《こえ》

★ゆうとは人間《にんげん》たちに勝手《かって》に誤解《ごかい》をされていて、かわいそうだなと思《おも》いました。でも澪《みお》という友《とも》だちができてよかったです。

★みんなの前《まえ》で、澪《みお》がゆうとをかばったシーンがよかったです。ウワサにまどわされない、彼女《かのじょ》の想《おも》いがすごいなと思《おも》いました。

★ゆうとはあの後《あと》、いったいどうなったのでしょうか？命《いのち》をかけて、澪《みお》を助《たす》けてくれたところに感動《かんどう》しました。

マンガ家《か》・千秋《ちあき》ユウさんよりメッセージ

数多《かずおお》くのお話《はなし》のなかから『続《つづ》きが読《よ》みたいストーリー』のひとつに選《えら》んでいただき、とてもうれしかったですね。

今回《こんかい》も、主人公《しゅじんこう》たちの明《あか》るい表情《ひょうじょう》から恐怖《きょうふ》の表情《ひょうじょう》まで、幅広《はばひろ》く描《か》けて楽《たの》しかったです。

こんな続《つづ》きが見《み》たかった、想像《そうぞう》とちがった、など感想《かんそう》はいろいろあると思《おも》いますが、楽《たの》しんで読《よ》んでくださいね！

▷続編《ぞくへん》マンガは237ページから！

14話《わ》 友《とも》だちがほしい

リクエストマンガ

恐怖レベル 絶叫

ウソつき 恐怖の入口

ネットのなかにあらわれる「ミチコさん」っていう
女《おんな》の子《こ》の霊《れい》がいるんだって。
そのミチコさんはね…。小《ちい》さなころから重《おも》い病気《びょうき》で
外《そと》で友《とも》だちと遊《あそ》ぶこともできずにいたらしいよ。
ずっと治療《ちりょう》をしたけど
病気《びょうき》は治《なお》らないまま、死《し》んじゃったみたい…。
でもね…。ミチコさんは自分《じぶん》が死《し》んじゃったことに
気《き》づいてないから
ずっと友《とも》だちを探《さが》して、さまよってるんだって。

あのころは楽《たの》しかったな
またみんなと遊《あそ》びたいな
ユリ！ちゃんと寝《ね》てなきゃダメでしょ
ずっと寝《ね》てたよ
ウソ ひとりきりでパソコン見《み》たらダメじゃない
トントン
ユリちゃんこんにちは
お友《とも》だちがお見舞《みま》いに来《き》てくれたんじゃない？

…ねえ ユリちゃん
来月《らいげつ》の運動会《うんどうかい》 参加《さんか》できそう？
わたし再来週《さいらいしゅう》には 退院《たいいん》できるの
だから運動会《うんどうかい》 も行《い》けるよ！
よかった！ じゃあ ダンスの踊《おど》り方《かた》 今度《こんど》教《おし》えるね！
う…うん
じゃあまた 来《く》るね～
ばいばーい!
…どうしてあんな ウソ…ダメじゃない
ウソつきは お友《とも》だち いなくなるわよ

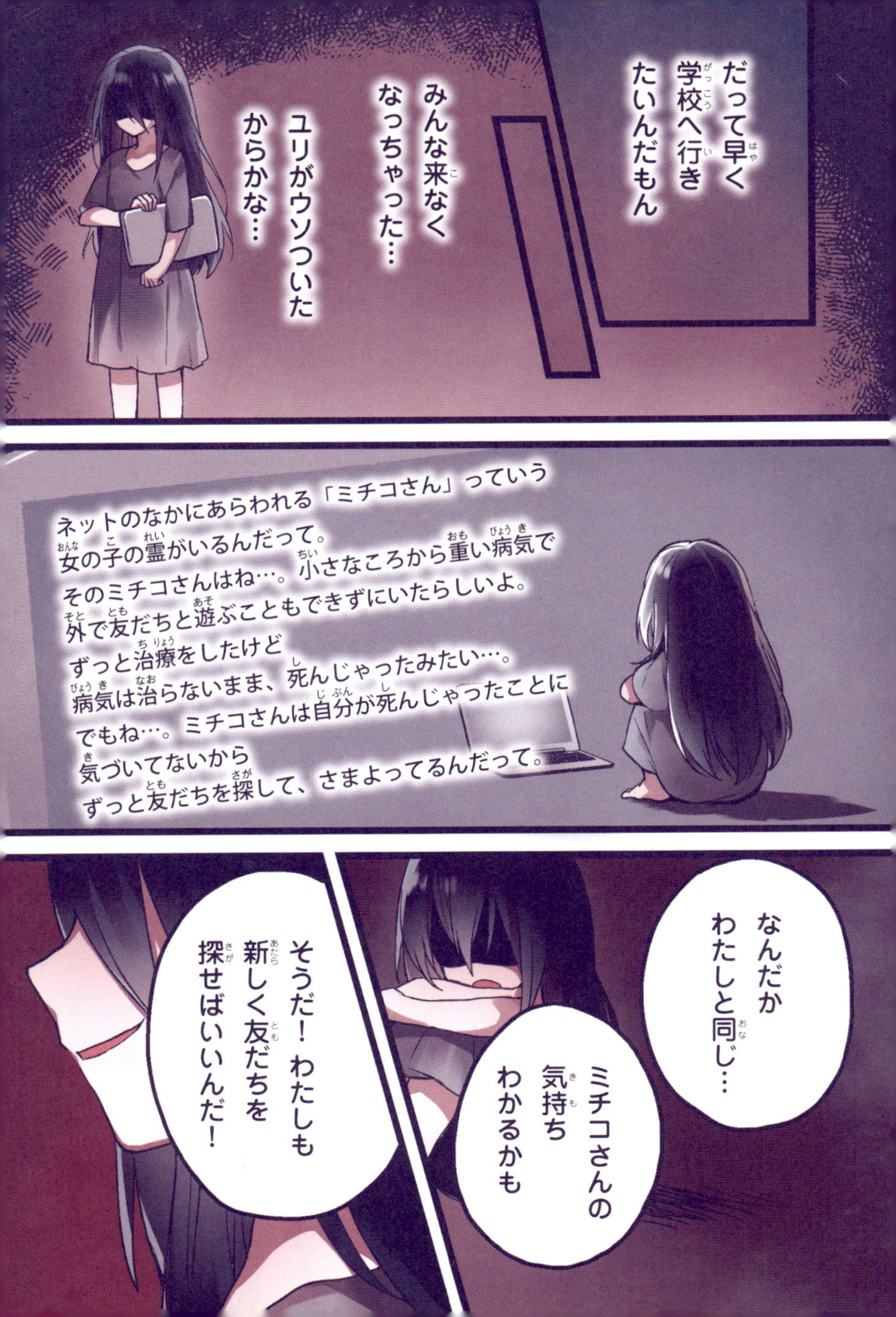
だって早《はや》く学校《がっこう》へ行《い》きたいんだもん
みんな来《こ》なくなっちゃった…
ユリがウソついたからかな…
ネットのなかにあらわれる「ミチコさん」っていう女《おんな》の子《こ》の霊《れい》がいるんだって。
そのミチコさんはね…。小《ちい》さなころから重《おも》い病気《びょうき》で外《そと》で友《とも》だちと遊《あそ》ぶこともできずにいたらしいよ。
ずっと治療《ちりょう》をしたけど病気《びょうき》は治《なお》らないまま、死《し》んじゃったみたい…。
でもね…。ミチコさんは自分《じぶん》が死《し》んじゃったことに気《き》づいてないからずっと友《とも》だちを探《さが》して、さまよってるんだって。
なんだかわたしと同《おな》じ…
ミチコさんの気持《きも》ちわかるかも
そうだ! わたしも新《あたら》しく友《とも》だちを探《さが》せばいいんだ!

もうわたし
ウソは
つかないもん
さあ友《とも》だち
探《さが》さなきゃ
Goook
友《とも》だち募集《ぼしゅう》
kimika@kimika0927
今年中《ことしじゅう》にＮｅｗ《ニュー》友《とも》100人《にん》作《つく》るぞ！
ノリがいい子《こ》　おもしろい子《こ》
きみかと友《とも》だちになろ～
ニィ…
き…みか
ちゃん

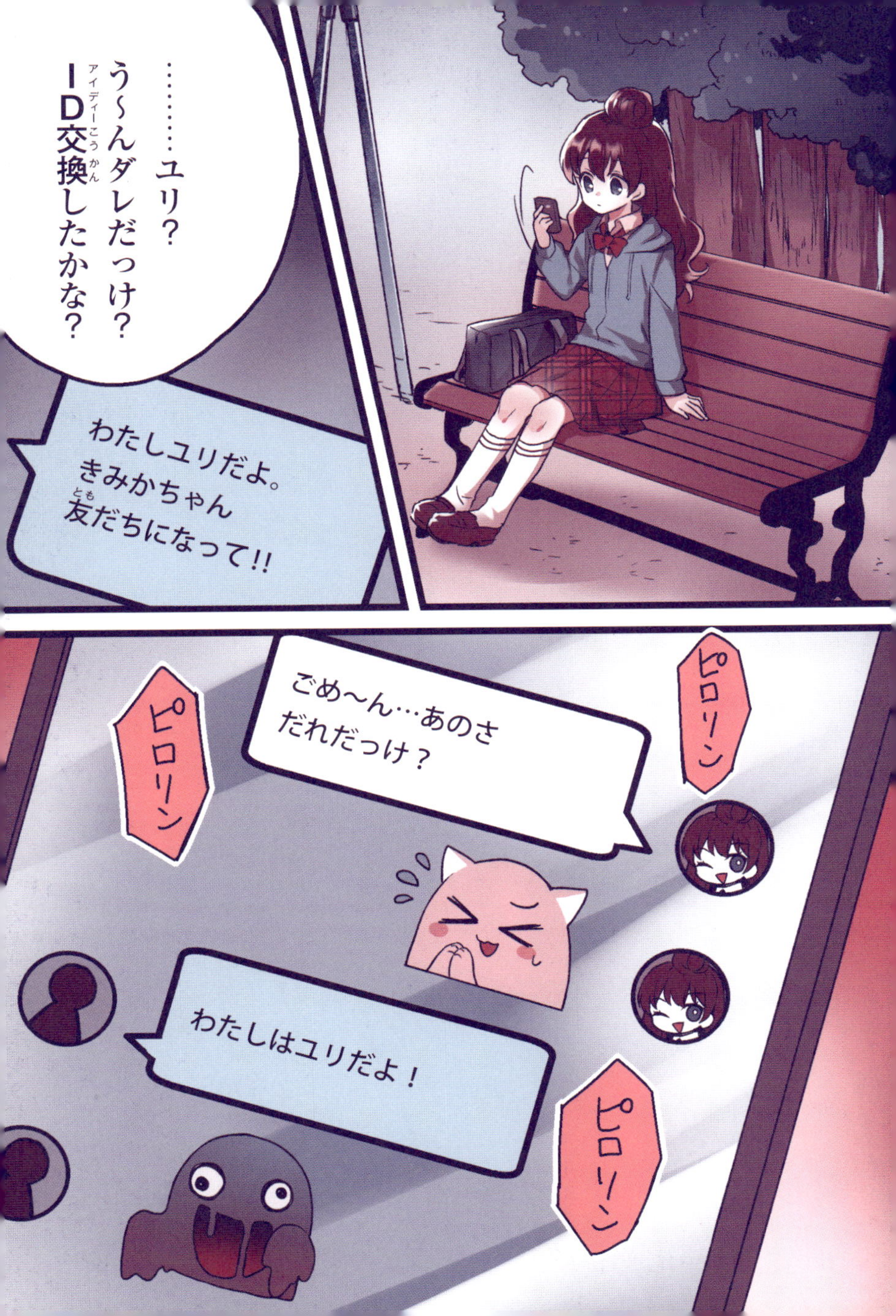
……ユリ？　う〜んダレだっけ？　ＩＤ《アイディー》交換《こうかん》したかな？
わたしユリだよ。きみかちゃん友《とも》だちになって!!
ピロリン
ごめ〜ん…あのさ だれだっけ？
ピロリン
わたしはユリだよ！
ピロリン

スタンプw おもしろいね。いいよ！
ホント？ うれしい！
ユリは何校《なにこう》なの？
わたし学校《がっこう》には行《い》ってないの。
そっか。いくつ？
わたしは9さいだよ。
9さい!!?? マジ？ 小学生《しょうがくせい》なの？w
プル…
プルルルル
ママ 着信中《ちゃくしんちゅう》
やばっ

ダッ
ママとの約束《やくそく》
忘《わす》れてた
バン
ただいま
ママ～
ごめんね
学校《がっこう》でね
用事《ようじ》がさ…
ウソだけど…
さっき電話《でんわ》したのよ
早《はや》く手伝《てつだ》って！
もう
ごめんごめん
すぐ手伝《てつだ》うよ

手《て》伝《つだ》い完了《かんりょう》
つかれた〜
ギシ
よっ
うん。わたし小学生《しょうがくせい》。
わたしね…お友《とも》だちがひとりもいないの。
だからきみかちゃんが友《とも》だちになってくれてうれしい！
ウソつきは友《とも》だちができないってママに言《い》われたから、本当《ほんとう》のこと話《はな》すね。ユリは病気《びょうき》で死《し》んだの。遊《あそ》びに行《い》っても怖《こわ》がらない？
なにこれ
ギャグ？
リアル？
たぶんへーきだよ〜ww
死《し》んだって、ウケルww
だったらなにか証拠《しょうこ》見《み》せて

証《しょう》拠《こ》って？
どうしたらいい？
う～ん ユリの動《どう》画《が》とか 見《み》たいな…
わかった。送《おく》るね。
ピッ
ピロリン
早《はや》っ!!

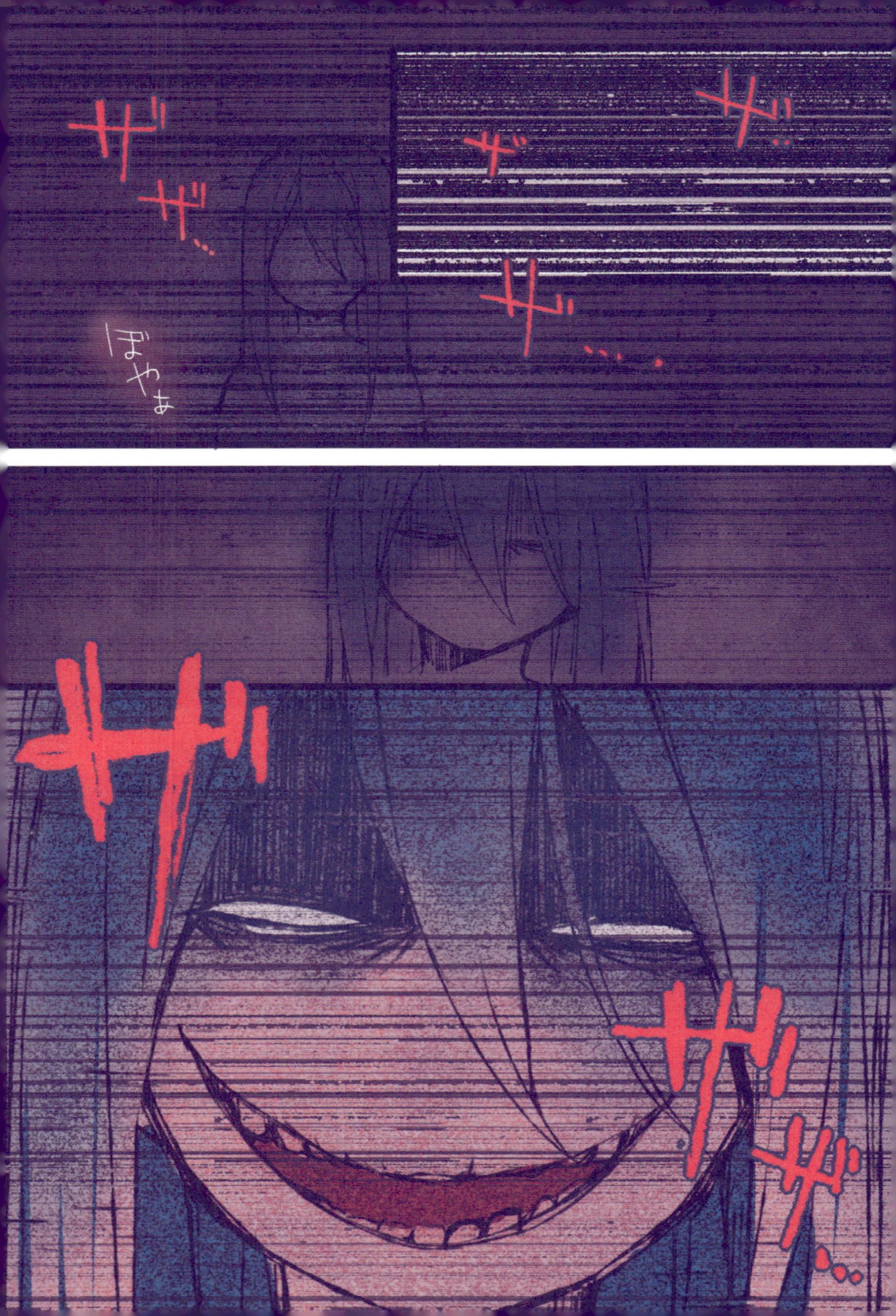
ザ‥
ザ
ザ…
ザザ…
ぼやぁ
ザザ
ザザ…

うわっ
怖《こわ》ーっ
よくできてるじゃん
へぇ〜
すごいね。これって
ホントにユリなの？
うん。そうだよ
ー♪
…この動画《どうが》をアップしたらみんなもりあがりそ〜じゃん♪
きみか @kimika
霊《れい》と交信《こうしん》しちゃった！
動画《どうが》はガチ怖《こわ》だよ〜

返信先《へんしんさき》@kimika
この動画《どうが》どうやって作《つく》ったの？ ショーゲキ！ 教《おし》えて！ 教《おし》えて!!
返信先《へんしんさき》@kimika
きみかなにこれ？マヂうけるんだけど
返信先《へんしんさき》@kimika
コワイ！マジコワイ!! きゃあああああwww
すっごい反響《はんきょう》楽《たの》しぃぃ～♪
返信先《へんしんさき》@kimika
動画《どうが》見《み》ちゃったじゃん。これガチ？ だったらヤバすぎ～ きみかっておもしろ!!
返信先《へんしんさき》@kimika
ウケた。これホント？
返信先《へんしんさき》@kimika
続《つづ》きをキボウ !!! 早《はや》く見《み》た～い！
返信先《へんしんさき》@kimika
さっそく拡散《かくさん》しちゃった !!!
パリ
ユリが見《み》たらヤバイかな…
あっ きてる
きみかちゃん 今《いま》から 遊《あそ》びに 行《い》くね。

タイムメッセ見《み》てなくてよかった……
…ん？今《いま》から遊《あそ》びに行《い》くって
わ…
わたしの部屋《へや》じゃん…
え!?
ゾ…
きみかちゃん
そのおかしっておいしそうだね
ウソでしょ…
わたし今《いま》ね…お花柄《はながら》のベッドの上《うえ》にいるんだよ！

きゃああぁ
きみかちゃん
どうして怖《こわ》がるの？
ウソついたの？
怖《こわ》がらないって
言《い》ったよね？
友《とも》だちになって
くれるって言《い》ったよね？
わたしは本当《ほんとう》の
こと話《はな》したよ
やめろ
やめろ
やめろ
やめろ
やめろ
………わかったよ
そっちで遊《あそ》ぼうと
するからダメなんだね

——え!?
ハッ
なにこれ?
バッ
ぎゃあぁぁ

行《い》こうよ
おいで…
こっちの世《せ》界《かい》
だったら…

ザザ…
ずっといっしょに
いられるよね

15話《わ》 ウワサの体《たい》育《いく》館《かん》

さっきトイレに忘《わす》れものしちゃって…
トイレはあっちですよ
たっ
ありがとう!
たたたっ
北神校《きたかみこう》の子《こ》かな?
あんなジャージだっけ?
たっ
着《き》がえたんでしょ?

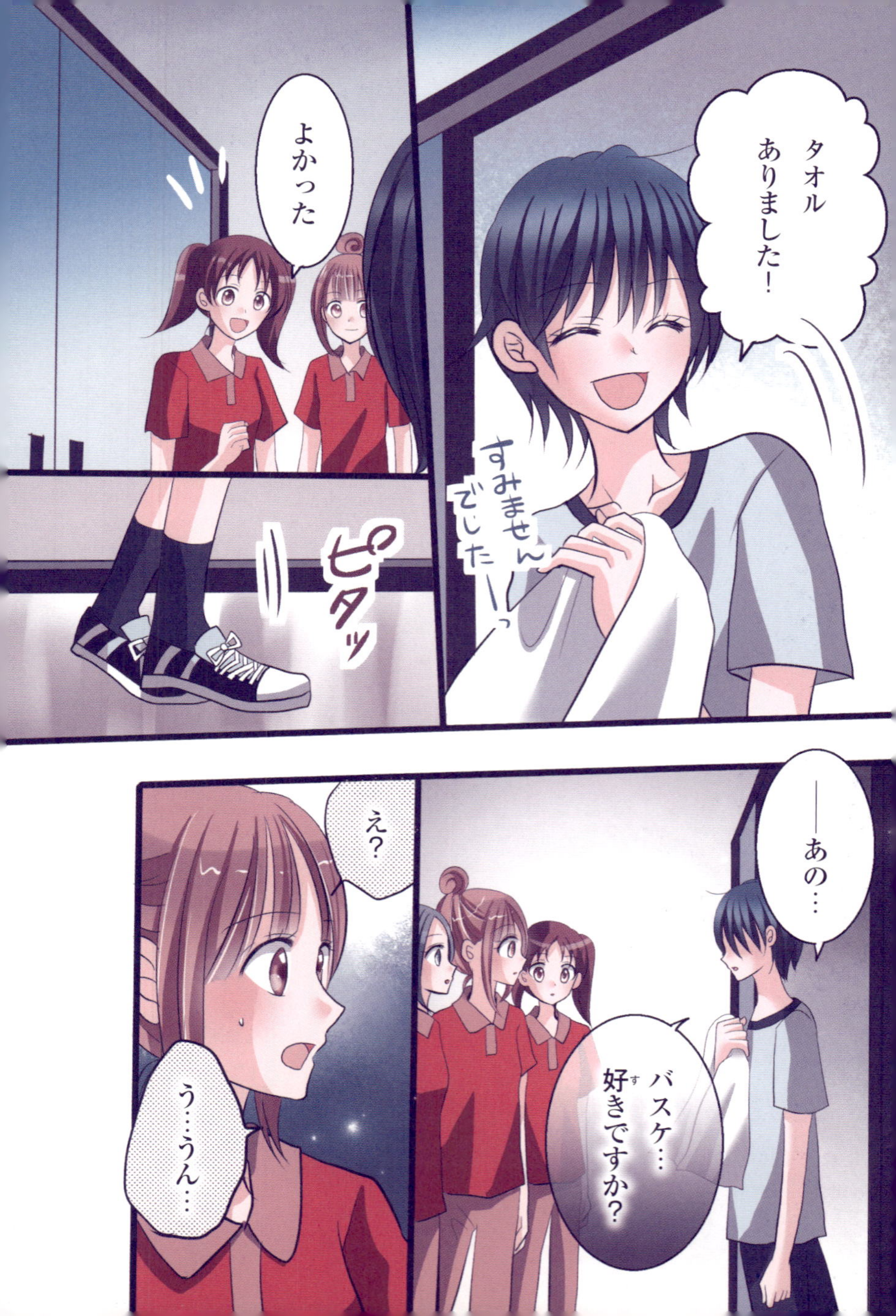
タオル
ありました!
すみませんでした―っ
よかった
ピタッ
――あの…
バスケ…
好《す》きですか?
え?
う…うん…

じゃあ
練習《れんしゅう》は好《す》き？
はい…
少《すこ》しでもうまくなりたいし…
よかった！そうでなくっちゃ！
にこっ！
…？
ねえじゃあさ
西風校《にしかぜこう》バスケ部《ぶ》の
怖《こわ》いウワサ知《し》ってる？

あ…
もしかして
数年前《すうねんまえ》に部《ぶ》長《ちょう》が
消《き》えたって話《はなし》？
なにそれ
聞《き》きたい！
――数年前《すうねんまえ》
西風校《にしかぜこう》の部《ぶ》長《ちょう》が
部《ぶ》活《かつ》を抜《ぬ》け
だしたまま
行方《ゆくえ》不明《ふめい》になった
らしいんだけど
数週間前《すうしゅうかんまえ》から
様子《ようす》が変《へん》で
存在《そんざい》しない
マネージャーの
話《はなし》をしたり
しょっちゅう
見《み》えない誰《だれ》かと
話《はなし》をしてたみたい

そして部長《ぶちょう》が
いなくなって
一週間《いっしゅうかん》後《ご》…
部員《ぶいん》のひとりが
みんなにこんな話《はなし》を
したんだって——
今《いま》からマネと
体育館《たいいくかん》見学《けんがく》
してくるから!
部長《ぶちょう》…また?
マネなんて
うちの部《ぶ》には
いないのに…
部長《ぶちょう》!!
たたっ
どこに行《い》く
つもりなの!?
きゃっ

ザザ
ザッ…
こんな場所《ばしょ》に体育館《たいいくかん》なんて
あるわけないのに…
ん？
すぅ…
部長《ぶちょう》？
すぅっ
部長《ぶちょう》が消《き》えた!?
部長《ぶちょう》!?
ダダンッ
なに？ドリブルの音《おと》!?
ダンダン…

ダンダンダン
ど…どこから…?
ダンダンダン
怖《こわ》い…っ!!
はっ
体育館《たいいくかん》…?
いやぁっ!!
だっ

――でもその話《はなし》は
誰《だれ》も信《しん》じてくれなかったみたい…――
それって本当《ほんとう》の話《はなし》?
…でもね不思議《ふしぎ》な話《はなし》は
それで終《お》わりじゃないの…
え?
その部長《ぶちょう》は純怜《すみれ》って名前《なまえ》だったんだけど

その純怜《すみれ》って子《こ》が見《み》つからないまま時《とき》が過《す》ぎて
当時《とうじ》のことを知《し》る人《ひと》もいなくなった…
ねえ！大池先《おおいけせん》パイから聞《き》いた話《はなし》だけど
学校近《がっこうちか》くの幻《まぼろし》の体育館《たいいくかん》で
バスケの練習《れんしゅう》すると
めちゃうまくなるんだって！
幻《まぼろし》の体育館《たいいくかん》!?
取《と》りこわされた体育館《たいいくかん》があらわれるとかって

このあと みんなで 行《い》っちゃう？
なにそれ!?
マジで？
いいねぇ！
バスケうまく なりたいし！
ザワ…
ザワ…
――先《せん》パイの 話《はなし》によると このあたり なんだけど…
なにも ないね
まぁホントに あったら 怖《こわ》いけど！

あー
お腹《なか》すいちゃった
うちも〜
あははっ
帰《かえ》りどこかよろう！
もう帰《かえ》ろっか！
ダンッ
ダンダン
ちょっと美《み》來《き》！
ボール汚《よご》れちゃうじゃん！
えっ？
わたしボール持《も》ったままだよ

じゃあ…
ダンダン
…は
早《はや》くここからはなれよう!
ダンダン
この音《おと》はどこから…
だっ
待《ま》ってよ!
ダンッ

ダンッ
!?
な…なに?
ここどこなの…?
わ…わたしたちいつのまに体育館《たいいくかん》に!?
バスケがうまくなりたくて練習《れんしゅう》しに来《き》たのね!

わたしは
純怜《すみれ》
にこっ
あなたたちの
先《せん》パイよ！
新《あたら》しい仲間《なかま》が
来《き》てくれて
うれしいわ！
ガタ
ガタ

まずは
パス練《れん》ね！
シュッ
パ
シッ
わっ！
あ…
あの…っ。
うーん…
ボールがたりないな…
カタカタ
じゃあ
あなたはこれで！
シュッ
ズシッ
きゃっ

ギョロッ
いやあっ!!
ゴトッ
きゃあああっ

ダダダ
ダ…
あら？
ザ
どこに行《い》くの？
ンッ
ひ…っ
そろそろ3人《にん》だけの練習《れんしゅう》にもあきていたところなの

やる気《き》のある子《こ》は
大歓迎《だいかんげい》よ…
それでどうなったの？
…そ
…そのうちわかるわ

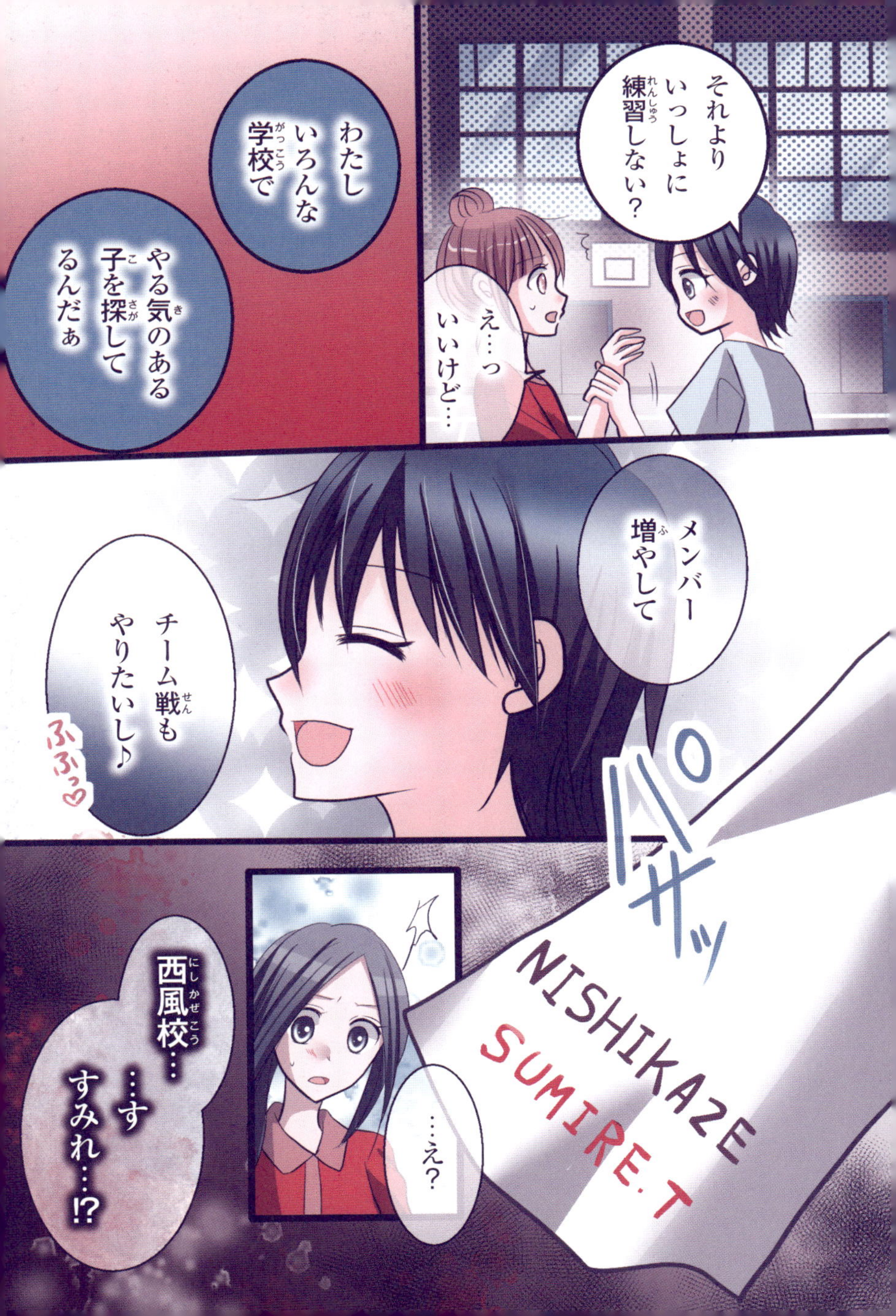
それより いっしょに 練習《れんしゅう》しない？
え…っ いいけど…
わたし いろんな 学校《がっこう》で
やる気《き》のある 子《こ》を探《さが》して るんだぁ
メンバー 増《ふ》やして
チーム戦《せん》も やりたいし♪
ふふっ♡
パサッ
NISHIKAZE
SUMIRE.T
…え？
西風校《にしかぜこう》… …す すみれ…!?

――そう わたしの名前《なまえ》は 純怜《すみれ》よ……
みんなは やる気《き》があって よかった…
ほら… いっしょに 練習《れんしゅう》しよう！

16話《わ》 満月《まんげつ》の夜《よる》
リクエストマンガ
恐怖レベル
満月《まんけつ》
恐怖の入口
感動
伊藤《いとう》さんが森《もり》の奥《おく》でおかしな爪痕《つめあと》を見《み》たって
もしかして狼男《おおかみおとこ》じゃないかって
狼男《おおかみおとこ》って子《こ》どものころもウワサになったわよね？
狼男《おおかみおとこ》……
澪《みお》

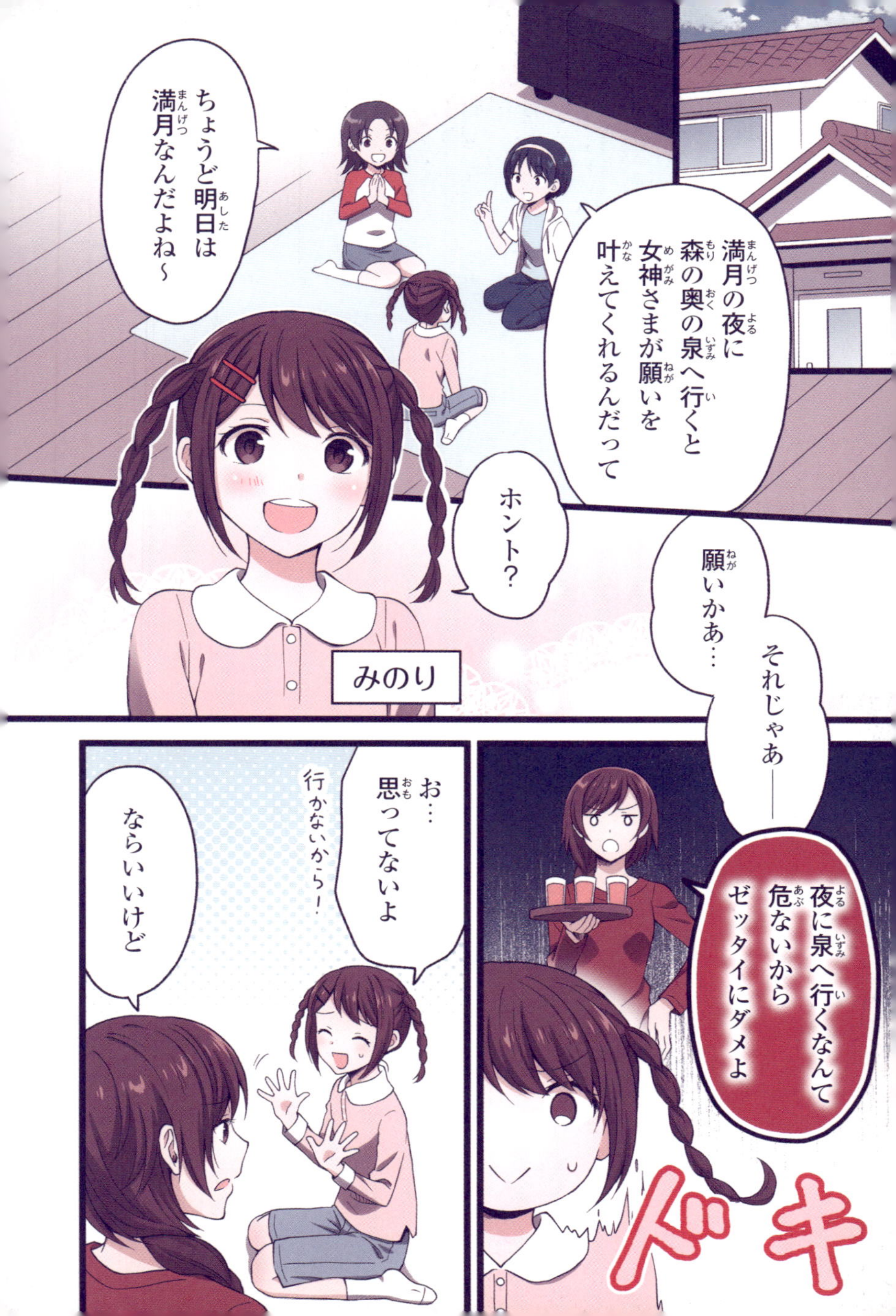
満月《まんげつ》の夜《よる》に森《もり》の奥《おく》の泉《いずみ》へ行《い》くと女神《めがみ》さまが願《ねが》いを叶《かな》えてくれるんだって
ちょうど明日《あした》は満月《まんげつ》なんだよね～
ホント?
みのり
願《ねが》いかあ…
それじゃあ――
夜《よる》に泉《いずみ》へ行《い》くなんて危《あぶ》ないからゼッタイにダメよ
ドキ
お…思《おも》ってないよ
行かないから!
ならいいけど

な〜んて
行《い》くに決《き》まってるじゃん
この道《みち》ってさっきも通《とお》らなかった?
道《みち》あってるの?
うん…
たぶん
ガサ
びくっ

カァ
カァ
な～んだ
ただのカラス……
ガサササ
きゃあああぁぁ
ダダダ
あっ！
人《ひと》がいる！
あの…
泉《いずみ》はどこですか？

あのぉ～?
この人《ひと》…
なんだか様子《ようす》が変《へん》…
びくっ
ジリ…
……泉《いずみ》は
……こっちだ
ほっ
くるっ
よかった…
変《へん》な人《ひと》じゃなかった

ご…ごめん！
あたしたちもうムリ！
帰るね！
えっ!?
たたたっ
スタスタ
あ〜もう！
どうしても叶《かな》えたいことがあるんだもん…！
ちょっ…早《はや》いよ！
待《ま》って！
早《はや》くしろ…
夜《よる》になってしまう

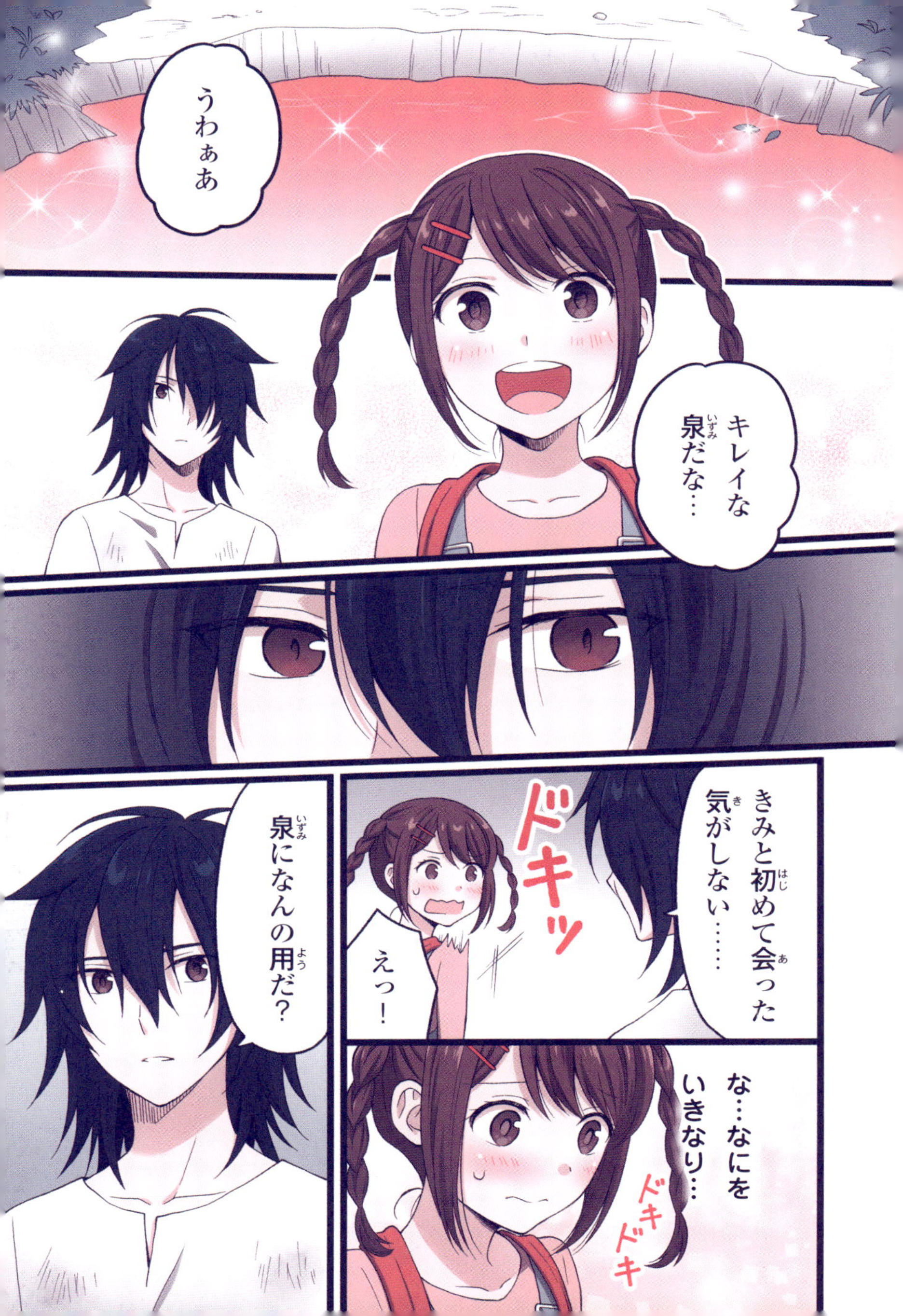
うわぁあ
キレイな泉《いずみ》だな…
きみと初《はじ》めて会《あ》った気《き》がしない……
ドキッ
えっ！
な…なにをいきなり…
ドキドキ
泉《いずみ》になんの用《よう》だ？

泉《いずみ》にすむ女神《めがみ》さまに会《あ》いに来《き》たの
ママが元気《げんき》になりますようにってお願《ねが》いするんだ
ザァァァア
最近《さいきん》いつも悲《かな》しい顔《かお》してるから…
ハッ
…………行《い》かないと…

え…
行《い》っちゃうの？
ひとりじゃ帰《かえ》れない…
ダッ
ま…待《ま》って！
どうしてだろう
あの人《ひと》が気《き》になる
見《み》失《うしな》っちゃった…
あの～
どこにいるんですか？
あのお～
さっきの人《ひと》～

こんな遅《おそ》くまでどうして森《もり》に?
泉《いずみ》へ行《い》こうと思《おも》って…
なんて危《あぶ》ないことを森《もり》には狼男《おおかみおとこ》がでるんだ!
み…みのりちゃんがまだ森《もり》に!
ほかに男《おとこ》の子《こ》もいたの
なんだって!
探《さが》しに行《い》こう

あの～
戻《もど》ってきてくださ～い
…しつこいやつだな
うぅ…
スッ
あっ！キレイなお月《つき》さま
ガサ
あっ！
さっきの——

お…狼《おおかみ》男《おとこ》?
ジリ…
いや…やめて
へた…
こないで…

お～い みのりちゃ～ん
どこに いるんだ～
人間《にんげん》はキライ…
人間《にんげん》はニクイ…
きゃああぁぁ

ぐくっ…
ぐおおおおお
あ…
あなたは
さっきの…
ハッ
だ…大丈夫《だいじょうぶ》
安心《あんしん》して
あなたを傷《きず》つける
つもりなんかないわ！

ぐおおおおぉぉ
お…狼男《おおかみおとこ》だ!
みのりちゃん助《たす》けにきたぞ
グル!!
くそっ! 来《く》るならやってやる!
やめてっ!
この人《ひと》を傷《きず》つけちゃダメ!

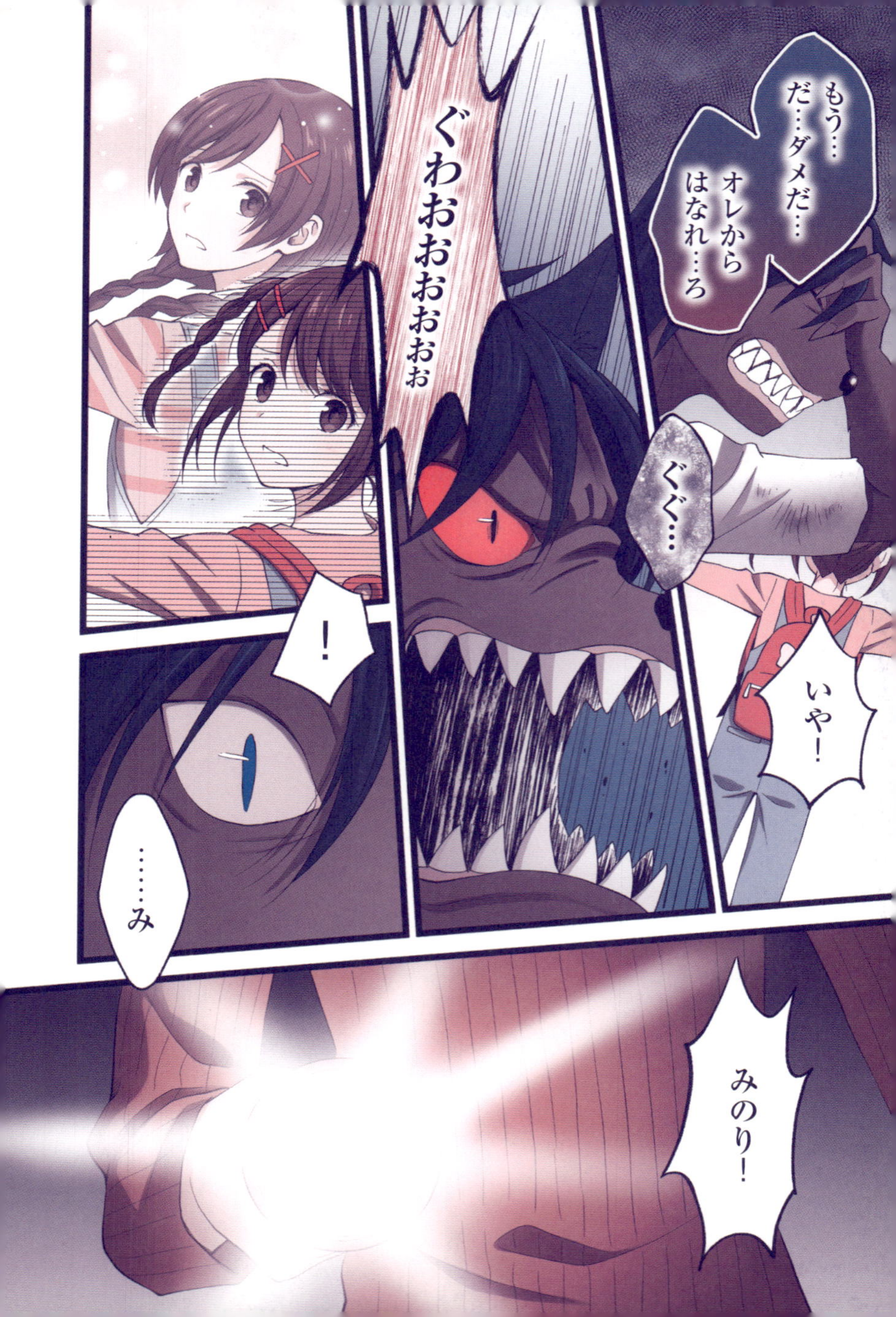
もう……だ…ダメだ……オレからはなれ…ろ
ぐぐ……
いや！
ぐわおおおおおお
！
……み
みのり！

!!
ぐぐぐ…
ぐっ…
ぐおおおっ
きゃあああ
バッ

ガシャ
ダメっ！
やめてっ！
ガニーッ
ぐおおおお
やめて！
ゆうとさんっ！
わたしよ
澪《みお》よ…思《おも》いだして！
ぽたっ

スウウウウ
……澪《みお》
生《い》きてたのね…
会《あ》いたかった
また…会《あ》えた澪《みお》…
ママ…

その人《ひと》
知《し》ってるの？
どういうことだ？
平気なのか？
ゆうとさんは
お母《かあ》さんの
命《いのち》の恩人《おんじん》で
大切《たいせつ》な人《ひと》なの…
……そっか
よかったね！
女神《めがみ》さま
わたしの
願《ねが》いを叶《かな》えて
くれたのかな…？

みんなのおたより紹介《しょうかい》ページ

あなたのまわりの怖いストーリーDX《デラックス》

みなさんごきげんよう。屋敷《やしき》には今《いま》でも毎日《まいにち》
みんなからのおたよりがたくさん届《とど》いているの。今回《こんかい》は麗《れい》に変《か》わって
わたしが興味《きょうみ》をもった恐怖《きょうふ》の体験談《たいけんだん》や小説《しょうせつ》を紹介《しょうかい》することにしたわ。
みなさんから聞《き》いた「恐怖《きょうふ》アンケート」の結果《けっか》も発表《はっぴょう》するわ。
内容《ないよう》てんこ盛《も》りのデラックス版《ばん》を楽《たの》しんでちょうだい…。フフフ。

今回《こんかい》のおたより紹介《しょうかい》

あなたのおたよりも
お待《ま》ちしております……
くわしくは447ページへ

みんなのリアルな状況《じょうきょう》を集計《しゅうけい》…

恐怖《きょうふ》アンケート

なかなかおもしろいアンケート結果《けっか》が集《あつ》まったようよ。
みんなはふだんの生活《せいかつ》のなかで、こんなふうに
恐怖《きょうふ》と接《せっ》しているってことなのね…。おもしろいじゃない。

質問《しつもん》1 あなたは霊《れい》を見《み》たことがありますか？

はい 42%　いいえ 58%

- 放課後《ほうかご》、誰《だれ》もいないろう下《か》で白《しろ》っぽい服《ふく》の女《おんな》の人《ひと》を見《み》たことがあります（めいちゃん）
- 霊《れい》かわかりませんが、夜《よる》に目《め》のようなものが空《そら》にういているのを見《み》ました（HAPPYさん）
- 霊《れい》を見《み》たことは、一度《いちど》もありません。わたしはとても見《み》たいのですが…（ぴょんたさん）
- わたしは霊《れい》を見《み》た経験《けいけん》はありませんが、友《とも》だちは学校《がっこう》で見《み》たことがあるそうです（チャッチーさん）

質問《しつもん》2 あなたには霊感《れいかん》がありますか？

はい 16%　いいえ 84%

- 家族《かぞく》みんな霊感《れいかん》があり、よく不思議《ふしぎ》な出来事《できごと》が起《お》こります（パールさん）
- お墓《はか》の近《ちか》くに行《い》くと、白《しろ》い火《ひ》の玉《たま》がいつも見《み》えます（あんちゃん）
- 霊感《れいかん》があったら怖《こわ》くて大変《たいへん》だと思《おも》うので、なくてよかったです（H.Mさん）
- 霊感《れいかん》はないです。霊《れい》を見《み》てみたい気持《きも》ちは少《すこ》しあります（にゃん♪さん）

質問《しつもん》3　霊感《れいかん》がある友《とも》だちがいますか？

はい 36%　いいえ 64%

- 霊感《れいかん》がある友《とも》だちは「幽霊《ゆうれい》っていろんな場所《ばしょ》に、ふつうに立《た》ってたりするよ…」と話《はな》していました。（ラブリーちゃん）
- わたしの親友《しんゆう》は霊感《れいかん》があります。でもほかの子《こ》にはヒミツにしています（KKKさん）
- うちのクラスに霊感《れいかん》がある子《こ》はいません。3組《くみ》にいるらしい…（ユッピィー♥さん）

質問《しつもん》4　夜《よる》寝《ね》る前《まえ》など怖《こわ》い気《き》持《も》ちになってしまったときどうしていますか？

- 怖《こわ》いときは、心《こころ》のなかで「悪霊退散《あくりょうたいさん》！」ととなえています（ルルン♪さん）
- なにかおもしろいことを考《かんが》えて、気《き》をまぎらわしています（まゆゆさん）
- 弟《おとうと》を無理《むり》やりいっしょに、同《おな》じ部屋《へや》で寝《ね》させるようにします（かりかり&こりこりさん）

恐怖《きょうふ》を封印《ふういん》するオススメ術《じゅつ》

とにかく笑《わら》って恐怖《きょうふ》を封印《ふういん》！

たとえば、友《とも》だちの変顔《へんがお》を思《おも》いだしてみたり、お気《き》にいりのギャグマンガを読《よ》んでみて。好《す》きな人《ひと》を思《おも》いうかべるのもオススメ。たくさん笑《わら》えば、怖《こわ》い思《おも》いは消《き》えているはず！

悪《わる》い気《き》をたたいてはらう！

怖《こわ》い気《き》持《も》ちでいっぱいのときは、部《へ》屋《や》にも悪《わる》い気《き》がただよっていることが多《おお》いわ。そんなときは、窓《まど》を開《あ》けて、自分《じぶん》の両肩《りょうかた》を力強《ちからづよ》く3回《かい》たたいてみて。気《き》持《も》ちがスッキリするわ。

質問《しつもん》5

あなたの学校《がっこう》の七不思議《ななふしぎ》を教《おし》えてください。

七不思議《ななふしぎ》が多《おお》かった場所《ばしょ》ランキング

1位《い》 トイレ

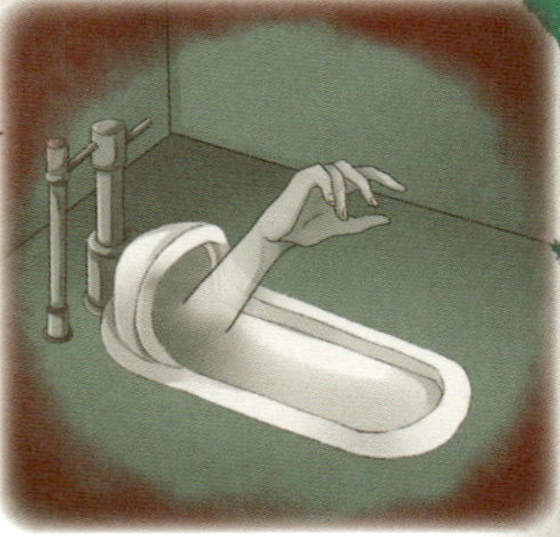

わたしの学校《がっこう》には「ブラック花子《はなこ》さん」というウワサがあります。トイレでふたり以上《いじょう》で手《て》をつなぎ、4周《しゅう》まわり30秒《びょう》待《ま》つと、ブラック花子《はなこ》さんがあらわれるんです。誰《だれ》もいないはずなのに、水《みず》が流《なが》れだす音《おと》を聞《き》きました（♡リコピン♡さん）

「白《しろ》、赤《あか》、青《あお》、どれが好《す》き～？」という声《こえ》が聞《き》こえてきて、それに答《こた》えると、体《からだ》につけているなにかひとつが、答《こた》えた色《いろ》といっしょになってしまう。わたしの学校《がっこう》のトイレには、こんなウワサがあります（マーメイドさん）

2位《い》 階《かい》だん

北校舎《きたこうしゃ》の3階《かい》にある緑色《みどりいろ》の階《かい》だんをのぼりおりすると、うしろに女《おんな》の人《ひと》があわわれる。そしてこの階《かい》だんをのぼりおりをした人《ひと》は死《し》んでしまう。これは、わたしの学校《がっこう》に伝《つた》わる12不《ふ》思議《しぎ》のひとつです（こわい話《はなし》だいすきさん）

わたしの学校《がっこう》には、階《かい》だんにとても小《ちい》さな子《こ》どもの手《て》のあとがベタベタとついていて、そうじのときに何度《なんど》ふいても、なぜかとれないのです（ミーミーさん）

「階《かい》だんの数《かず》が変《か》わる」という七不思議《ななふしぎ》を本当《ほんとう》に調《しら》べてみました。朝調《あさしら》べたときは14だんだったのに、放課後《ほうかご》には、16だんになっていたんです（N.Mさん）

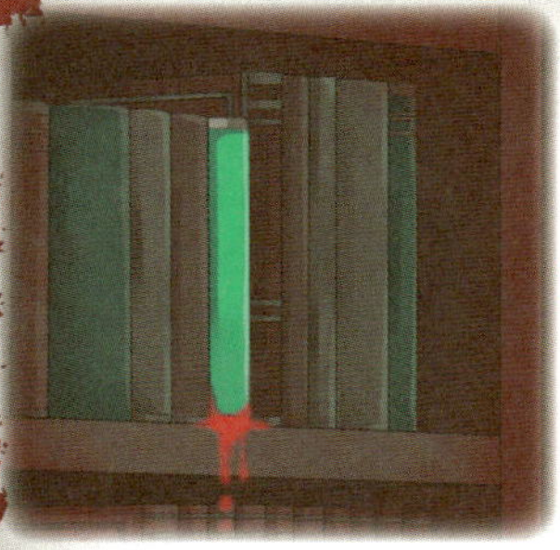

3位 図書室《としょしつ》

「読《よ》んだらいけない本《ほん》」というウワサがあります。その本《ほん》は図書室《としょしつ》のとなりの部屋《へや》にあり、中身《なかみ》を見《み》たら3日以内《かいない》に死《し》んでしまうというものです。その本《ほん》の表紙《ひょうし》を見《み》た友《とも》だちは、次《つぎ》の日《ひ》に骨折《こっせつ》をしました（ネコのきわみさん）

「図書館《としょかん》のりりかちゃん」という七《なな》不思議《ふしぎ》があります。年《ねん》に数回《すうかい》、図書《としょ》準備室《じゅんびしつ》の奥《おく》に題名《だいめい》も作者《さくしゃ》もない真《ま》っ赤《か》な本《ほん》があらわれ、その本《ほん》を開《ひら》くと、りりかちゃんに本《ほん》の世界《せかい》へ連《つ》れていかれてしまうそうです（みやさま）

夏休《なつやす》み中《ちゅう》、誰《だれ》もいない図書室《としょしつ》にひとり本《ほん》を読《よ》む男《おとこ》の子《こ》があらわれるそうです。見《み》たことがある子《こ》は、今《いま》はまだいませんが…（まーりーちゃん）

そのほか

音楽室《おんがくしつ》 音楽室《おんがくしつ》にある大《おお》きな時《と》計《けい》の前《まえ》に夜中《よなか》の12時《じ》に立《た》つと、死者《ししゃ》に会《あ》えるそうです（真白《ましろ》さん）

放送室《ほうそうしつ》 ある日《ひ》、3人《にん》の放送委員《ほうそういいん》が昼《ひる》の放送《ほうそう》をしていると、放送室《ほうそうしつ》の壁《かべ》に飾《かざ》ってあった賞状《しょうじょう》が落《お》ち、機械《きかい》がウィ――と変《へん》な音《おと》を立《た》て電源《でんげん》が切《き》れてしまったそうです。その日《ひ》から、わたしの学校《がっこう》の放送室《ほうそうしつ》には「放《ほう》送室《そうしつ》にひとりでいると、人《ひと》が消《き》えてしまう」というウワサが流《なが》れるようになりました（A.Sさん）

理科室《りかしつ》 ビーカーや試験管《しけんかん》をわってしまうと、こわしてしまった数《かず》だけ、大切《たいせつ》なものを失《うしな》う（S.Tさん）

大《おお》きな鏡《かがみ》 うちの学校《がっこう》にはゲタ箱《ばこ》の近《ちか》くに大《おお》きな鏡《かがみ》があるのですが、4月《がつ》4日《か》の4時《じ》44分《ぷん》に鏡《かがみ》の前《まえ》にひとりで立《た》つと、もうひとりの自《じ》分《ぶん》があらわれ、未来《みらい》についてなんでも教《おし》えてくれるというウワサがあります。6年生《ねんせい》の女子《じょし》が、片思《かたおも》いの男子《だんし》の気持《きも》ちを知《し》りたくて、ひとりで鏡《かがみ》の前《まえ》に立《た》ちました。しかし、鏡《かがみ》のなかにいたのは、血《ち》だらけでブキミに笑《わら》う自《じ》分《ぶん》だったそうです（ララピさん）

夢《ゆめ》か本当《ほんとう》か信《しん》じられない話《はなし》…

フシギなつぶやき

怖《こわ》いドラマを見《み》ていたとき、テレビ画面《がめん》がとつぜん消《き》えてしまいました。でも誰《だれ》もリモコンにさわっていないのです。電源《でんげん》ボタンを押《お》したらもとに戻《もど》りましたが、あれはいったい…？

かなめさん

ある夜《よる》にハムスターの世話《せわ》をしていると、リビングのどこかから「早《はや》く寝《ね》なさいよ～」という小《ちい》さな声《こえ》が聞《き》こえました。近《ちか》くにいた母《はは》と弟《おとうと》には聞《き》こえていなかったようです…。

さくりりさん

真夜中《まよなか》にトイレをすませて、ドアを半分《はんぶん》だけ開《あ》けたとき、手《て》のひらが見《み》えました。わたしはお母《かあ》さんかお父《とう》さんだと思《おも》い、ドアを開《あ》けましたが、そこには誰《だれ》もませんでした…。

N1さん

放課後《ほうかご》、誰《だれ》もいないろう下《か》で「ペタッ、ペタッ、ペタッ」という足音《あしおと》がかすかに聞《き》こえてきました。怖《こわ》くなって急《いそ》いで階《かい》だんをおりていると、階《かい》だんの床《ゆか》から黒《くろ》い髪《かみ》の毛《け》が見《み》えたのです。

リズムさん

わたしの学校《がっこう》では奇妙《きみょう》なウワサはありませんが、目《め》の前《まえ》でAくんの上《うわ》ばきがフッとなくなったり、Bちゃんのぼうしがスッと消《き》えたりと、ときどきおかしなことが起《お》こります。

KOTOさん

かくれんぼ中《ちゅう》、友《とも》だちに「さっき、階《かい》だんをのぼっていくきみを見《み》たんだ」と言《い》われました。でもぼくは階《かい》だんなんてのぼっていなかったのです。ドッペルゲンガーでしょうか。

YTXさん

ひとりで留守番《るすばん》をしていると、「コン…コン…コン」となにかがはずむような音《おと》が聞《き》こえました。音《おと》がしたほうを見《み》ると、なぜかラップやアルミホイルが同《おな》じ方向《ほうこう》にたおれていたんです。

ペンネームなし

おばさんのお葬式《そうしき》での話《はなし》です。お葬式《そうしき》が終《お》わり部屋《へや》に戻《もど》ったとき、とつぜん「ドン！」とイスがたおれたような音《おと》がしました。おばさんの最後《さいご》のあいさつだったのでしょうか？

みーさん

夏《なつ》のキャンプでのお話《はなし》です。よく朝友《あさとも》だちが「昨日《きのう》の夜《よる》、うめき声《ごえ》と女《おんな》の人《ひと》の声《こえ》が聞《き》こえた」と話《はな》していました。その日《ひ》の晩《ばん》も同《おな》じ部屋《へや》に泊《と》まり、わたしは寝《ね》てしまい聞《き》いていませんが、その子《こ》はまた同《おな》じブキミな声《こえ》を聞《き》いたそうです。

W.Yさん

自分《じぶん》の部屋《へや》で着《き》がえていると、父《ちち》の部屋《へや》からおかしな声《こえ》が聞《き》こえてきました。「ラーイラーイスパロロ…」という、怒《おこ》ったようなひそひそ声《ごえ》です。そして次《つぎ》はわたしの耳元《みみもと》で聞《き》こえたので、急《いそ》いでふり返《かえ》りましたが、誰《だれ》もいませんでした。あの声《こえ》はいったいなんだったのでしょうか？

ラスミンさん

バスに乗《の》って動物園前《どうぶつえんまえ》を通《とお》ったとき、うすくて長《なが》い髪《かみ》の毛《け》の女《おんな》の子《こ》がふたり立《た》っているのが見《み》えました。しかし、バスがその子《こ》たちに近《ちか》づいたとき、スッと消《き》えてしまいました。わたしは思《おも》わず、声《こえ》をあげてしまいました。後《あと》から聞《き》いた話《はなし》ですが、昔《むかし》その動物園前《どうぶつえんまえ》で亡《な》くなった子《こ》どもがいたそうです。

ゆうちゃん

何十年《なんじゅうねん》も昔《むかし》、ママとおじさんの運動会《うんどうかい》で、家族《かぞく》みんなで記念《きねん》写真《しゃしん》をとったそうです。ママのおばあちゃん（ひいおばあちゃん）の足《あし》だけが、すっぽりと写《うつ》っていなかったそうです。

こっちゃん

マンションのエレベーターに乗《の》ろうとしたとき、見知《みし》らぬ男《おとこ》の人《ひと》が急《きゅう》に出《で》てきました。その人《ひと》はわたしにしか見《み》えておらず、みんなに聞《き》いても「そんな人《ひと》いなかったよ」と言《い》うのです…。

kurenaさん

4年生《ねんせい》の夏《なつ》の夜《よる》、わたしは体《からだ》が勝手《かって》に動《うご》き、ベランダにむかって歩《ある》いていました。するとベランダには白《しろ》い服《ふく》を着《き》た髪《かみ》の長《なが》い女《おんな》の人《ひと》がいて、わたしをじっとにらんでいたのです。家《いえ》の近《ちか》くにあるお墓《はか》の霊《れい》がきていたのでしょうか？

マロンさん

バレーボールクラブの帰《かえ》り、車《くるま》からおりようとすると白《しろ》いモヤが見《み》えました。そのモヤはだんだんと人《ひと》の形《かたち》になり、最後《さいご》には白《しろ》い服《ふく》を着《き》た髪《かみ》の長《なが》い女《おんな》の人《ひと》に…！ 赤《あか》い血《ち》がどろどろと流《なが》れていました。その女《おんな》の人《ひと》は、わたしにむかってニヤリと笑《わら》い言《い》いました。「見《み》えていないフリをしてもムダだよ」

そららんさん

クラスでキューピッドさんをやったときの話《はなし》です。ある子《こ》に呪《のろ》いをかけたところ、次《つぎ》の日本当《ひほんとう》にその子《こ》がねんざをして学校《がっこう》に来《き》たのです。キューピッドさんはやらないほうがいいですよ。

S恵《え》さん

本当《ほんとう》にあった出来事《できごと》をつづった…

キョウフ体験談《たいけんだん》

おたより その1 教《おし》えてくれた光《ひかり》

宮城県《みやぎけん》　昆虫女王《こんちゅうじょうおう》さん

　これはわたしが生《う》まれる前《まえ》、母《はは》に起《お》こった不思議《ふしぎ》な出来事《できごと》です。

　母《はは》は夜《よる》8時《じ》ごろ、せまくてくねくねした道《みち》を運転《うんてん》していました。その日《ひ》は雨《あめ》が降《ふ》っていて、なんとなく気味《きみ》が悪《わる》かったそうです。

　いつもより注意《ちゅうい》して運転《うんてん》をしていると、とつぜん母《はは》は頭《あたま》の上《うえ》に妙《みょう》な感《かん》じをおぼえました。白《しろ》くて大《おお》きな光《ひかり》があらわれたのです。

　「キケン！　キケン！　キケン！　キケン！」

　その光《ひかり》は点滅《てんめつ》をくり返《かえ》し、母《はは》の頭《あたま》にハッキリこう届《とど》いたそうです。この点滅《てんめつ》があまりにも続《つづ》くので、母《はは》はブレーキをふみました。

　その直後《ちょくご》、男《おとこ》の人《ひと》が飛《と》びだしてきたのです。母《はは》はまったく気《き》づいていませんでした。ブレーキをふんでいなければ…と思《おも》うと、全身《ぜんしん》の血《ち》の気《け》がひいたそうです。

　このときの白《しろ》い光《ひかり》と母《はは》は、なにかつながりがあるのでしょうか…？

おたより
その2

ポスターの会話《かいわ》…

熊本県《くまもとけん》　M.Nさん

わたしがまだ3年生《ねんせい》の3学期《がっき》だったころ…。

その日《ひ》、夜《よる》の3時《じ》ごろにとつぜん目《め》が覚《さ》めてしまい、わたしはそのまま眠《ねむ》れなくなってしまいました。ふとんに入《はい》ったまま起《お》きていると、ろう下《か》から誰《だれ》かの話《はな》し声《ごえ》が聞《き》こえてきました。

「この声《こえ》は…おじいちゃんとおばあちゃんかな……？」

ひそひそと話《はな》す声《こえ》を聞《き》いているうちに、ウトウトと眠《ねむ》くなってきて、いつのまにか寝《ね》てしまいました。

よく朝《あさ》、なんとなく気《き》になりおばあちゃんにたずねました。

「昨日《きのう》の夜中《よなか》、おじいちゃんとなにを話《はな》していたの？」

「夜中《よなか》にかい？　寝《ね》ていたから話《はな》してないよ」

わたしはなんだかいやな気配《けはい》を感《かん》じ、ドキッとしました。

わたしはつくえの上《うえ》と壁《かべ》にポスターを貼《は》っているのですが、ポスター同士《どうし》の目《め》と目《め》があうとしゃべりだす。本《ほん》でそう読《よ》んだことがあったからです。

ポスターの位置《いち》を変《か》えてからは、話《はな》し声《ごえ》は聞《き》いていません。

おたより その3

どこを歩《ある》いていた？

神奈川県《かながわけん》　まゆさん

4年生《ねんせい》のとき、「星空《ほしぞら》を見《み》る会《かい》」で体験《たいけん》した話《はなし》を聞《き》いてください。

この日《ひ》はみんなと夜《よる》ご飯《はん》を作《つく》って食《た》べ、それから星空《ほしぞら》の観察《かんさつ》をした後《あと》は、自由時間《じゆうじかん》になりました。

わたしは上着《うわぎ》を忘《わす》れてしまい寒《さむ》かったため、みんなと遊《あそ》ぶ前《まえ》に一度《いちど》ホテルへ戻《もど》ることに。英里《えり》ちゃんがついてきてくれ、ふたりで駐車場《ちゅうしゃじょう》をぬけ、森《もり》にかこまれた道《みち》を歩《ある》きました。

5分《ふん》くらい歩《ある》くとみんなの声《こえ》が聞《き》こえなくなり、ふたりとも心細《こころぼそ》くなりました。森《もり》の木《き》は人《ひと》に見《み》え、花《はな》はお墓《はか》に見《み》える気《き》がしました。

わたしたちはいつのまにか、早足《はやあし》になっていました。

しかし、なかなかホテル前《まえ》の階《かい》だんにたどりつきません。ホテルまでは、10分《ぷん》もすればたどりつくはずなのに…。

それからどんなに歩《ある》いても、ホテル前《まえ》の階《かい》だんは見《み》えてきません。怖《こわ》くなったわたしたちは、もときた道《みち》へ走《はし》って戻《もど》ることにしました。

すると1分《ぷん》もしないうちに、みんながいる場所《ばしょ》へと帰《かえ》れたのです。

わたしたちふたりはあのとき、いったいどこに続《つづ》く道《みち》を歩《ある》いていたのでしょうか？

おたより その4

逃《に》げないトンボ

住所《じゅうしょ》不《ふ》明《めい》　ウィードさん

お盆《ぼん》になると、死《し》んだ人《ひと》が帰《かえ》ってくるという話《はなし》を聞《き》いたことがあります。でもそれは、人間《にんげん》だけだと思《おも》っていました…。

5〜6歳《さい》のころ、夏《なつ》におじいちゃんの家《いえ》へ行《い》ったときの話《はなし》です。

庭《にわ》でおばあちゃんと遊《あそ》んでいると、1ぴきの黄《き》色《いろ》いトンボが花《はな》にとまっていました。わたしたちをじっと見《み》ているようでした。

ふつうのトンボなら、人《ひと》の手《て》が近《ちか》づいたらすぐに逃《に》げてしまうはずですが、そのトンボは目《め》の前《まえ》に手《て》をだしても逃げません。

少《すこ》し気《き》持《も》ち悪《わる》くなり、おばあちゃんを呼《よ》んで頼《たの》みました。

「おばあちゃん、この黄《き》色《いろ》いトンボつかまえて！」

おばあちゃんはトンボをつかまえ、わたしの目《め》の前《まえ》にさしだしました。怖《こわ》くなったので、トンボをもとの場《ば》所《しょ》へ戻《もど》しましたが、それでも逃《に》げません。

そのとき、わたしはハッとしました。あのトンボは昔《むかし》、飼《か》っていた黄《き》色《いろ》いセキセイインコのピーちゃんにそっくりなんです。

お盆《ぼん》にピーちゃんが会《あ》いにきたんだと思《おも》います。

おたより
その5

霊《れい》を確《かく》認《にん》する方《ほう》法《ほう》

大阪府《おおさかふ》　Tさん

　ある日《ひ》、学校《がっこう》で友《とも》だちから『自分《じぶん》の家《いえ》に霊《れい》がいるか確認《かくにん》する方《ほう》法《ほう》』を教《おし》えてもらいました。これがその方法《ほうほう》です。

❶目《め》を閉《と》じて、まず自分《じぶん》の家《いえ》をイメージする。❷玄関《げんかん》から家《いえ》に入《はい》って、玄関《げんかん》に近《ちか》い場所《ばしょ》から家《いえ》にあるすべてのドアや窓《まど》を閉《し》めていく。❸さっき閉《し》めたのと反対《はんたい》の順番《じゅんばん》で、家《いえ》にあるすべてのドアや窓《まど》を開《あ》けていく。❹すべて終《お》わったら目《め》を開《あ》ける。

　わたしは目《め》を閉《と》じ友《とも》だちに言《い》われた通《とお》りにやってみました。

　すると、3階《かい》へと階《かい》だんをのぼっているとちゅう、なにか黒《くろ》いものとすれちがったのです。それはすごい速《はや》さだったので、よく見《み》えませんでしたが、たしかに視線《しせん》に入《はい》ったのです。

　急《いそ》いでふり返《かえ》りましたが、黒《くろ》いものはもういませんでした。

　目《め》を開《あ》けると、友《とも》だちは笑顔《えがお》でこう聞《き》いてきました。

「ねぇ…なにかを見《み》たり、すれちがったりしなかった？」

　わたしはさっき見《み》た、黒《くろ》いものの話《はなし》を彼女《かのじょ》にしました。

「黒《くろ》いものとすれちがった
その階《かい》だんには、霊《れい》がいるよ…」

　しかしわたしは、そんな話《はなし》はウソだと思《おも》い、まったく信《しん》じて

いませんでした。

学校《がっこう》から帰《かえ》り、家《いえ》へと着《つ》いたころには、友《とも》だちの話《はなし》などすっかり忘《わす》れていました。

それから夕食《ゆうしょく》を食《た》べてお風呂《ふろ》にも入《はい》り、寝《ね》る時間《じかん》になりました。3階《かい》の自分《じぶん》の部屋《へや》に行《い》こうと階《かい》だんをのぼっていると、どこからか視線《しせん》を感《かん》じるのです。

その方向《ほうこう》を見《み》ると、いつもこんな場所《ばしょ》にはないはずのくまのぬいぐるみが…。わたしはゾッとしました。だってそのぬいぐるみは、ふだんの表情《ひょうじょう》ではなかったからです。

いつもはかわいくおだやかな笑顔《えがお》なのに、今《いま》はわたしのほうをじっと見《み》つめ、大《おお》きな口《くち》で、ブキミに笑《わら》いかけているのです。

わたしは目《め》をつぶってくまの横《よこ》を走《はし》りぬけ、自分《じぶん》の部屋《へや》へかけこみました。

ドクン。ドクン。ドクン。ドクン。
ドクン。ドクン。ドクン。

急《いそ》いで脈打《みゃくう》つ心臓《しんぞう》が止《と》まりません。わたしは少《すこ》しでも落《お》ちつくために、窓《まど》を開《あ》けようとカーテンを開《あ》けました。

すると、窓《まど》に映《うつ》るわたしの後《うし》ろに、あのときに見《み》た黒《くろ》いものが立《た》っているではありませんか!!

わたしは恐怖《きょうふ》のあまり、体《からだ》が動《うご》かず、声《こえ》もでません。

ヒタ。ヒタ。ヒタ。ヒタ。ヒタ。

黒《くろ》いものはゆっくりとわたしのとなりまで来《き》ました。

そして、おかっぱ頭《あたま》の白《しろ》い服《ふく》を着《き》た女《おんな》の子《こ》へと姿《すがた》を変《か》えたのです!!

目《め》は前髪《まえがみ》にかくれて見《み》えませんが、口元《くちもと》はおそろしいほどにニヤリと笑《わら》っていました。さっきのぬいぐるみと同《おな》じです。

「……いや……やめて…消《き》えて。消《き》えてっ！」

そう思《おも》ったとき、スッと一瞬《いっしゅん》にして消《き》えてしまったのです。それから体《からだ》は動《うご》き、声《こえ》もだせるようになっていました。

あああ……。しかし、うまく声《こえ》になりません。なにが起《お》こったのかわからず、その場《ば》にストンとすわりこんでしまいました。

「黒《くろ》いものとすれちがったその階《かい》だんには、霊《れい》がいるよ…」

友《とも》だちの話《はなし》はウソなんかじゃなく、本当《ほんとう》だったんです。

あれからはもうなにも怖《こわ》いことは起《お》きていませんが、あの不《ふ》思議《しぎ》な体験《たいけん》は、いったいなんだったのでしょうか？

今《いま》でもナゾのままですが、もう二度《にど》と体験《たいけん》したくはありません。

あの子《こ》が考《かんが》えて書《か》いた…

ホラー小説《しょうせつ》

小《しょう》説《せつ》その1 ドアのむこうには…

千《ち》葉《ば》県《けん》　のんりんさん

学校《がっこう》で怖《こわ》い話《はなし》が流行《はや》っていたので、わたしは本屋《ほんや》で『本当《ほんとう》にあった怖《こわ》い話《はなし》』という本《ほん》を買《か》いました。さっそく読《よ》むと、怖《こわ》い話《はなし》がいっぱい…。そしてちょうど、『ドアのむこうには』という話《はなし》を読《よ》んでいると、玄関《げんかん》のドアをたたく音《おと》が聞《き》こえてきました。

ドン。ドン。　ドン。ドン。

ドアの穴《あな》からのぞいて見《み》ましたが、そこには誰《だれ》もいません。

おかしいなと思《おも》いながらも、また本《ほん》を読《よ》み始《はじ》めると、またドンドンと聞《き》こえてきました。急《いそ》いで玄関《げんかん》へと走《はし》ってドアの穴《あな》をのぞくと、そこには顔中血《かおじゅうち》だらけの男《おとこ》の子《こ》が、じっとこちらを見《み》ているのです！

「おまえをのろってやるぞ！」

びっくりしてたおれたわたしにそう言《い》い残《のこ》し、そのまま男《おとこ》の子《こ》はどこかへ消《き》えていきました…。

小説《しょうせつ》その2

夜《よる》のかくれんぼ

沖縄県《おきなわけん》　霊里流血《れいざとりゅうけつ》さん

これは、ぼくたち６人《にん》が体験《たいけん》した話《はなし》です。

今日《きょう》は4年生《ねんせい》のみんなで、体育館《たいいくかん》へお泊《と》まりする日《ひ》です。

ぼくたちはご飯《はん》を食《た》べ終《お》わり、自由《じゆう》タイムの時間《じかん》になりました。

「今《いま》からなにしよっか？」　「おにごっこでもする？」

「え～。かくれんぼにしようよ」　「いいよ。そうしよう！」

「でもさ、夜《よる》にかくれんぼをやったら、誰《だれ》かひとり消《き》えちゃうって話《はなし》、聞《き》いたことない？」

「そんなの、ウソに決《き》まってるだろ！」

「そうだよね。じゃあ、ジャンケンでオニを決《き》めようか」

ぼくたちはジャンケンでオニを決《き》めました。オニはぼくです。

「みんな20秒《びょう》でかくれてね。1、2、3、4、5、6、7、8、9、10、11、12、13、14、15、16、17、18、19、20！」

「もういいか～い？」　「もういいよ」

ぼくはみんなを探《さが》し始《はじ》めました。すぐにケントを見《み》つけ、次《つぎ》にアユナを見《み》つけました。そして、少《すこ》ししてからユズハとタケルを見《み》つけました。

「お～い、みんな。コウが見《み》つからないんだよ！」

ぼくらはコウを探《さが》しまわりましたが、なかなか見《み》つかりません。もうあきらめようかと思《おも》った、そのときでした。

「みんな、た…助《たす》けてくれ～!!」

暗闇《くらやみ》の奥《おく》から、コウの叫《さけ》び声《ごえ》が聞《き》こえた気《き》がしました。

「今《いま》のって、コウの声《こえ》だよね？」

「え〜？　そうかな？　気《き》のせいだよ」

「ねぇ〜。もう遅《おそ》いし、今日《きょう》は終《お》わりにしたほうがよくない？」

「だ…だけど、コウが見《み》つかってない。大変《たいへん》だよ…」

「コウもすぐに戻《もど》ってくるって。早《はや》く寝《ね》ないと…」

もうだいぶ遅《おそ》い時間《じかん》になっていたため、ぼくたちはコウを探《さが》すのをあきらめ、寝《ね》ることにしました。——そして次《つぎ》の日《ひ》。

「コウがまだ戻《もど》ってきてないみたいだ。探《さが》さないと」

みんなで昨日《きのう》かくれんぼをしていた場所《ばしょ》を探《さが》しまわっていると、遠《とお》くむこうにコウらしき人影《ひとかげ》が見《み》えました。

「コウだ！　よかった。コウがいたぞ！」

みんなが集《あつ》まり、コウが無事《ぶじ》だったことによろこんでいると、コウはゆっくり、ゆっくりとぼくらのほうに近《ちか》づいてきました。

しかしコウはなんだか様子《ようす》がおかしく、ずっと下《した》をむいたまま、ぼくらに背中《せなか》をむけて立《た》ちました。

「コウ、どうしたんだ？」

「きゃああああああああああ」

ふり返《かえ》ったコウは白目《しろめ》で、キバみたいな歯《は》がたくさん生《は》えていたのです!!

小《しょう》説《せつ》その3　やくそく…

福井県《ふくいけん》　ぴくミン!!さん

小《ちい》さなころ、大親友《だいしんゆう》のハナちゃんといつもいっしょに遊《あそ》んでいました。ところが、ハナちゃんは小学校《しょうがっこう》に入《はい》って2年《ねん》ほどたったときに、遠《とお》くはなれた街《まち》へ転校《てんこう》していきました。

「ハナとずっといっしょにいてね」「うん。やくそくだね」

わたしたちはやくそくをして、指切《ゆびき》りをしました。でもそれから何年《なんねん》もたつと、わたしはハナちゃんのことを忘《わす》れてしまいました。

ハナちゃんがいなくなってしまったら、クラスでひとりぼっちになってしまうだろうと思《おも》っていたのですが、新学年《しんがくねん》になると、わたしにもたくさんの新《あたら》しい友《とも》だちができました。

――そして4年後《ねんご》のある日《ひ》。ひとりで留守番《るすばん》をしていると、電話《でんわ》がかかってきました。

「A子《こ》ちゃん。わたしのことおぼえてる？　ハナだよ！」

「えっ？　誰《だれ》…？　ハナ…？　わたし知《し》らない」

「……………………そ、そんな……」

ツーツーツー。そこで、電話《でんわ》は切《き》れてしまいました。

「ん～誰《だれ》だろ？　………あっ！」

わたしはハナちゃんのことを思《おも》いだしました。

翌日《よくじつ》、また留守番《るすばん》をしていると、電話《でんわ》がかかってきました。わたしはハナちゃんだと思《おも》って、急《いそ》いで電話《でんわ》にでました。

「A子《こ》ちゃん…ハ…ナの……こと、お……ぼえてる？」

「ハナちゃんでしょ？　昨日《きのう》は本当《ほんとう》にごめんね」

「A…子《こ》ちゃん…ハ…ナとずっと…いっ…しょ…」

「あのね、ハナちゃん。よく聞《き》こえないんだけど…」

「ガガガ……ハナと………ガガガ…ずっと……ガガ…いっしょ」

（ハナとずっといっしょ？　どういう意味《いみ》なんだろ？）

また次《つぎ》の日《ひ》も、その次《つぎ》の日《ひ》もおかしな電話《でんわ》はかかってきました。ある日《ひ》、わたしはハナちゃんに電話《でんわ》をして聞《き》いてみることにしました。

「あらっ！　A子《こ》ちゃんかしら？　ひさしぶりねぇ～」

電話《でんわ》にでたのはハナちゃんではなく、ハナちゃんのママでした。

「あの…ハナちゃんはいますか？」

「…………ハナは…もう何年《なんねん》も前《まえ》に、交通事故《こうつうじこ》で亡《な》くなったのよ…………」

「え!? そんなわけ……な………」

そのとき、背後《はいご》に気配《けはい》を感《かん》じました。ふりむくと、悲《かな》しそうな顔《かお》をしたハナちゃんが立《た》っていました。

「あ～あ、知《し》っちゃったか。じゃあ、A子《こ》ちゃんハナと行《い》こっか」

「行《い》くって、どこへ？」

「フフッ。あの世《よ》だよ」

「そ、そんなのいやっ！」

「ハナとずっといっしょにいてね」

ハナちゃんはわたしの腕《うで》を力《ちから》いっぱいつかみ、ピンと小《こ》指《ゆび》を立《た》ててほほえみました。わたしは怖《こわ》くなって、外《そと》へ逃《に》げだしました。ハナちゃんが後《うし》ろから追《お》いかけてきます。

「いやだー。だれか助《たす》けて！」

わたしは必死《ひっし》に逃《に》げまわり、気《き》づけば道路《どうろ》に飛《と》びだしてしまいました。そしてそこにはスピードをだしたトラックが……。

キキーッ。ドンッ！　記憶《きおく》がもうろうとするなか、たおれるわたしのもとにハナちゃんが近《ちか》づいてきました。

「よかった。A子《こ》ちゃん、これからはずっといっしょだよ」

「ハナと、ずっと………いっしょ…にいてね」

色《いろ》にも不思《ふし》議《ぎ》や恐怖《きょうふ》がいっぱい…

色《いろ》にまつわる怖《こわ》い話《はなし》

数字《すうじ》だけでなく「色《いろ》」と恐怖《きょうふ》にも、深《ふか》い関係《かんけい》があることを本《ほん》で見《み》つけたよ。
じつは人間《にんげん》の心《こころ》って無意識《むいしき》のうちに色《いろ》から大《おお》きな影響《えいきょう》をうけているんだ。
赤《あか》や黒《くろ》、灰色《はいいろ》をなんとなく不気味《ぶきみ》だと感《かん》じるのも、その影響《えいきょう》のひとつさ。
ここでは色《いろ》にまつわる不思議《ふしぎ》だったり、ゾクっとする
そんなウワサを紹介《しょうかい》することにしようか。

恐怖《きょうふ》の都市《とし》伝説《でんせつ》ノート

黒《くろ》色《いろ》

★外国《がいこく》では、白目《しろめ》のない真《ま》っ黒《くろ》な目《め》で黒《くろ》ずくめの服《ふく》を着《き》た子《こ》どもがあらわれ、人《ひと》の家《いえ》に入《はい》りたがったり、車《くるま》で送《おく》ってほしいとせがむらしい。その子《こ》どもは「ブラック・アイ・キッズ（目《め》が真《ま》っ黒《くろ》な子《こ》どもたち）」と呼《よ》ばれ、幽霊《ゆうれい》かエイリアンか、正体《しょうたい》はナゾにつつまれている…。

★朝《あさ》、黒《くろ》ネコが目《め》の前《まえ》を横《よこ》ぎると、不吉《ふきつ》なことが起《お》こるらしい…。

★もうすぐ亡《な》くなってしまう人《ひと》は、黒《くろ》いものを見《み》るようになるらしい。それは黒《くろ》いモヤや黒《くろ》い人影《ひとかげ》、全身《ぜんしん》黒《くろ》い服《ふく》を着《き》た人《ひと》、黒《くろ》い小人《こびと》とさまざまだが、黒《くろ》いということだけは共通《きょうつう》している…。

白《しろ》色《いろ》

★幽霊《ゆうれい》の目撃談《もくげきだん》の多《おお》くは、白《しろ》い服《ふく》を着《き》ているが、それはなぜか？白《しろ》い服《ふく》は「死《し》に装束《しょうぞく》」といって、亡《な》くなった人《ひと》に着《き》せるもの。だから幽霊《ゆうれい》は白《しろ》い服《ふく》を着《き》ていることが多《おお》いのかもしれない…。

★「ケセランパサラン」という名前《なまえ》の物体《ぶったい》を見《み》つけると幸運《こううん》がやってくる。それは白《しろ》いタンポポの綿毛《わたげ》やウサギのしっぽのようにふわふわもこもこしていて、桐《きり》の箱《はこ》のなかで飼《か》うこともできるらしいが、なぜかいつのまにか消《き》えてしまうらしい…。

★中古車屋《ちゅうこしゃや》さんで、新車同然《しんしゃどうぜん》なのに安《やす》い値段《ねだん》で売《う》られる白《しろ》い車《くるま》を見《み》つけたらご注意《ちゅうい》を。運転中《うんてんちゅう》に泣《な》き叫《さけ》ぶ声《こえ》が聞《き》こえたり、助手席《じょしゅせき》に女性《じょせい》の霊《れい》があらわれるという。以前《いぜん》その車《くるま》の助手席《じょしゅせき》に乗《の》っていた女性《じょせい》が落《お》ちてきた交通標識《こうつうひょうしき》で首《くび》を切《き》り落《お》とされてしまったかららしい…。白《しろ》い車《くるま》は人気《にんき》が高《たか》くよく売《う》れるため、こういう話《はなし》がけっこうあるというが……。

あなたは知《し》ってる…？

色《いろ》に関《かん》する

赤色《あかいろ》

★トイレに入《はい》ると、「赤《あか》い紙《かみ》がほしい？ 青《あお》い紙《かみ》がほしい？」と聞《き》かれることがある。赤《あか》い紙《かみ》と答《こた》えると、全身《ぜんしん》から血《ち》がふきだして死《し》んでしまう。青《あお》い紙《かみ》と答《こた》えると、全身《ぜんしん》の血《ち》をすいとられ、真《ま》っ青《さお》になって死《し》んでしまうらしい…。

★ネットで真《ま》っ赤《か》な背景《はいけい》に「あなたは好《す》きですか？」という文字《もじ》だけの広告《こうこく》を見《み》つけても、絶対《ぜったい》にクリックしてはいけない。クリックすると画面《がめん》が勝手《かって》に動《うご》きだす。「あなたは赤《あか》い部屋《へや》が好《す》きですか？」と文字《もじ》が変化《へんか》し、そのままちがうサイトへと移動《いどう》してしまう。そこにはたくさんの人《ひと》の名前《なまえ》があり、その人《ひと》たちは行方不明《ゆくえふめい》になっている…。

紫色《むらさきいろ》

★「紫色《むらさきいろ》の鏡《かがみ》」「パープルミラー」という言葉《ことば》を20歳《さい》までおぼえていると、この言葉《ことば》のノロイで、死《し》んでしまうらしい…。

➡この都市伝説《としでんせつ》は、305ページからマンガで紹介《しょうかい》しているよ

★学校《がっこう》のトイレにあらわれる「紫《むらさき》ばばあ」。腰《こし》まで伸《の》びた長《なが》い髪《かみ》の毛《け》と紫色《むらさきいろ》の着物《きもの》に紫色《むらさきいろ》の口紅《くちべに》が特徴《とくちょう》で、長《なが》いツメでひっかかれることもある。「ムラサキムラサキムラサキ」と、となえるとなぜか逃《に》げていくらしい…。

青色《あおいろ》

★ネットに「青《あお》い●●●」というゲームがあるらしい。でもこのゲームはけっしてやってはいけない。毎日《まいにち》ゲームマスターから課題《かだい》が与《あた》えられそれを続《つづ》けていくと、50日目《にちめ》には亡《な》くなってしまうという…。

どの色《いろ》のマンガから読《よ》む？

今《いま》のあなたにオススメの色《いろ》

次《つぎ》のページから始《はじ》まる、色《いろ》をテーマにしたマンガ。今《いま》のあなたにピッタリな色《いろ》のマンガから読《よ》んでみるのもオススメよ！ 質問《しつもん》に「はい」か「いいえ」で答《こた》えて進《すす》んでね。

怖《こわ》い話《はなし》が好《す》きな人《ひと》はこちら…

霊《れい》を見《み》たことがある？

怖《こわ》い話《はなし》が苦手《にがて》な人《ひと》はこちら…

霊《れい》を見《み》たことがある？

はい　いいえ　いいえ　はい

最近《さいきん》ショックなことがあった。

今《いま》の気分《きぶん》は超《ちょう》ゴキゲン♪

怒《おこ》ると人《ひと》にイジワルになる。

はい　いいえ　はい　いいえ　いいえ　はい

人《ひと》のヒミツはすごく気《き》になる。

明日《あした》はいい日《ひ》になると思《おも》う！

最近《さいきん》、なにか忘《わす》れ物《もの》をした。

友《とも》だちとケンカした日《ひ》は眠《ねむ》れない。

はい　いいえ　いいえ　はい　はい　いいえ　いいえ　はい

黒《くろ》（暗闇《くらやみ》）

今《いま》のあなたにあうのは暗闇《くらやみ》の黒《くろ》。ヒミツにしたいことや知《し》りたいヒミツがあるのかも。

▶281ページ

黒《くろ》

今《いま》のあなたには時間《じかん》の色《いろ》・黒《くろ》があうわ。う〜ん寿命《じゅみょう》が気《き》になっているのかしら？

▶300ページ

紫色《むらさきいろ》

今《いま》のあなたには豪華《ごうか》な紫《むらさき》が◎ 紫色《むらさきいろ》は昔《むかし》お金持《かねも》ちしか身《み》につけられなかった色《いろ》よ。

▶305ページ

茶色《ちゃいろ》

今《いま》のあなたにあうのは茶色《ちゃいろ》。気持《きも》ちが落《お》ちついていて、なにが起《お》こっても平気《へいき》そう。

▶321ページ

赤色《あかいろ》

今《いま》のあなたには血《ち》の赤色《あかいろ》が◎ 不安《ふあん》や恐《おそ》れがあり、危険《きけん》を感《かん》じ戦《たたか》おうとしてるみたい。

▶337ページ

17話《わ》 長《なが》い長《なが》い夜《よる》
特集《とくしゅう》マンガ
恐怖レベル
ゾクッ
強《つよ》い好奇心《こうきしん》
恐怖の入口
うわぁ～
いつ見《み》てもステキだなぁ～
えっ！なにあのバラ！

近《ちか》くで見《み》たいなぁ～
あっ…開《ひら》いてるでもな…
うーん…ちょっとだけ…見《み》せてもらうだけならいいかな…
そろ…
ドキドキ
あった!! すご～い!! 色《いろ》が半分《はんぶん》ずつだ!
新種《しんしゅ》のバラかな?
きれいだな～
はっ

ど…どうしよう 人《ひと》がいたなんて… しかられる
あやまらなきゃ… ダメだよね
にこっ
バラはもう十分《じゅうぶん》に 見《み》たのかい?
ぺこっ
は…はい 勝手《かって》に入《はい》って すみませんでした
そうなのかい
おど…
清野乙花《せいのおとか》といいます わたしも お花《はな》が大好《だいす》きで…
つい…
おや…もうすぐ 雨《あめ》が降《ふ》るぞ
え? 天気予報《てんきよほう》では 1日《にち》晴《は》れ でしたけど…
?
コツ…
ニオイで わかるんだよ

ニオイ？
雨《あめ》のですか？
そうだよ
さぁ
こっちへ
おいで
ぽつ…
すごい！
ホントに
降《ふ》ってきた
雨《あめ》があがるまで
ジュースでも
飲《の》んでいきなさい

雨《あめ》のニオイがわかるなんてすごいですね！
あるときからわかるようになったんだ…
あるときから？
わたしの話《はなし》を聞《き》きたいかい？
はいっ！
ワクワク
本当《ほんとう》に？
もちろんです！
わたしは写真家《しゃしんか》だったんだ
いろんな土地《とち》に行《い》っては風景《ふうけい》や人々《ひとびと》を撮《と》った
若《わか》いころのわたしは好奇心旺盛《こうきしんおうせい》だった

カシャ
あそこに見《み》える集落《しゅうらく》はなんという場所《ばしょ》ですか?
たしか地図《ちず》にはなかったような…
地図《ちず》にはない村《むら》なんです…
呪《のろ》われた土地《とち》だから足《あし》を踏《ふ》みいれてはいけないと
昔《むかし》からきつく言《い》われてきました

呪《のろ》われた土地《とち》?
気《き》になりますねぇ
ちょっと…尾木《おぎ》さん
これは作《つく》り話《ばなし》なんかじゃありません!!
アセ
アセ
行《い》ったら最後《さいご》…本当《ほんとう》に呪《のろ》われちゃいますよ
この峠《とうげ》をずっとくだれば
どうにか行《い》けそうだな…

カサッ
あんな話《はなし》を聞《き》いたら
行《い》かずには
いられないよな
地図《ちず》がないから
道《みち》がわからん
ガサッ
もうだいぶ
歩《ある》いたが…
止まってる
しまった…
電池《でんち》切《ぎ》れか
パァッ
うっ！
まぶしいっ

ん…? あれ?
いつの間《ま》に日《ひ》が暮《く》れたんだ?

すみません こんばんは
びく
旅《たび》の者《もの》ですが 泊《と》まれる場所《ばしょ》を 探《さが》していて…
………
うーん こりゃダメそうかな
おつかれに なったでしょう
ど…どうぞ あがって ください

なんの
おもてなしも
できませんが
どうぞ
うわぁあ
こりゃうれしい
呪《のろ》われた土地《とち》なんて
誰《だれ》かの作《つく》り話《ばなし》だな
んま〜
わたしもぉ
飲《の》めら
しぇんよ〜
あはははははは
あははは
ふぁあぁ〜
よっぱらって
寝《ね》ちまったか〜

暗《くら》い…
う〜ん
今《いま》はいったい何時《なんじ》だ？
きょろ…
まだ夜明《よあ》け前《まえ》か？
いや…1日《にち》寝《ね》てたのか…？
たしか腕時計《うでどけい》がもうひとつ…
がさごそ
あった！
午前《ごぜん》8時《じ》？
時計《とけい》の故障《こしょう》か？
いや…でも…
……ん？
話《はな》し声《ごえ》…？
ぼそ…
ぼそ…
よそものがはいってきたみたいだ…
どうする？
ときバァに知らせるか？
あぁ…まだねている

ぽそぽそ…
コソ…
なんだ？オレの話《はなし》か？
びっくりした…
ほっ…
びくっ
ひっ
今《いま》ならまだ間《ま》にあう
誰《だれ》にも見《み》つからぬようにすぐここを出《で》るんだ
間《ま》にあうってなんですか？
呪《のろ》われた土地《とち》となにか関係《かんけい》が？
ゴク
あと…今《いま》は何時《なんじ》ですか？
なにも知《し》りたがるな
興味《きょうみ》をもったら最後《さいご》

あなたたちはなにを隠《かく》してるんですか？
教《おし》えてください！
そんなに知《し》りたくば教《おし》えてやろう
フィ
ぼそ…
しまったときバァが…
時間《じかん》を知《し》りたいのか今《いま》は午前《ごぜん》8時《じ》じゃよ
そんな…だって外《そと》は暗《くら》い

夜見村
ここは夜見村《やみむら》永遠《えいえん》に夜《よる》が続《つづ》く土地《とち》じゃ
まさか…そんなおとぎ話《ばなし》みたいな…
夜見《やみ》さまがこの土地《とち》をおおっている
や…みさま…？
土地《とち》にすむ神様《かみさま》…のようないや…われわれにも実態《じったい》はわからない
ただ…これだけはまこと夜見《やみ》さまの存在《そんざい》を知《し》ったら最後《さいご》…

残念《ざんねん》だが…
手遅《ておく》れだ…
さあ おまえも…
夜見様《やみさま》に迎《むか》えて
もらうんじゃ
永遠《えいえん》に闇《やみ》から
ぬけられないんじゃ
うわあああああ
待《ま》て!
待《ま》つんじゃ

この土地《とち》も人間《にんげん》も
みんなくるってる…!!
逃《に》げてもムダじゃ
必《かなら》ずやノロイが
ふりかかるぞ
わたしは
必死《ひっし》に走《はし》り続《つづ》けた
走《はし》って走《はし》って
走《はし》り続《つづ》けた後《あと》
はぁはぁ
気《き》づけば夜見村《やみむら》を
ぬけだしていた…
ほっ
そんな話《はなし》って…
でも村《むら》から
ぬけだせて
よかった
あのときから
わたしには
ニオイだけが
頼《たよ》りなんだよ…

カタッ
ノロイは本当《ほんとう》にふりかかったらしい…
夜見村《やみむら》にいる？
わたしは今《いま》でもずっと夜見村《やみむら》にいるんだよ
スッ
そう…永遠《えいえん》に闇《やみ》のなか
すべてが真《ま》っ黒《くろ》なんだよ

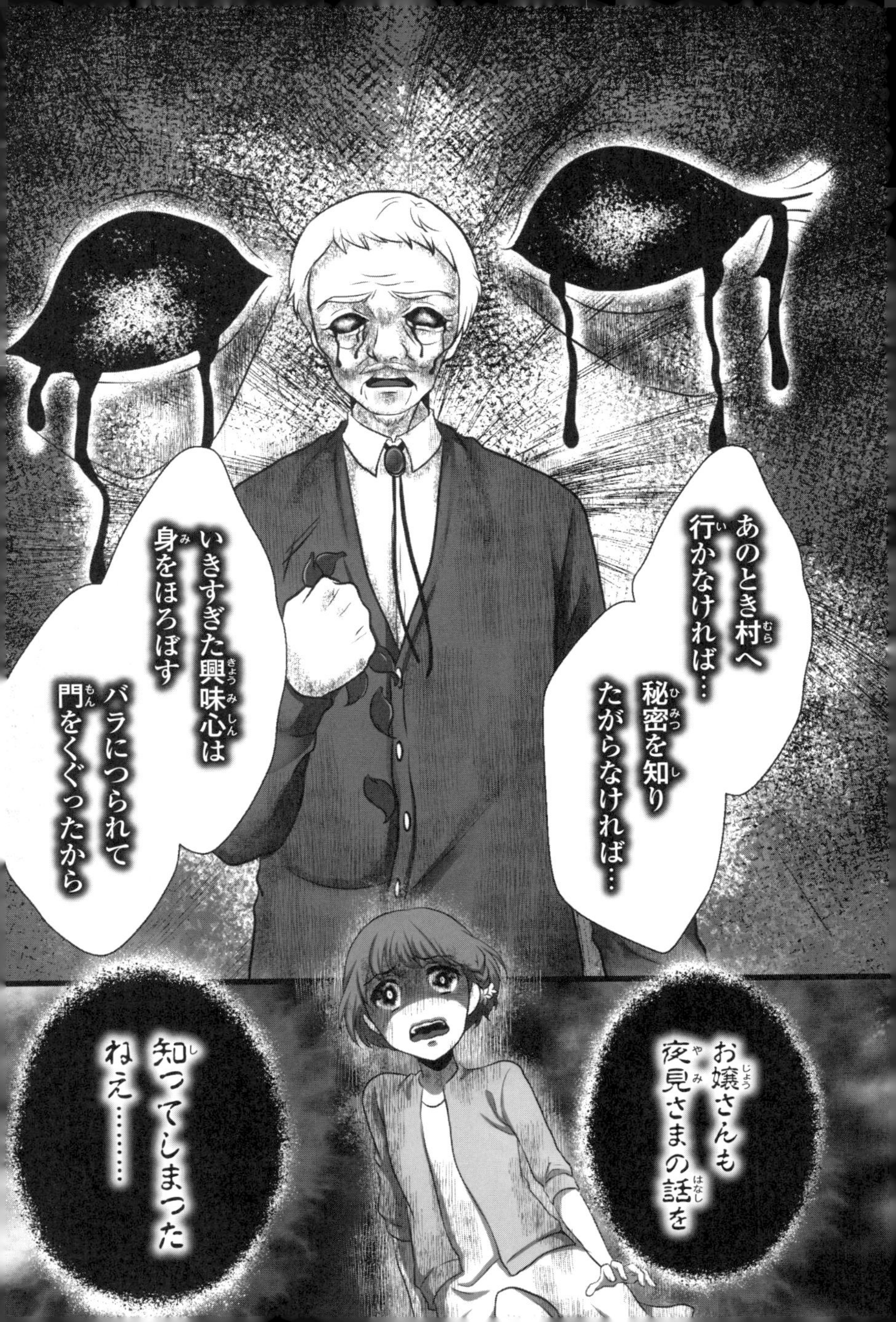
あのとき村《むら》へ行《い》かなければ…秘密《ひみつ》を知《し》りたがらなければ…
いきすぎた興味心《きょうみしん》は身《み》をほろぼす　バラにつられて門《もん》をくぐったから
お嬢《じょう》さんも夜見《やみ》さまの話《はなし》を
知《し》ってしまったねえ……

18話《わ》 ナゾの足《あし》？
特集《とくしゅう》マンガ
恐怖レベル
真夜中《まよなか》の闇《やみ》
絶叫
恐怖の入口
ぶるる
あ～トイレ行《い》きたいなぁ
う～んでも…
お姉《ねえ》ちゃん真夜中《まよなか》の闇《やみ》にはさブキミななにかがまぎれてるんだって
目《め》がさめたときはうっかり見《み》ないよう気《き》をつけないと…

ううっ！もうガマンできないいっ！
ガばっ
あ〜やだなユウタのせいで…
ぐー…
ぐー…
ぐぬぬっ
あれ？
ママ…くつしたはいてたっけ？

——え!?
ママの足《あし》
じゃない…？
バタンッ
!?
バタバタ
バタバタ
スッ

なに今《いま》の
見間違《みまちが》いだよね
ガばっ
あ～トイレ
ドキ ドキ
ドキ ドキ
ダメだ もれちゃう
ちらっ…
でも でも…

ガサガサガサガサ
ガサガサガサ
ヒッ!!!
ガサガサ
ガサッ
ぎゃあああ

19話《わ》 パープルミラー伝説《でんせつ》

特集《とくしゅう》マンガ

恐怖レベル 感動

都市伝説《としでんせつ》 恐怖の入口

めちゃおいしい！
将来《しょうらい》はふたりでパティシエになろうね！
うん！それでふたりのカフェ開《ひら》こう！
わたし紫色《むらさきいろ》が好《す》きだから壁《かべ》はラベンダー色《いろ》かな～
瑛美《えいみ》はホント紫色《むらさきいろ》が好《す》きだよね～
そうだ…
紫色《むらさきいろ》といえば呪《のろ》われた『紫色《むらさきいろ》の鏡《かがみ》』って話《はなし》があってね…
昔《むかし》ある少女《しょうじょ》がお気《き》に入《い》りの鏡《かがみ》を紫色《むらさきいろ》の絵《え》の具《ぐ》でぬったら落《お》ちなくなったの
20歳《さい》になる直前《ちょくぜん》この子《こ》は病気《びょうき》で亡《な》くなっちゃったんだけど

すてたはずの紫色《むらさきいろ》の鏡《かがみ》が
その数年後《すうねんご》…部屋《へや》に
いきなりあらわ
れたんだって
…それでね
『パープルミラー』っていう言葉《ことば》を
20歳《さい》の誕生日《たんじょうび》までおぼえていると
鏡《かがみ》の破片《はへん》が全身《ぜんしん》に刺《さ》さって
死《し》んじゃうんだって
——でもね
『ピンクの鏡《かがみ》』っていう言葉《ことば》を
おぼえていれば大丈夫《だいじょうぶ》らしいよ
え～その話《はなし》
すっごく
やだぁ～
ごそ
ほら…わたし…
鏡《かがみ》も紫色《むらさきいろ》なん
だけど…
だいじょうぶ!
「ピンクの鏡《かがみ》」って
おぼえとこ!
うんっ
——2年後《ねんご》

ここのお店《みせ》って今《いま》大人《だいにん》気《き》らしくてママにお願《ねが》いしたの！
アールグレイじゃなくてダージリンの茶葉《ちゃば》か…
うちらのお店《みせ》のメニューにシフォンケーキもいれよっか！
あのさ…
パープルミラーの話《はなし》っておぼえてる？
あぁ小《しょう》6のとき…そんな話《はなし》したかも…
なんかね…急《きゅう》に思《おも》いだしちゃったんだよね
20歳《さい》までに忘《わす》れないと不幸《ふこう》が起《お》きるぞ〜
やだー

――3日後《かご》
ただいまぁ
葵《あおい》……
瑛美《えいみ》ちゃんが…
本日夕方《ほんじつゆうがた》
5時《じ》ごろ
女子中学生《じょしちゅうがくせい》がトラックに――
ドサッ
瑛美さん(14)
学生トラックに跳ねられ死
そんな…

ガラス板《いた》を運《はこ》んでいたトラックが運転《うんてん》を誤《あやま》り歩《ある》いていた瑛美《えいみ》の上《うえ》にガラス板《いた》が落《お》ちてきたそうだ
全身《ぜんしん》にガラスの破片《はへん》…伝説《でんせつ》の通《とお》りだ…
瑛美《えいみ》がパープルミラーを思《おも》いだしたから？
…まさか
それに20歳《さい》じゃないし…
あんな話《はなし》しなきゃよかった…
ウソだよね…瑛美《えいみ》が死《し》んじゃったなんて——

…気《き》づけばあんなに好《す》きだったお菓子《かし》づくりをしなくなっていた
夢《ゆめ》を聞《き》かれてパティシエと答《こた》えることもなくなっていた…
だけど…瑛美《えいみ》との約束《やくそく》はずっと心《こころ》の片《かた》すみに残《のこ》ったままで…
わたしは高校《こうこう》卒業《そつぎょう》後《ご》パティシエの専門《せんもん》学校《がっこう》に入学《にゅうがく》した
学校《がっこう》の授業《じゅぎょう》は厳《きび》しく不器用《ぶきよう》なわたしは毎日《まいにち》寝《ね》る時間《じかん》をおしんで練習《れんしゅう》をした

日村《ひむら》さん これじゃダメ！ やり直《なお》し！
わたしなんか… パティシエに むいてないよな
毎日家《まいにちいえ》で練習《れんしゅう》しても まったく上達《じょうたつ》しないし
なんか つかれたな… 学校《がっこう》も やめようかな…
それに パティシエに なれたって
ひとりじゃ夢《ゆめ》は 叶《かな》えられないし

あ〜
わたし…
寝《ね》ちゃってたんだ
むく…
歯《は》みがきして
もう寝《ね》よ…
はぁ…
カチャ
あっ…
カチ
カチ
あと少《すこ》しで
20歳《さい》の誕生日《たんじょうび》か
キャあああっ
カン

え…
瑛《えい》美《み》!?
カタ
カタ
モウスグ…
20サイ…
え…?

ぞろぞろ
パープルミラー
――……パープルミラー
……20歳《さい》の誕生日《たんじょうび》
ハッ

瑛美《えいみ》にあんな話《はなし》を教《おし》えた
わたしを恨《うら》んでる…んだ
だから
20歳《さい》の誕生《たんじょう》日《び》直前《ちょくぜん》に…
パ…パープルミラーって
思《おも》いださせて
わ…わたしを…
つれていこうと
してる…
ガタタ
た…
たしか…
なにか別《べつ》の言葉《ことば》を
思《おも》いだせば…
カチ
カチ
カチ
カチ
あ…
ダメ
わからないっ!

瑛美《えいみ》につれてかれる…
ゼキ
ゼキ…
いやああああ、
がばっ

ううう…
…え⁉
さっきのは…ぜんぶ夢《ゆめ》…？

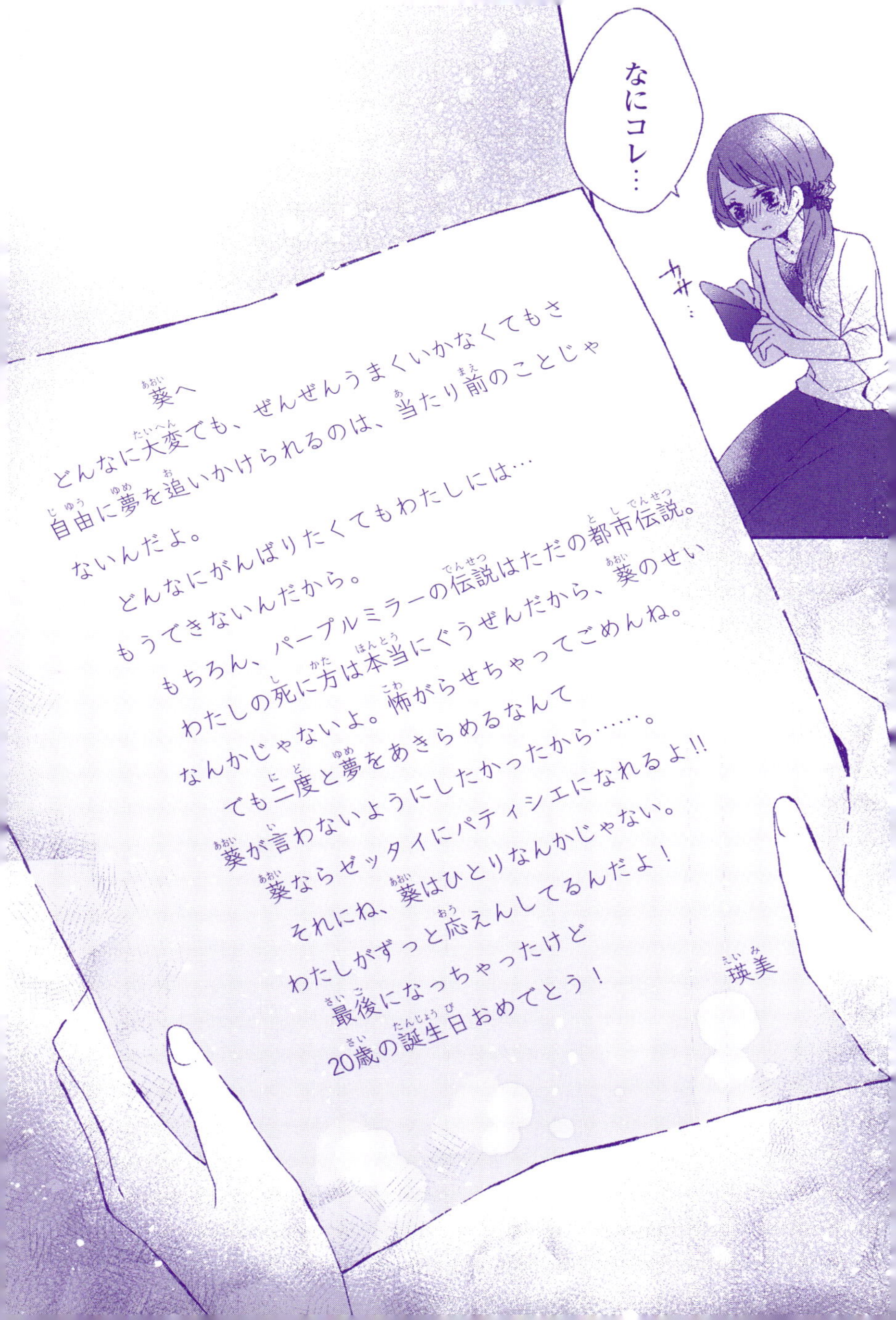
なにコレ…
カサ…
葵《あおい》へ
どんなに大変《たいへん》でも、ぜんぜんうまくいかなくてもさ
自由《じゆう》に夢《ゆめ》を追《お》いかけられるのは、当《あ》たり前《まえ》のことじゃ
ないんだよ。
どんなにがんばりたくてもわたしには…
もうできないんだから。
もちろん、パープルミラーの伝説《でんせつ》はただの都市伝説《としでんせつ》。
わたしの死《し》に方《かた》は本当《ほんとう》にぐうぜんだから、葵《あおい》のせい
なんかじゃないよ。怖《こわ》がらせちゃってごめんね。
でも二度《にど》と夢《ゆめ》をあきらめるなんて
葵《あおい》が言《い》わないようにしたかったから……。
葵《あおい》ならゼッタイにパティシエになれるよ!!
それにね、葵《あおい》はひとりなんかじゃない。
わたしがずっと応《おう》えんしてるんだよ！
最後《さいご》になっちゃったけど
20歳《さい》の誕生日《たんじょうび》おめでとう！
瑛美《えいみ》

ごめん…
瑛美《えいみ》がわたしを不幸《ふこう》にするわけないよね
わたしもうゼッタイに…夢《ゆめ》をあきらめたりしないから
紫色《むらさきいろ》は不幸《ふこう》の色《いろ》なんかじゃなくて…
うちらにとってハッピーの色《いろ》だね

20話《わ》 友《とも》チョコ交換《こうかん》

特集《とくしゅう》マンガ

恐怖《レベル》 ゾクッ

強《つよ》い憧《あこが》れ 恐怖の入口

わたしもみんなと友《とも》チョコ交換《こうかん》したいな
うらやまいいな…
でもこんなわたしなんかと交換《こうかん》してくれる子《こ》なんて…
あっ…ヤバ…
相田《あいだ》さんがうらやましいな〜
忙《いそが》しくなくて
だって恋《こい》チョコも友《とも》チョコも準備《じゅんび》いらないでしょ？
友《とも》だちいないもんね〜っ
ね〜っ

オシャレなチョコだったら
わたしが交換《こうかん》してあげる！
アハハハ
おしゃれなチョコかあ
おこづかいないしなぁ…
チョコありますよ～

チョコはいかがですか?
彼《かれ》のハートをメロメロ♡にしちゃうチョコですよ
ぴ
人気者《にんきもの》になれちゃうチョコもありますよ!
たっ
ちょっと見《み》るだけなら…
フラ
フラ
¥1500
うっ
た、たかいよお〜
¥2000
では…手作《てづく》りしてみたら?
ドキドキ
わたしなんかにうまく作《つく》れるかな?

見《み》た目《め》は悪《わる》くても
『効果《こうか》』は変《か》わりませんから！
ダイジョーブ♪
手づくり用 徳用 チョコレート
これは試供品《しきょうひん》なので
タダでさしあげますよ！
あの子《こ》はああ言《い》ってたけど…
でも…本当《ほんとう》に人気者《にんきもの》になれちゃったらどうしよう!?

キンコーン
ざわ
これもらってー
わたしのもー
すごーいかわいいー！
ありがとー
ざわ
このチョコ…どうやってみんなにわたせばいいのかな
相田《あいだ》さ〜ん オシャレなチョコ持《も》ってきた？
…オシャレじゃないけど
クスクス
へえ〜本当《ほんとう》に持《も》ってきたんだ
見《み》せてよ

えっと
その…
もじもじ
これのこと～？
あっ！
はーい
これっ！
あげる～!!
あっ
あっ
ダッサイけど
味見《あじみ》して
あげる！
ぱくっ
もぐもぐ
ごくん…

ぱっ
超《ちょう》おいしい！
みんなも食《た》べてみなよ！
相田《あいだ》さん友《とも》チョコもらってくれる？
わたしのももらって！
は〜いわたしのも！
これってチョコの効果《こうか》⁉
夢香《ゆめか》
今日《きょう》いっしょに帰《かえ》ろうね♪

今度《こんど》家《いえ》に遊《あそ》びに行《い》っていい？
わたしも行《い》きた〜い！
うん！みんなでおいでよ！
このチョコすごい！
ずっとあこがれてた
人気者《にんきもの》になれちゃったみたい！

はっ
え…
なんで相田《あいだ》さんがいるの？
まさかついてきたとか？
やだ怖《こわ》いんですけど
みんな…？
え？どうして？もしかしてチョコの効果《こうか》がなくなっちゃったの…？
やだやだー
いこー
ぐっ…
もっとあのチョコを‼

あのチョコもっとください！
まだ試供品《しきょうひん》なので…これがぜんぶで
だったらそれぜんぶください！
あちょっと！
ばっ
たたっ
あんまりあげすぎちゃ
ダメですよ――……

く…久《く》保《ぼ》さん チョコ好《す》きだったよね…
これ 食《た》べる？
ふ～ん もらってあげる
ぱく
ホントだ 超《ちょう》おいしい！
よかった！ もっとあげる
みんなにも あげるね
たくさん あるから！
ぱく
ぱく
ぱく

どんどん食《た》べてね♪
これでまたわたしは人気者《にんきもの》！
ねえ夢香《ゆめか》今週末《こんしゅうまつ》どこか遊《あそ》びに行《い》かない？
え～いいなわたしも！
ズルいよわたしも～!!
オレも
オレも～!!
やっぱり人気者《にんきもの》って最高《さいこう》に気分《きぶん》がいいな…
ねえ夢香《ゆめか》

ヒッ…!?
ゴしー
ゴしー
ゴしッー
夢香《ゆめか》?
ど～したの?

なんだ…
気《き》のせいか
ホ…
びっくりした……
わたし買《か》い物《もの》がしたいな〜
おっけ〜
………なるほどね
悪魔《あくま》のチョコは
一気《いっき》に2粒《つぶ》以上《いじょう》食《た》べると
人間《にんげん》が溶《と》けだす…と
仕方《しかた》ないか
食《た》べた人間《にんげん》をチョコレート化《か》させて
自由《じゆう》に心《こころ》をあやつってるんだから

あらあら
ひどい状態《じょうたい》だこと
まあ本人《ほんにん》が幸《しあわ》せなら
いいのかしらね
クスクス
クス…

21話《わ》 血《ち》まみれの絵画《かいが》
特集《とくしゅう》マンガ
恐怖レベル
絶叫
秘密《ひみつ》の絵《え》
恐怖の入口
マンガを描《か》くのに役立《やくだ》つと思《おも》って美術部《びじゅつぶ》に入《はい》ったけど…
ハア…
みんな賞《しょう》を目指《めざ》すような人《ひと》たちばかりだな

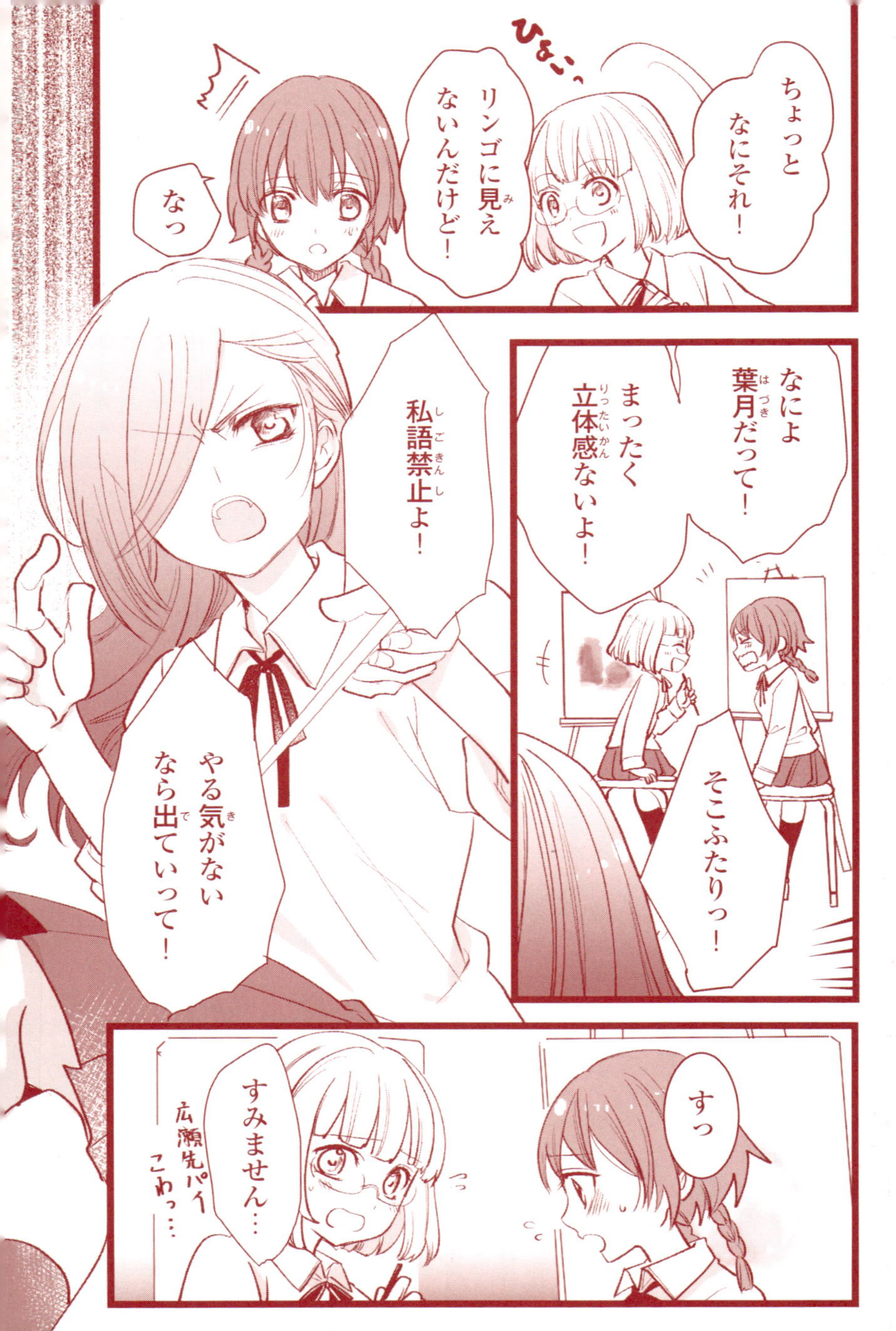
ちょっと なにそれ！
ひょいっ
リンゴに見《み》えないんだけど！
なっ
なによ 葉月《はづき》だって！
まったく立体感《りったいかん》ないよ！
そこふたりっ！
私語禁止《しごきんし》よ！
やる気《き》がないなら出《で》ていってって！
すっ
すみません…
広瀬先パイ これっ…

──数日後《すうじつご》
水原《みずはら》さん 太田《おおた》さん
準備室《じゅんびしつ》の整理《せいり》を頼《たの》みたいんだけど…
いいかしら?
あっ…はい わかりました
部長《ぶちょう》
スッ
わたしも手伝《てつだ》いますよ ふたりじゃわからないでしょうから
キャッ
キャッ
ガラッ

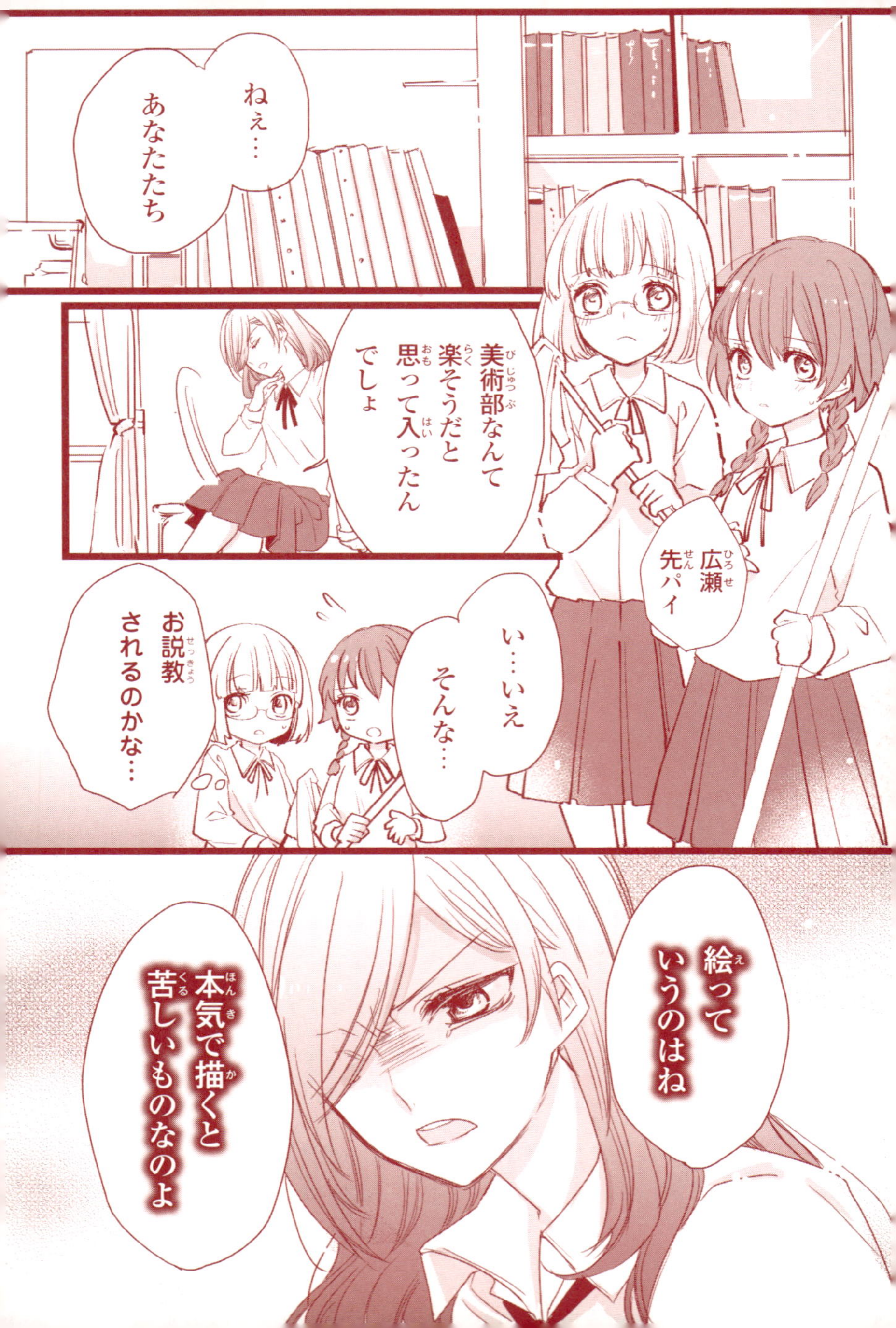

ねぇ…あなたたち
広《ひろ》瀬《せ》先《せん》パイ
美《び》術《じゅつ》部《ぶ》なんて楽《らく》そうだと思《おも》って入《はい》ったんでしょ
い…いえ そんな…
お説《せっ》教《きょう》されるのかな…
絵《え》っていうのはね
本《ほん》気《き》で描《か》くと苦《くる》しいものなのよ

わたしはね
『苦悩《くのう》に満《み》ちた男《おとこ》』
のように
誰《だれ》にも描《か》けない
魂《たましい》をこめた絵《え》で
賞《しょう》をとりたいの
…？
それって？
『苦悩《くのう》に満《み》ちた男《おとこ》』
はね…
絵《え》の具《ぐ》に自分《じぶん》の
血《ち》を混《ま》ぜてぬった
という絵画《かいが》
その画家《がか》は完成後《かんせいご》に
自《みずか》ら命《いのち》を絶《た》った
画家《がか》の苦《くる》しみが
怨念《おんねん》としてその絵《え》に
とり憑《つ》いている
そうよ――
絵《え》を飾《かざ》ると話《はな》し声《ごえ》や
すすり泣《な》く声《こえ》が聞《き》こえたり
家《いえ》のなかを男《おとこ》の影《かげ》が
さまようらしいわ…

ゴク…
それってマジな話《はなし》なんですか? こわ…
男《おとこ》の影《かげ》って…亡《な》くなった画家《がか》なんですかね
別《べつ》に怪談話《かいだんばなし》がしたいわけじゃないのよ
フ…
わたしも実際《じっさい》に同《おな》じような絵《え》を描《か》いているの
え… それって?

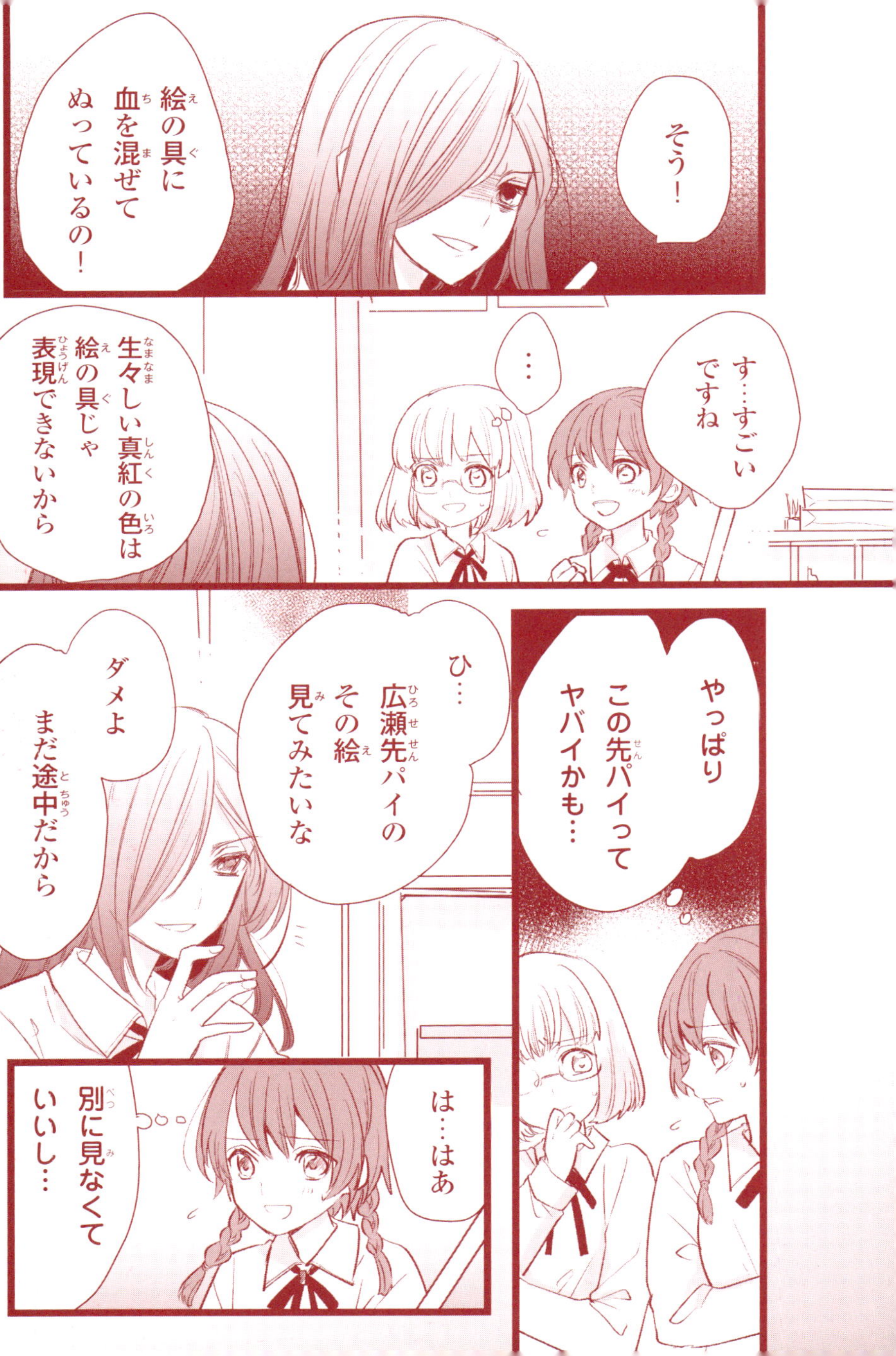
そう！
絵《え》の具《ぐ》に血《ち》を混《ま》ぜてぬっているの！
す…すごいですね
…
生々《なまなま》しい真紅《しんく》の色《いろ》は絵《え》の具《ぐ》じゃ表現《ひょうげん》できないから
やっぱりこの先《せん》パイってヤバイかも…
ひ…広瀬先《ひろせせん》パイのその絵《え》見《み》てみたいな
ダメよまだ途中《とちゅう》だから
は…はあ
別《べつ》に見《み》なくていいし…

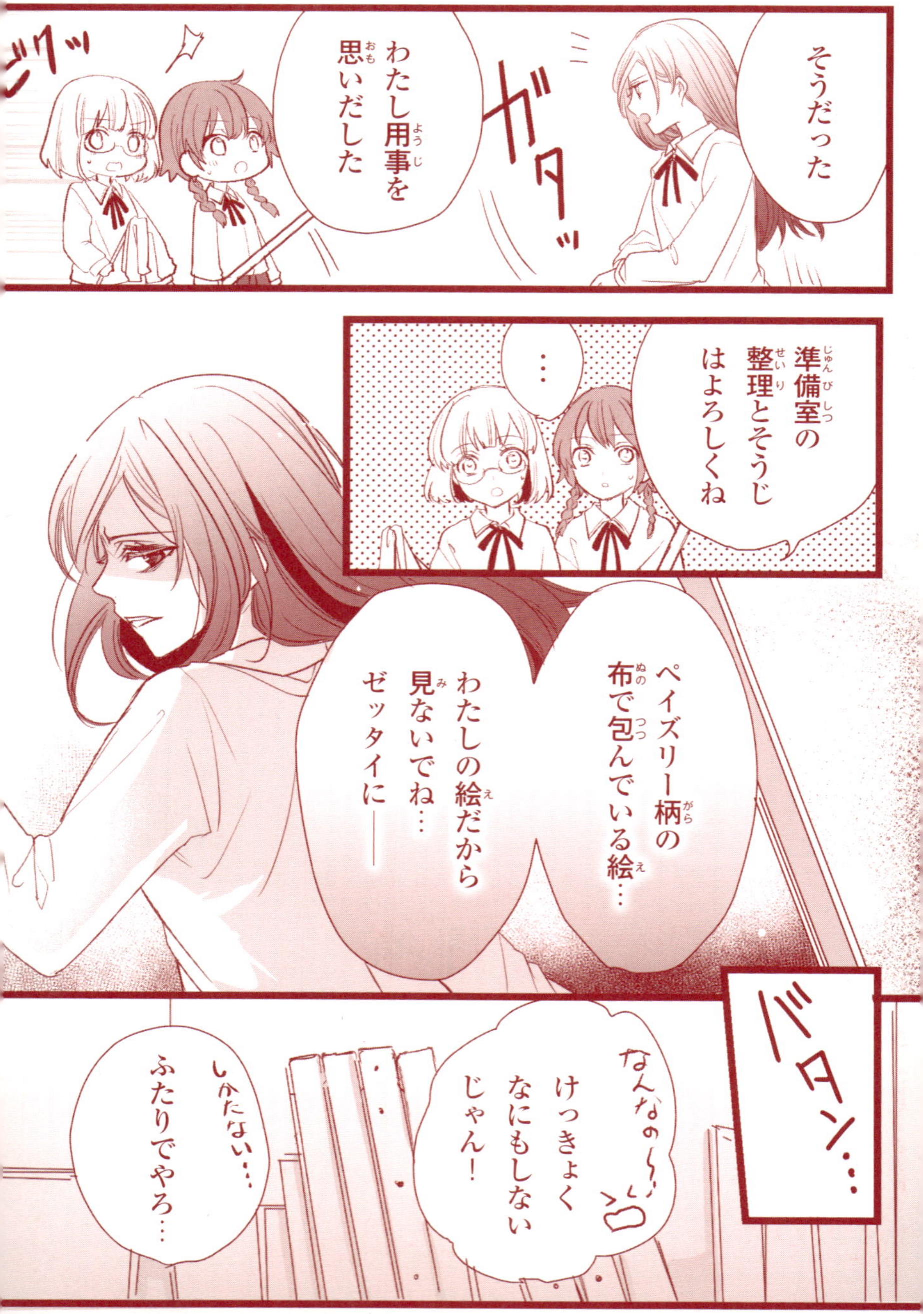

そうだった
ガタッ
わたし用事《ようじ》を思《おも》いだした
ギクッ
準備室《じゅんびしつ》の整理《せいり》とそうじはよろしくね
…
ペイズリー柄《がら》の布《ぬの》で包《つつ》んでいる絵《え》…
わたしの絵《え》だから見《み》ないでね…ゼッタイに——
バタン…
なんなの～!! けっきょくなにもしないじゃん!
しかたない… ふたりでやろ…

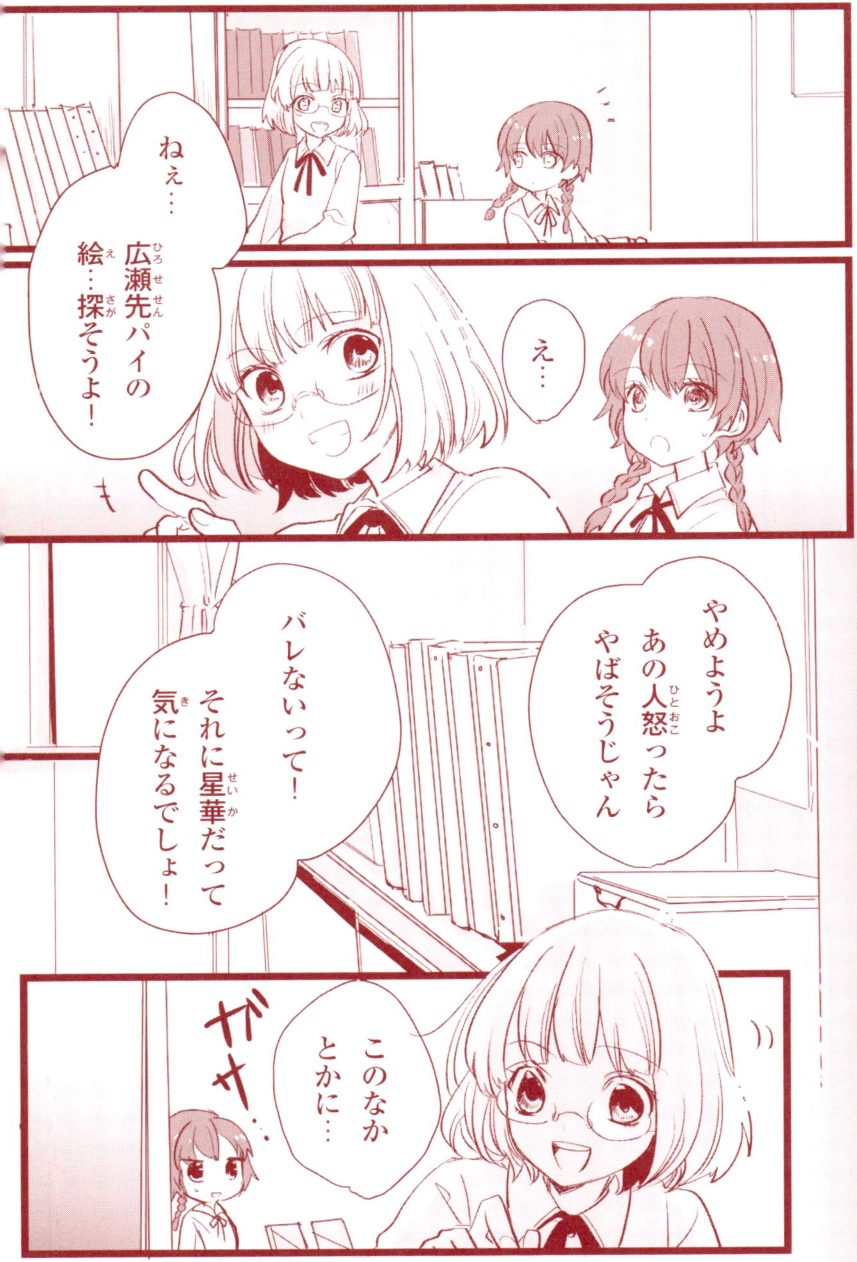
ねえ…
広《ひろ》瀬《せ》先《せん》パイの
絵《え》…探《さが》そうよ！
え…
やめようよ
あの人《ひと》怒《おこ》ったら
やばそうじゃん
バレないって！
それに星華《せいか》だって
気《き》になるでしょ！
このなか
とかに…
ガサ…

ガタ…
！
これ…
もしかして…
おお〜!!
ナイス！
ひょい
あっ
さあ
どんな絵《え》かな〜
……
する…

……
この絵《え》の色《いろ》 血《ち》なんだよね…

ズイ
見《み》ちゃダメって
言《い》ったのに
わたしは心《こころ》が広《ひろ》いから怒《おこ》らないけど
ビクッ
美《うつく》しい絵《え》でしょ?

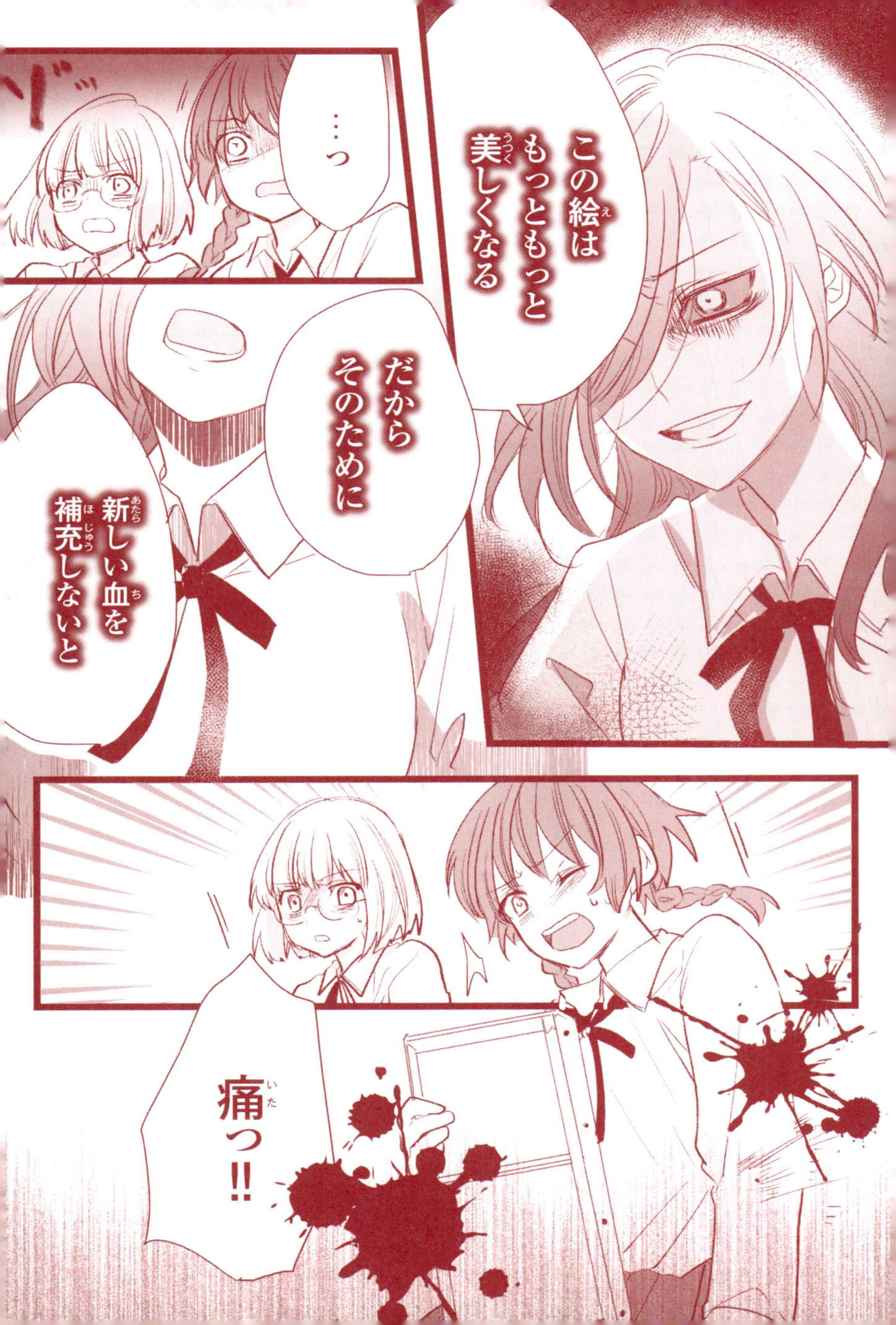
この絵《え》はもっともっと美《うつく》しくなる
…っ
だからそのために
新《あたら》しい血《ち》を補充《ほじゅう》しないと
痛《いた》っ!!

え…？
じわ…
水原《みずはら》さん…
痛《いた》かったかしら…？
ひっ
キャアアア
ドカッ
ちょっと!!

大切《たいせつ》な絵《え》に なんてことを…
す
絵《え》を愛《あい》せない あなたたち 絵《え》のために 役《やく》に立《た》ちなさい
さぁ…次《つぎ》は 太田《おおた》さんよ…
ひっ！
こっ… こっちに来《こ》ないで
ガタ
新《あたら》しい 血《ち》を吸《す》って
この絵《え》は さらに進化《しんか》するの

ひっ…
広瀬《ひろせ》先《せん》パイ…
わたしはこの絵《え》で賞《しょう》をとるのよ
さあ早《はや》く血《ち》を…

22話《わ》 デスゲーム

恐怖レベル
絶叫
ゾクッ 感動
身勝手《みがって》な欲望《よくぼう》
恐怖の入口

　人間《にんげん》たちが知《し》らない間《あいだ》に、この世《よ》の創造主《そうぞうしゅ》と天使《てんし》、悪魔《あくま》に加《くわ》え、闇月《やみづき》さんとぼくら4人《にん》で最後《さいご》の審判《しんぱん》が行《おこな》われた。
（※『本当《ほんとう》に怖《こわ》いストーリー 最後《さいご》の審判《しんぱん》』を読《よ》んでね）
　最後《さいご》の審判《しんぱん》の後《あと》、見《み》た人間《にんげん》にノロイがふりかかる「ノロイの動画《どうが》」は、動画《どうが》を流《なが》した犯人《はんにん》であった悪魔《あくま》自《みずか》らによって、この世《よ》から削除《さくじょ》された。こうして、学生《がくせい》に広《ひろ》まった恐怖《きょうふ》のパニックはおさまったはずだった…。
　しかししばらくすると、ぼくが中学生《ちゅうがくせい》の姿《すがた》で通《かよ》う東西《とうざい》学園《がくえん》のホラー倶楽部《くらぶ》のメンバー・中山《なかやま》さんが、また奇妙《きみょう》な話《はなし》をぼくのもとにもってきたのだ…。

このストーリーの進《すす》め方《かた》

1. 主人公《しゅじんこう》の『涼凪《すずな》』の気持《きも》ちになりながら、まずは364ページまで、小説《しょうせつ》やマンガを読《よ》み進《すす》めてください。

2. 365ページからは、小説《しょうせつ》のなかにでてくる『選択肢《せんたくし》』や『指示《しじ》』にしたがいながら、読《よ》み進《すす》めましょう。あなたの選択《せんたく》によって、ストーリーの結末《けつまつ》が変化《へんか》しますよ。

ストーリー番号《ばんごう》

1

小説《しょうせつ》はこの番号《ばんごう》によって、わけられているよ。

ストーリー番号早見表《ばんごうはやみひょう》

左《ひだり》ページの左上《ひだりうえ》にあるここを見《み》ると、ページ移動《いどう》のとき、ストーリー番号《ばんごう》を探《さが》しやすいよ。

3・4

選択肢《せんたくし》や指示《しじ》

9へ進《すす》む

8へ進《すす》む

5へ進《すす》む

エンド3へ進《すす》む

番号《ばんごう》でわけられた小説《しょうせつ》の最後《さいご》には、次《つぎ》に進《すす》むストーリー番号《ばんごう》が書《か》かれているよ。

- 選択肢《せんたくし》がある場合《ばあい》……どれかひとつ選《えら》び、指定《してい》されたストーリー番号《ばんごう》へ進《すす》もう。
- 指示《しじ》がある場合《ばあい》……その指示《しじ》されたストーリー番号《ばんごう》へ進《すす》もう。

ストーリーの登場人物《とうじょうじんぶつ》

「ケンさんにどうしても聞《き》いてほしい話《はなし》があって…」

ぼくを見《み》つけるなり、中山《なかやま》さんがかけよってきた。

「いったい、どうしたんだい？」

「オカルトサイトにアップされた、ある少女《しょうじょ》の投稿《とうこう》を見《み》つけたんですが、それは悪魔《あくま》がしかけた『デスゲーム』なるものをやったという体《たい》験記《けんき》だったんです。ウソか本当《ほんとう》か気《き》になって、その少女《しょうじょ》に取材《しゅざい》してみたんです…」

（……悪魔《あくま》？　最近《さいきん》はおとなしくしていたハズじゃ…。…でも『人間界《にんげんかい》の存続《そんぞく》』に納《なっ》得《とく》のいかない悪魔《あくま》たちが、人間界《にんげんかい》でなにか悪《わる》さをしていてもおかしくはないか…）

「そしてこれから話《はな》すのが、その涼凪《すずな》という少女《しょうじょ》から聞《き》いた話《はなし》なんですが——」

わたしたちは、総合《そうごう》の時間《じかん》に班単位《はんたんい》で自《じ》由《ゆう》にテーマを決《き》めて発表《はっぴょう》する、という授《じゅ》業《ぎょう》を行《おこな》っていました。

「ほかの班《はん》じゃやらないような、なにかおもしろいことやろーぜ！」

「それさ～んせい！　勉強《べんきょう》っぽいのはつまんないし、いやだよな～。せっかくテーマは自由《じゆう》なんだからさ～」

「だったら、こんなのはどう？ 高台《たかだい》に廃墟《はいきょ》があるでしょ。そこで悪魔《あくま》に会《あ》えたら、願《ねが》いごとを叶《かな》えてもらえるって。オカルトサイトで見《み》たんだ！」

「悪魔《あくま》に会《あ》うか……。うん、それおもしろそうじゃん！」

「いいじゃん、いいじゃん！ よ～しこれで決定《けってい》！」

わたしは乗《の》り気《き》ではありませんでしたが、宮原《みやはら》くんや白井《しらい》くんの押《お》しもあり、多数決《たすうけつ》で決《き》まってしまいました。

「どうしよ～。願《ねが》いごとが叶《かな》うって！ 楽《たの》しみぃ～」

「おい、ほかの班《はん》のやつらや先生《せんせい》にはナイショにしとけよ。ジャマされたくないからな～」

そしてわたしたちは高台《たかだい》の廃墟《はいきょ》へ行《い》くため、日曜日《にちようび》の午前中《ごぜんちゅう》に集合《しゅうごう》したのです。

ボロボロで薄暗《うすぐら》い廃墟《はいきょ》。わたしたちはおそるおそる、なかへと入《はい》りました。

長《なが》いろう下《か》を進《すす》んで行《い》くと、つきあたりにある部屋《へや》へたどりつきました。するとドアにはこんな貼《は》り紙《がみ》が……。

――悪魔《あくま》に出会《であ》いたくば、この部屋《へや》へ入《はい》れ。
願《ねが》いを叶《かな》えるには、ぼくのゲームに
参加《さんか》することが最低条件《さいていじょうけん》だ。

宮原《みやはら》くんと白井《しらい》くんが先《さき》に部屋《へや》へと入《はい》り、みんなは後《あと》に続《つづ》きました。するととつぜん、するどい頭痛《ずつう》におそわれ、目《め》の前《まえ》が暗《くら》くなったのです――――。

次《つぎ》のページへ進《すす》む

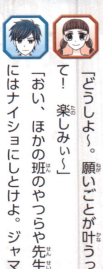

……ん？
なに…？前《まえ》が見《み》えない…
あれ手《て》も…
なんだこれ！
うわああ!!
だれか助けて!!
みんな…!?

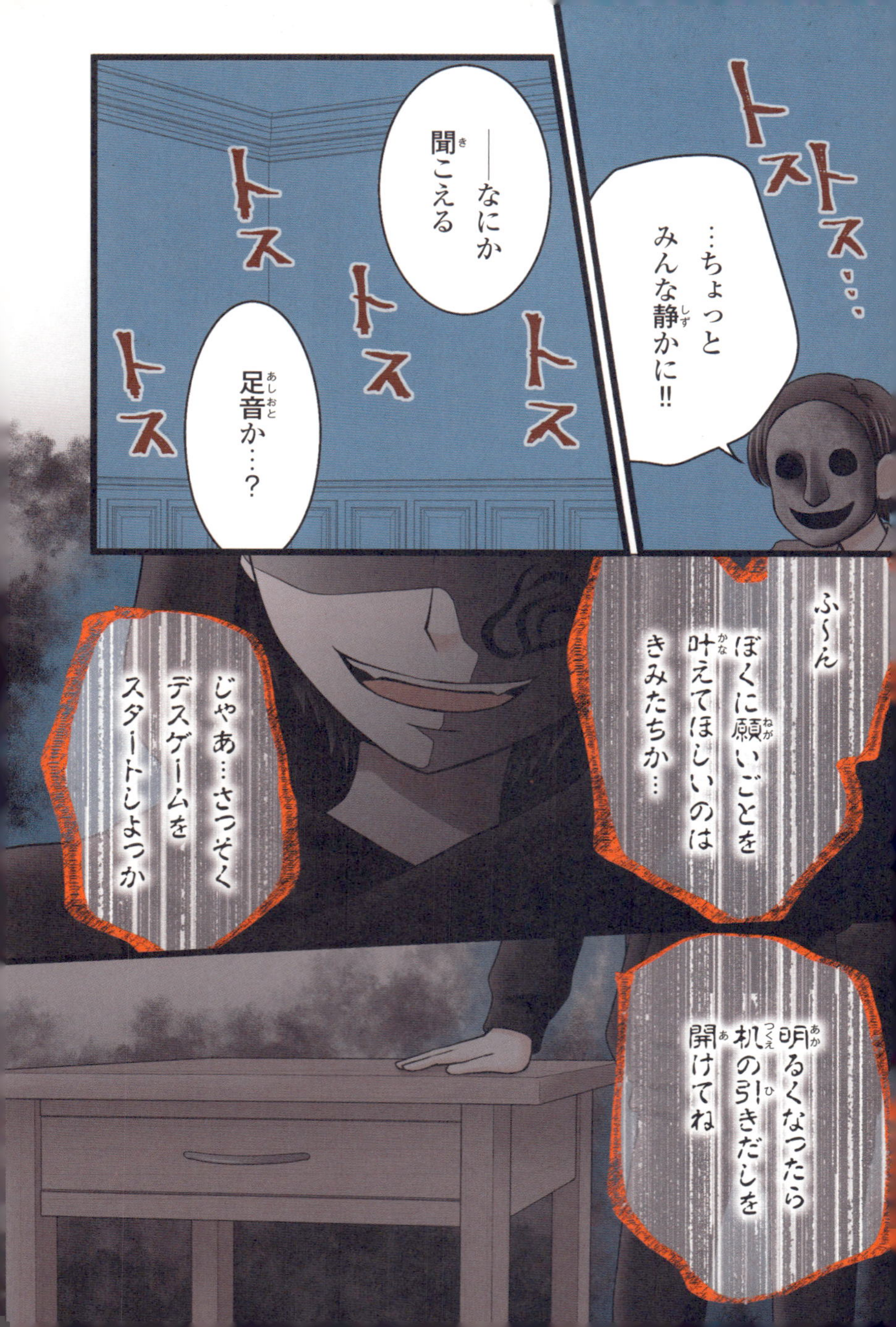
トストス…
…ちょっと みんな静《しず》かに!!
——なにか 聞《き》こえる
トス
トス
トス
トス
足音《あしおと》か…?
ふ～ん ぼくに願《ねが》いごとを 叶《かな》えてほしいのは きみたちか…
じゃあ…さつそく デスゲームを スタートしよつか
明《あか》るくなつたら 机《つくえ》の引《ひ》きだしを 開《あ》けてね

トストストス
ガチャ
バタン
ブッ
ブッ
ガタッ
——さっきの声《こえ》
誰《だれ》なんだよ！
なんだよ‼
デスゲームって！
ガチャ
ガチャ
ダメだ
開《ひら》かない…
…オレたち
閉《と》じこめ
られてる…

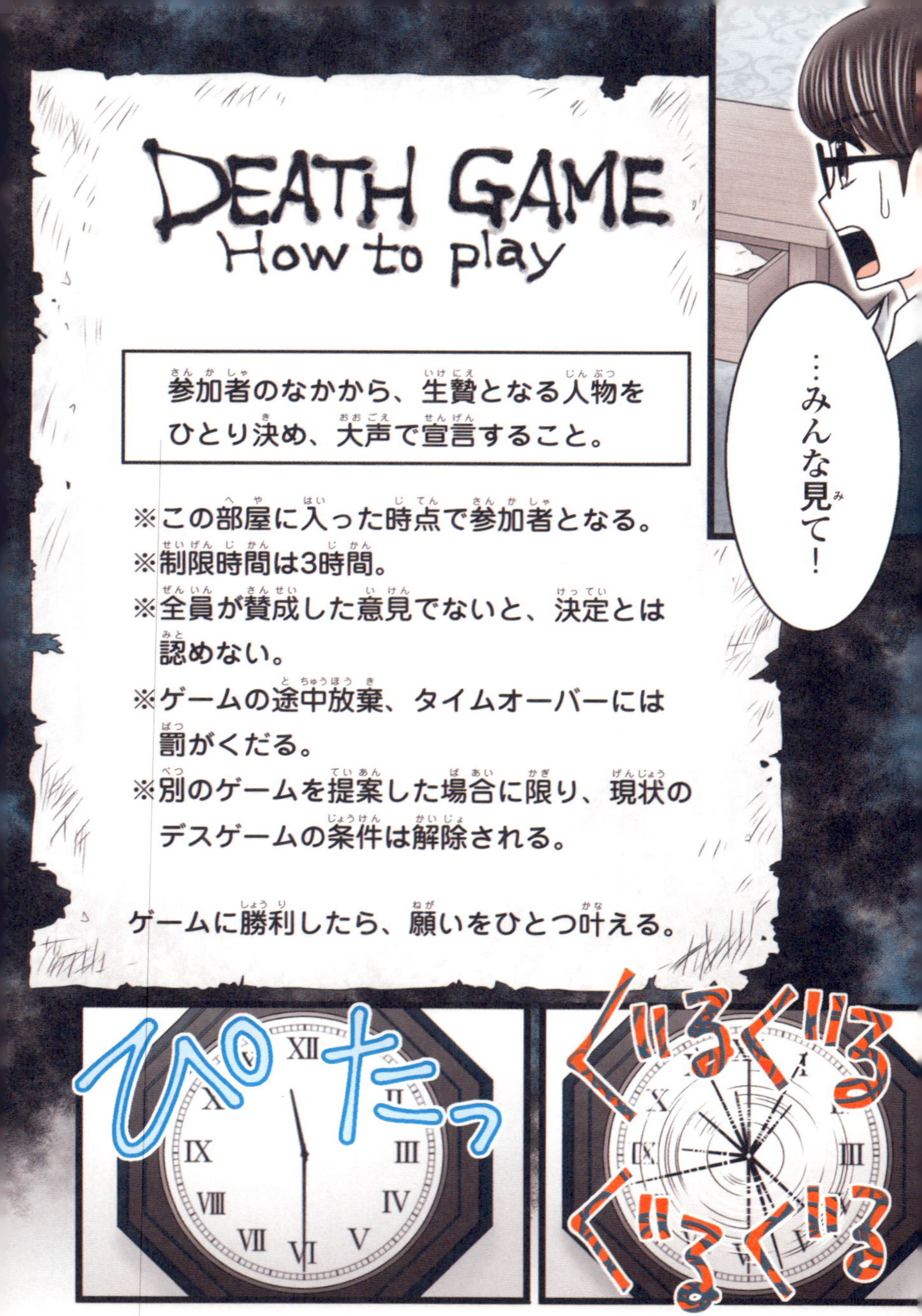
…みんな見《み》て！
DEATH GAME
How to play
参加者《さんかしゃ》のなかから、生贄《いけにえ》となる人物《じんぶつ》をひとり決《き》め、大声《おおごえ》で宣言《せんげん》すること。
※この部屋《へや》に入《はい》った時点《じてん》で参加者《さんかしゃ》となる。
※制限時間《せいげんじかん》は3時間《じかん》。
※全員《ぜんいん》が賛成《さんせい》した意見《いけん》でないと、決定《けってい》とは認《みと》めない。
※ゲームの途中放棄《とちゅうほうき》、タイムオーバーには罰《ばつ》がくだる。
※別《べつ》のゲームを提案《ていあん》した場合《ばあい》に限《かぎ》り、現状《げんじょう》のデスゲームの条件《じょうけん》は解除《かいじょ》される。
ゲームに勝利《しょうり》したら、願《ねが》いをひとつ叶《かな》える。
ぐるぐる
ぐるぐる
ぴたっ

カチ
カチ
カチ
…止《と》まっていた時計《とけい》が…動《うご》きだした…?
ねぇ…生贄《いけにえ》ってどういうこと…?
気持《きも》ち悪《わる》いイタズラだぜ
すぐに見《み》つけてぶんなぐってやる!

ぴとっ
宮原《みやはら》くん… わたし怖《こわ》いよ…
ちょ… ちょっとリナ…
…早《はや》くここから出《で》たほうがいいな
ガチャリ…
…ドアが開《あ》いたぞ…
ぼ…
ぼくは最初《さいしょ》から…
来《き》たくなかったんだ!!

うあああああ
若林《わかばやし》くんっ!?
おいっ
——オレたちも
行《い》くぞ!
ぎゃあああ
びくっ
若林《わかばやし》くん
だ…大丈夫《だいじょうぶ》!?
あ…足《あし》が…
痛《いた》いよぉ~
と…途中放棄《とちゅうほうき》…
逃《に》げようと
したから…
罰《ばつ》がくだっ
たの?

次《つぎ》のページへ進《すす》む

1

わたしたちは足《あし》にケガをした若林《わかばやし》くんをつれ、デスゲームがスタートしたつきあたりの部屋《へや》へ8人《にん》で戻《もど》ってきました。

「な…なあ、みんな。デスゲームのルールでいくと、生贄《いけにえ》をひとり決《き》めなきゃいけないってことだよな。じゃないと、おれら全員《ぜんいん》に罰《ばつ》がくだる…」

「ねぇ、生贄《いけにえ》ってなに？　……それは死《し》んじゃうってこと？　デスゲームのデスって英語《えいご》で『死《し》』って意味《いみ》よね。いや…、いやよ、わたし……!!」

「そんなわけないだろ。さっきしゃべってた、おかしな男《おとこ》のしわざだ」

「し…信《しん》じてないなら、じゃあ白井《しらい》くんが生贄《いけにえ》になったらいいわ！」

「こんな話《はなし》をみんなにした、リナが責任《せきにん》とりなよっ！　あんたがあのとき、廃墟《はいきょ》の話《はなし》なんてしなければ…。それに、

しっかりと確認《かくにん》もせずにこの部屋《へや》に入《はい》ったのは、白井《しらい》くんと宮原《みやはら》くんのふたりじゃない…。この部屋《へや》に入《はい》らなければ、デスゲームは始《はじ》まらなかったのに…」

「おいっ、みんな！　ケンカはやめるんだ。そんなふうに犯人探《はんにんさが》しをしても意味《いみ》ないだろ。いい解決法《かいけつほう》がないか、冷静《れいせい》に話《はな》しあうべきだ」

「そうよ、南《みなみ》くんの言《い》うとおりだわ。それに、誰《だれ》かひとりを生贄《いけにえ》に決《き》めるなんてダメだよ。いったんすわって落《お》ちつこうよ」

「なんだよ。おまえらのそういう優等生《ゆうとうせい》ぶった、冷静《れいせい》なところがイラつくんだよ。生贄《いけにえ》を決《き》めるなんてダメだって言《い》うけどな。じゃあ、おまえが生贄《いけにえ》に立候補《りっこうほ》しろよなっ！」

　白井《しらい》くんのまくしたてる声《こえ》に、わたしはなにも言《い》えなくなってしまいました。

「わたし、もういやっ。最悪《さいあく》よ。こんな場所《ばしょ》に1秒《びょう》だっていたくない。早《はや》く家《いえ》に帰《かえ》りたい。イヤ、イヤ、イヤ、イヤ、イヤァァァァアアアア」

パニックのあまり、夏生《なつき》ちゃんは大声《おおごえ》でわめき、泣《な》きだしました。それにつられて、リナちゃんもその場《ば》にすわりこみ、泣《な》きだして…。

そして夏生《なつき》ちゃんは、そのまま部屋《へや》から出《で》て行《い》ってしまったのです。

「なぁ、宮原《みやはら》。別《べつ》の部屋《へや》へ行《い》こう。おれらでなにかいい作戦《さくせん》を考《かんが》えるんだ。おれらなら、きっといい案《あん》がうかぶはずだぜ」

宮原《みやはら》くんは白井《しらい》くんの提案《ていあん》にうなずき、ふたりは部屋《へや》を出《で》て行《い》ってしまいます。

それに気《き》づいたリナちゃんが、ふたりの後《あと》を追《お》いかけていきました。

（どうしよう、どうしたらいいの？　このままじゃ、わたしたち……）

白井《しらい》くんと宮原《みやはら》くん、リナちゃんたちを探《さが》しに行《い》かなきゃ！……5へ進《すす》む

部屋《へや》になにか手《て》がかりがあるかも…。よく探《さが》してみなきゃ！……8へ進《すす》む

パニックになった夏生《なつき》ちゃんを、探《さが》しに行《い》かなきゃ！……9へ進《すす》む

2

「悪魔《あくま》に勝《か》つなんて、そうカンタンにうまくいくんだろうか…。もしかしたら、これも悪魔《あくま》のたくらみなのか？」

「でも…やっぱり、生贄《いけにえ》を決《き》めるなんておかしいわ。誰《だれ》かを犠牲《ぎせい》にするなんて、そんな選択《せんたく》はゼッタイにダメよ。きっと悪魔《あくま》は、わたしたち人間《にんげん》に生贄《いけにえ》を決《き》めさせることで、わざとケンカをさせているのよ。わたしたちもそうなったようにね。きっと、今《いま》もこの状況《じょうきょう》を見《み》て、楽《たの》しんでいるにちがいないわ！」

「……そうかもしれないな。冷静《れいせい》にみんなで考《かんが》えれば、『別《べつ》ゲームの提案《ていあん》』という形《かたち》には、すぐにたどりつくはず。悪魔《あくま》は人間《にんげん》を疑心暗鬼《ぎしんあんき》にさせ、みんなの心《こころ》をバラバラにしようとしているんだ。生贄《いけにえ》という言葉《ことば》にパニックにならないことが、ゲームに勝《か》つ方法《ほうほう》なのかもしれないな」

「みんなにも、別《べつ》ゲームの提案《ていあん》に協力《きょうりょく》してもらわないとね。まずは、悪魔《あくま》に勝《か》てるゲームを考《かんが》えなくちゃ…。う～ん、悪魔《あくま》の弱点《じゃくてん》か…。わたしたちだけが得意《とくい》で、悪魔《あくま》が苦手《にがて》なこと……？」

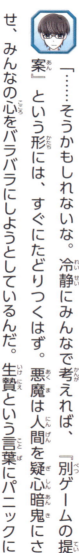

わたしはなにか困《こま》ったときににぎりしめる、お母《かあ》さんからもらったお守《まも》りを取《と》りだそうと、ポケットに手《て》をいれました。……でもなぜか、お守《まも》りがないのです。
わたしはあたりを探《さが》しましたが、どこにも見当《みあ》たりません。
（……どうしよう。大事《だいじ》なお守《まも》りなのに…。こんなピンチのときに限《かぎ》って…）
わたしが泣《な》きそうになっていると、若林《わかばやし》くんがゆっくりと、イスから立《た》ちあがりました。

「もしかして…大切《たいせつ》なこのお守《まも》りを探《さが》してるのかな？　はい、これ。床《ゆか》に落《お》ちてたよ。さっき、ぼくの足《あし》の手当《てあ》てをしてくれたときに落《お》としたんじゃないかな…」
（…若林《わかばやし》くん。どうしてこのお守《まも》りがわたしのだって、知《し》ってたんだろう？……そうか、若林《わかばやし》くんていつも物静《ものしず》かだけど、みんなが大好《だいす》きで、みんなのことをよく見《み》てるのかもしれない…）

……… 4へ進《すす》む

3

ボーンボーン。部屋《へや》の壁時計《かべどけい》が2時《じ》をつげると同時《どうじ》に、ほかの部屋《へや》にいたみんなも、この部屋《へや》へと戻《もど》り、イスにすわりました。

「おい、涼凪《すずな》。ゲームのタイムリミットまであと30分《ぷん》だぞ。さっき南《みなみ》と話《はな》してた、いい解決法《かいけつほう》は見《み》つかったんだろうな」

「…………そ……それは……。わたしたち、本当《ほんとう》に一生懸命《いっしょうけんめい》に考《かんが》えたんだけど。…………ごめんなさい。見《み》つけられなかった……」

「なんだよそれ！　おまえら、あんなにえらそうにしてたくせに。おれたちはちゃんと決《き》めたぞ。みんな、おれの話《はなし》を聞《き》いてくれないか？」

「あの……ちょっといい？　あれからわたしも、いろいろ考《かんが》えてみたの。みんな、わたしの話《はなし》を聞《き》いてくれない？」

そう言《い》うと、ふたりは高《たか》く手《て》をあげました。

▽なんだろう…リナちゃんの話《はなし》を聞《き》いてみようかな……………7へ進《すす》む

▽仕方《しかた》ない…解決法《かいけつほう》を決《き》めた白井《しらい》くんの話《はなし》を聞《き》こう………エンド2へ進《すす》む

4

「痛《いた》いじゃないっ！　ちょっとやめてよ！」

ろう下《か》から大《おお》きな物音《ものおと》が聞《き》こえたので、わたしと南《みなみ》くんは声《こえ》がするほうへとかけだしました。すると、階《かい》だんのとちゅうに真帆《まほ》ちゃんとリナちゃんが!!

「いったい、アンタなんのつもりなのよ。ずっと宮原《みやはら》くんにべったりくっついちゃって。怖《こわ》い怖《こわ》いって、かわい子《こ》ぶりっ子《こ》しちゃってさ！」

「自分《じぶん》が宮原《みやはら》くんと仲《なか》よくできないから、くやしいんでしょ。かわいそうに…フフッ。わたしは宮原《みやはら》くんといると安心《あんしん》だから、いっしょにいるの」

「あ～ムカつく。本当《ほんとう》にムカつく。ちょっとかわいいからって、えらそうに。アンタなんか生贄《いけにえ》になればいい。でもその前《まえ》に少《すこ》し反省《はんせい》でもしなよ！」

そう言《い》うと、真帆《まほ》ちゃんは力《ちから》いっぱいリナちゃんの肩《かた》を押《お》しました。するとリナちゃんはバランスをくずし、そのまま階《かい》だんを数《すう》だん、転《ころ》げ落《お》ちました。

急《いそ》いでリナちゃんにかけよると、少《すこ》し足《あし》をひねってしまったようです。彼女《かのじょ》は目《め》に涙《なみだ》をためながら、ゆっくりと立《た》ち上《あ》がりました。

「なんてことするの……。許《ゆる》さない。ゼッタイに許《ゆる》さないんだから…」

まだ別《べつ》ゲームの内容《ないよう》が決《き》まらないまま。

どうしよう……3へ進《すす》む

若林《わかばやし》くんにひろってもらったお守《まも》りをにぎって落《お》ちつこう……6へ進《すす》む

5

わたしと南《みなみ》くんは、ケガをしている若林《わかばやし》くんと部屋《へや》から出《で》たくないとふるえる真帆《まほ》ちゃんを置《お》いて、白井《しらい》くんたちを探《さが》しに行《い》くことに…。

ろう下《か》に出《で》ると近《ちか》くにあった部屋《へや》から、ヒソヒソとなにかを相談《そうだん》する声《こえ》が聞《き》こえてきました。この声《こえ》は白井《しらい》くんと宮原《みやはら》くんです。

「ねぇ、3人《にん》。ちょっといいかな。みんながバラバラに考《かんが》えるより、いっしょになって、話《はな》しあったほうがいいと思《おも》うんだけど…」

「なんだよ、涼凪《すずな》と南《みなみ》かよ。おれたちはおれたちだけで、作戦《さくせん》を考《かんが》えたいんだけどな……。ゲームオーバーになって全員《ぜんいん》に罰《ばつ》がくだるなんて、ゼッタイにごめんだぜ。……そこでだ。若林《わかばやし》を生贄《いけにえ》にしないか？　おれたちは、残《のこ》りのみんなをこの案《あん》で説《せっ》得《とく》しようと思《おも》ってるんだ」

「……悪《わる》いけど、その提案《ていあん》には賛成《さんせい》できない。ぼくと涼凪《すずな》さんで、誰《だれ》も犠牲《ぎせい》にならない解決法《かいけつほう》を考《かんが》えるつもりでいる。今《いま》はまだわかりあえなくても仕方《しかた》ないと思《おも》う。でも、ぼくらを信《しん》じて、2時《じ》になったらさっきの部屋《へや》に戻《もど》ってほしい。じゃあ、また後《あと》で」

夏生《なつき》ちゃんはもう大丈夫《だいじょうぶ》だし、部屋《へや》を調《しら》べてみよう……**8**へ進《すす》む

まだ夏生《なつき》ちゃんを探《さが》していない。探《さが》さなきゃ！……**9**へ進《すす》む

6

ボーンボーン。部屋《へや》の壁時計《かべどけい》は2時《じ》をつげています。ほかの部屋《へや》にいたみんなもこの部屋《へや》へと戻《もど》り、イスにすわりました。

わたしは南《みなみ》くんと目《め》をあわせ、強《つよ》くうなずきあいました。

「ちょっと悪魔《あくま》、聞《き》いてる？　どうせ今《いま》もどこかから、わたしたちをニヤニヤして見《み》てるんでしょ？　わたしたちは、生贄《いけにえ》なんて決《き》めないわ！」

「お…おいっ！　涼凪《すずな》、いきなりなにを言《い》いだすんだよ。ゲームの途中放棄《とちゅうほうき》は、罰《ばつ》がくだるんだろ？」

「宮原《みやはら》くん、大丈夫《だいじょうぶ》。心配《しんぱい》しないで。わたしたちは途中放棄《とちゅうほうき》なんてしないわ。悪魔《あくま》とのゲームに勝《か》つつもりだから！」

「じゃあ、どうするんだよっ。クソっ、わけわかんねぇ。頭《あたま》がおかしくなっちまったのか？」

「ルールの最後《さいご》にあっただろ。『別《べつ》ゲームを提案《ていあん》した場合《ばあい》は、デスゲームの現状《げんじょう》の条件《じょうけん》が

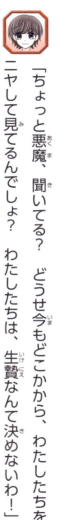

解除《かいじょ》される』って。だから、ぼくらは生贄《いけにえ》なんて決《き》めなくていいんだよ！」

「そう。だからわたしたちは、別《べつ》ゲームをあなたに申《もう》しこむわ！　かくれていないで、早《はや》く姿《すがた》をあらわしなさいよっ!!」

トス。トス。トス。トス。トス。トス。トス。トス。

姿《すがた》は見《み》えなくても、たしかにわたしたちの近《ちか》くを歩《ある》く足音《あしおと》が聞《き》こえてきます。

「いや～いいじゃない。おもしろいね。きみたちの提案《ていあん》するゲームを受《う》けるよ」

そしてそこには、いつのまにか黒《くろ》いパーカー姿《すがた》の少年《しょうねん》が立《た》っていました。

（……え？　こ…これが……悪魔《あくま》なの？）
パーカーのフードのせいで顔《かお》は見《み》えませんが、その悪魔《あくま》は、なんだかとても美《うつく》しい少年《しょうねん》のように思《おも》えました。

「どんなゲームをするかは…わ…わたしたちが決《き》めたものでいいのよね？
それにゲームのルールも、こちらが決《き》めるわよ」

「ああ…それでかまわないよ。どんなゲームか楽《たの》しみだ」

「じゃあ……。ゲームの内容《ないよう》は『ここにいる8人《にん》が、それぞれいちばん楽《たの》しいときはどんなときかを答《こた》えあう』。そしてこちらは、若林《わかばやし》くんが代表《だいひょう》として、あなたと戦《たたか》うわ。正解《せいかい》か不正解《ふせいかい》かは、本人《ほんにん》に答《こた》えてもらう」

「ああ、なんだかよくわからんがいいだろう。おれさまは負《ま》けたことがない」
ゲームの代表者《だいひょうしゃ》に指名《しめい》されてあせる若林《わかばやし》くんに、わたしは耳打《みみう》ちをしました。

「若林《わかばやし》くんはいつもみんなのことを見《み》てるんだから、悪魔《あくま》なんかに負《ま》けるわけがないよ。大丈夫《だいじょうぶ》、自信《じしん》をもって！」……………エンド3へ進《すす》む

7

わたしは、より真剣《しんけん》に見《み》えたリナちゃんの話《はなし》を聞《き》くことにしました。それに白井《しらい》くんの意見《いけん》は、すでに予想《よそう》ができたから…。

「全員《ぜんいん》が犠牲《ぎせい》になるよりも、犠牲《ぎせい》はひとりのほうが、やっぱりいいと思《おも》うの。だからすごく悲《かな》しいけれど、ひとりの生贄《いけにえ》を決《き》めなくちゃ。でも、どんなに話《はな》しあったって、きっと結論《けつろん》はでないわ…。だからね、クジ引《び》きで決《き》めるっていうのはどう。これなら全員《ぜんいん》、うらみっこなしの平等《びょうどう》よね？」

リナちゃんは○が書《か》かれた紙《かみ》7枚《まい》と、×が書《か》かれた紙《かみ》1枚《まい》を広《ひろ》げました。

「う～ん、クジ引《び》きか……。たしかに平等《びょうどう》だな。それにもう、残《のこ》り時間《じかん》もわずかだ、決断《けつだん》しないと。このクジ引《び》きに賛成《さんせい》のやつは？」

（…どうしよう。クジ引《び》きだと、誰《だれ》か生贄《いけにえ》を選《えら》ぶことになっちゃう。でも、ほかに方法《ほうほう》は見《み》つからなかった。どうしよう。どうしたらいいの？）

宮原《みやはら》くんの問《と》いかけに、みんな困《こま》った顔《かお》をしながらも、手《て》をあげ始《はじ》めました。そしてわたしも、ゆっくりと手《て》をあげました。

…………**エンド1へ進《すす》む**

8

わたしと南《みなみ》くんは、デスゲームが始《はじ》まった部屋《へや》をしっかりと調《しら》べてみることにしました。

「リナのやつ。宮原《みやはら》くんにベタベタくっついちゃって。あ～、本当《ほんとう》にいやんなっちゃうな。あの子《こ》にぬけがけされないようにしなくっちゃ…」

真帆《まほ》ちゃんは、宮原《みやはら》くんたちを探《さが》しに行《い》くのか部屋《へや》を出《で》て行《い》ってしまいました。

「この部屋《へや》に入《はい》ったときには、もうすでに8つのイスが部屋《へや》の中央《ちゅうおう》に置《お》かれていたんだ。どうしてぼくたちが、8人《にん》だってわかったんだろう」

「デスゲームをしかけた犯人《はんにん》は、廃墟《はいきょ》に入《はい》るわたしたちを見《み》ていた。だから最初《さいしょ》から8人《にん》だとわかったとか？　悪魔《あくま》のしわざなんかじゃないのかも…」

「いや…残念《ざんねん》だけど、犯人《はんにん》は人間《にんげん》ではないと思《おも》う。だって、この部屋《へや》に入《はい》って急《きゅう》に頭《あたま》が痛《いた》くなり、目《め》の前《まえ》が暗《くら》くなった。そしてみんなが同時《どうじ》に目《め》を覚《さ》ましたときには、全員《ぜんいん》が仮面《かめん》のようなものをかぶらされ、イスに固定《こてい》されていた…。こんなこと、どんなトリックを使《つか》っても人間《にんげん》にはムリだ」

「……やっぱり悪魔《あくま》が……。南《みなみ》くん、デスゲームのルールのここ。『※別《べつ》ゲームを提案《ていあん》した場合《ばあい》に限《かぎ》り、現状《げんじょう》のデスゲームの条件《じょうけん》は解除《かいじょ》される』。これって、どういう意味《いみ》かしら？」

「そうか。悪魔《あくま》にこちらから、別《べつ》のゲームを提案《ていあん》することもできるのか。そうすれば『参加者《さんかしゃ》のなかから、生贄《いけにえ》となる人物《じんぶつ》をひとり決《き》める』っていう、ルールはなくなるってことだよ！」

「生贄《いけにえ》を決《き》めなくてもいい!!　でも、それで負《ま》けたら、全員《ぜんいん》がゲームオーバーね……」

8

- 夏生《なつき》ちゃんは最初《さいしょ》に助《たす》けた。別《べつ》ゲームを考《かんが》えなきゃ！……2へ進《すす》む
- 夏生《なつき》ちゃんはさっき助《たす》けた。真帆《まほ》ちゃんが気《き》になる……4へ進《すす》む
- 誰《だれ》もまだ探《さが》していない。白井《しらい》くんたちを探《さが》さなきゃ！……5へ進《すす》む

9

「み…南《みなみ》くん、夏生《なつき》ちゃんが心配《しんぱい》だわ。若林《わかばやし》くんみたいに逃《に》げだそうとしたら、よくないことが…」

「たしかに心配《しんぱい》だ。彼女《かのじょ》を探《さが》しだして、落《お》ちつかせなきゃ。とりあえず、すべての部屋《へや》をまわってみよう」

いろいろな部屋《へや》を見《み》ましたが、彼女《かのじょ》はどこにもいません。

そのとき、玄関《げんかん》フロアへとフラフラ歩《ある》く夏生《なつき》ちゃんを見《み》つけました！

「夏生《なつき》ちゃん、夏生《なつき》ちゃん！　どこに行《い》くの？　止《と》まって！」

しかし、わたしの声《こえ》は彼女《かのじょ》に届《とど》きません。彼女《かのじょ》はぶつぶつとつぶやきながら、トビラにむかっていきます。

「きゃあああああああああああ。夏生《なつき》ちゃん、危《あぶ》ないっ！」

ガタガタと玄関《げんかん》フロアに下《さ》がった大《おお》きなガラスのシャンデリアがゆれだし、今《いま》にも彼女《かのじょ》

の上《うえ》に落《お》ちてきそうだったのです。

「ぎゃああああああああ!!」

先《さき》に夏生《なつき》ちゃんのもとへ走《はし》りついた南《みなみ》くんが、彼女《かのじょ》を横《よこ》へとつきとばしました。

ガッシャーン。

同時《どうじ》にシャンデリアが落《お》ちる大《おお》きな音《おと》がひびきます。

間一髪《かんいっぱつ》の差《さ》で、夏生《なつき》ちゃんは助《たす》かりました。わたしはホッとして、その場《ば》にヘナヘナとすわりこみました。

「間《ま》にあって本当《ほんとう》によかった。あ〜ぼく、まだ心臓《しんぞう》がバクバクしてるよ。さぁ早《はや》く、いっしょにさっきの部屋《へや》へ戻《もど》ろう!」

- 白井《しらい》くんたちを探《さが》し、部屋《へや》も見《み》た。そういえば真帆《まほ》ちゃんは?……4へ進《すす》む
- 白井《しらい》くんたちをまだ探《さが》していない。探《さが》しに行《い》こう!……5へ進《すす》む
- 白井《しらい》くんたちは探《さが》した。部屋《へや》に戻《もど》り、手《て》がかりを探《さが》そう!……8へ進《すす》む

1
ようやく意見《いけん》がまとまったわね
紙《かみ》をたたんでシャッフルしようぜ！
おいもうあと5分《ふん》だぞ！
シャカシャカ
時間《じかん》がないわ
くじを引《ひ》く順番《じゅんばん》は——…
涼《すず》凪《な》から時計《とけい》回《まわ》りはどう？
うん…
いいんじゃないか
ゴクリ…

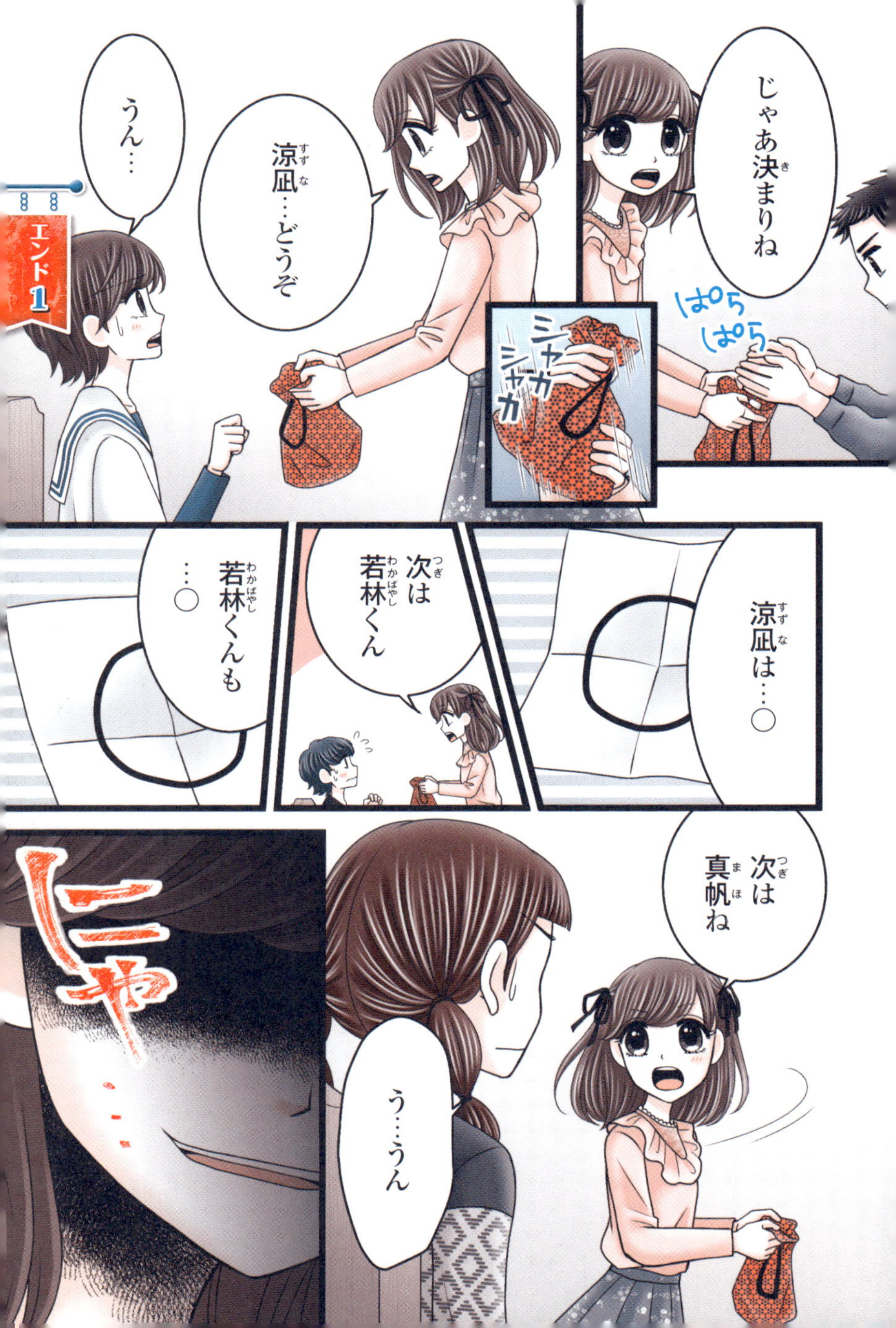
じゃあ決《き》まりね
ぱら ぱら
シャカ シャカ
涼《すず》凪《な》…どうぞ
うん…
涼《すず》凪《な》は…○
次《つぎ》は若林《わかばやし》くん
若林《わかばやし》くんも…○
次《つぎ》は真《ま》帆《ほ》ね
う…うん
ニヤ…

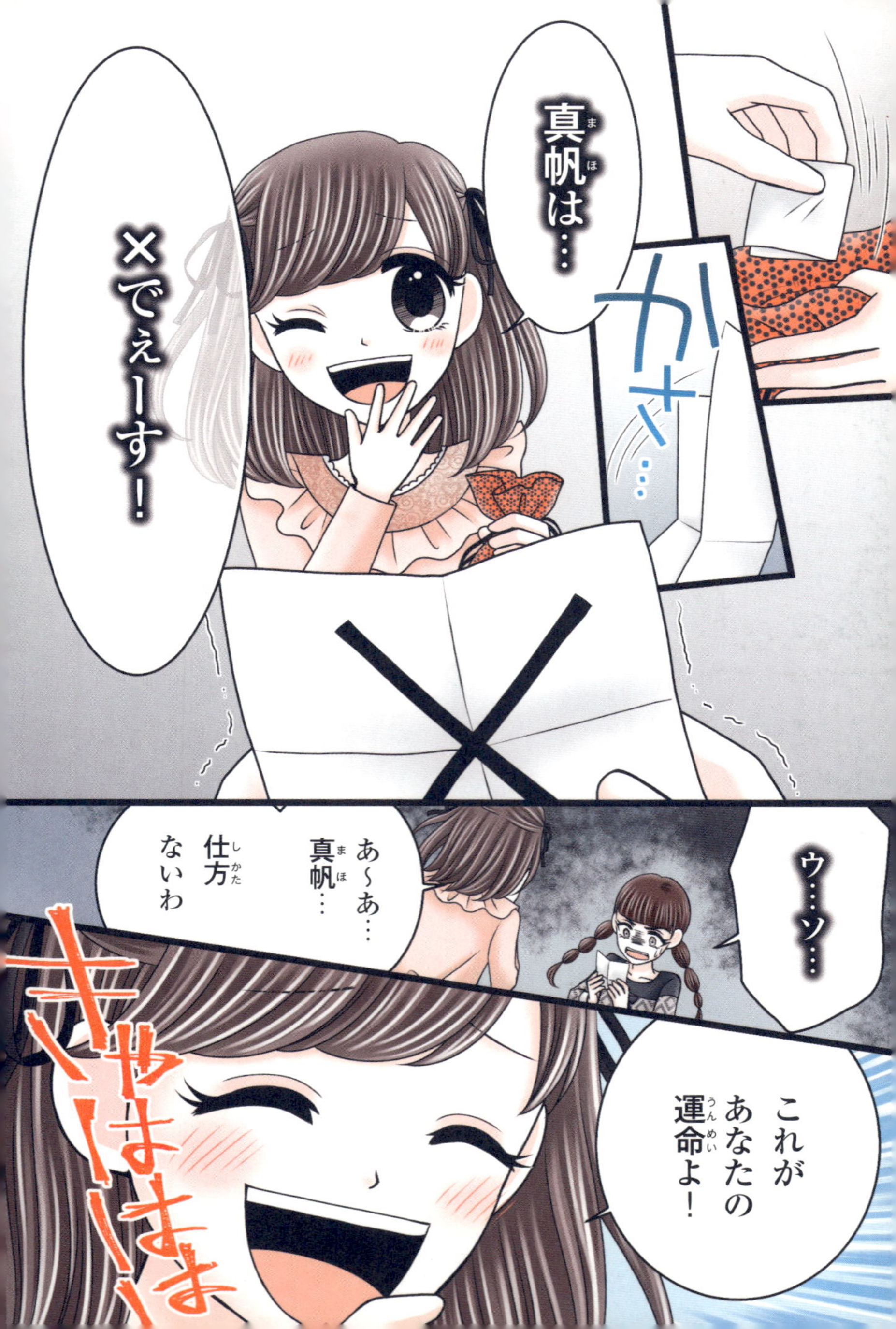
かさ…
真帆《まほ》は…
×でぇーす！
ウ…ソ…
あ～あ…真帆《まほ》…仕方《しかた》ないわ
これがあなたの運命《うんめい》よ！
きゃはは

ギッ
わたしが×を引《ひ》くようにズルしたに決《き》まってる!!
おいっ時間《じかん》がないぞ!
早《はや》く決《き》めないと!!
やめてよ
証拠《しょうこ》でもあるわけ!?
ボーン
ボーン

しまった…タイムオーバーだ
つ…次《つぎ》は なにが起《お》きる…
いやだ…
いやだよ…
ガタガタ
フッ…
きゃああああ
とってもおもしろかったよ
パチパチ
パチパチ

でもゲームオーバーだ
あと少《すこ》しだったのにね…
お…おれたち…どうなるんだよ…
なぁ…
おい!?
…全員《ぜんいん》が生贄《いけにえ》になるだけさ
ケラケラケラケラ
くちゃ
ボキッ
バキッ
ぐちゃ

2
おいっ！
どうすんだ時間《じかん》がねぇぞ
おれは…ひとりで逃《に》げようとした
若林《わかばやし》がいいと思《おも》う…
わ…わたしもそう思《おも》う…
ちょ…
ちょ…っとやめてくれよぉ
わたしも…
おお！
意見《いけん》がまとまってきたんじゃね？
若林《わかばやし》がいいと思《おも》うのは誰《だれ》だ？

若林《わかばやし》に5票《ひょう》
あと3票《びょう》だ…
すっ…
…ごめん
み…南《みなみ》くんまで…

はっ
涼凪《すずな》さん助《たす》けて!!
ぼく生贄《いけにえ》はやだよ…
——…ごめんね若林《わかばやし》くん
ふいっ
す…
そ…そんな…
若林《わかばやし》…おまえに決定《けってい》だ！

――いいな
逃《に》げるなよ…
ガシッ
……うん
いいよ…
ぼくも賛《さん》成《せい》!!
アハハハハハ
悪魔《あくま》よく聞《き》け!
生贄《いけにえ》は若林《わかばやし》だ!!
ふ〜ん
やるじゃないか

デスゲームクリア
きみたちの勝利《しょうり》だ
願《ねが》いをひとつ
だけ叶《かな》えるよ
ツ
え？ ひとつ
だけなの？
どうする？
ひとつなんて
決められないよ
どうしよ…
どう
する？
——…ぼくを
生贄《いけにえ》にした
7人《にん》に
アハハハ
永《えい》遠《えん》の
デスゲーム
を!!!
アハハハ

わかった叶《かな》えよう
生贄《いけにえ》からの願《ねが》いか…こりゃあゆかいだ
わたしたちはいつまでこのゲームをくり返《かえ》せばいいのでしょう…
やはり永遠《えいえん》なのでしょうか？

3
―…わかった
や…やってみるよ
まずは宮原《みやはら》くん
彼《かれ》のいちばん楽《たの》しいときはどんなとき？
え…えっと宮原《みやはら》くん…
みんな大好《だいす》きだー!!
な…仲間《なかま》と遊《あそ》んでいるとき！
悪魔《あくま》!!
あなたの答《こた》えは？

エンド3
？？？
え〜と…宮原《みやはら》はおまえだつたな…
こいつがいちばん楽《たの》しいとき…？
さぁ…早《はや》く答《こた》えてちょうだい
う…うるさい！今《いま》考《かんが》えてるところだろ
ガタッ
楽《たの》しいときだと……？

た…楽《たの》しんでいるときなんていっさいなかったぞ…
じゃあ2問目《もんめ》いくわよ！
次《つぎ》は夏生《なつき》の楽《たの》しいときは？
みんなと合唱《がっしょう》をしているとき！
——もうそんなもの知《し》るかっ!!
ふいっ
…ということは負《ま》けでいいのね？ふたりとも答《こた》えは？

正解《せいかい》！
その通《とお》り!!
よっしゃあぁ!!
ギッ
…願《ねが》いを
ひとつだけ
叶《かな》えてやる…
さっさと
決《き》めろっ!!
わ…わたし
たちを
今《いま》すぐここから
解放《かいほう》して！

ハアア…ッ
みんな無事《ぶじ》でよかった…
若林《わかばやし》…おまえやるじゃん!
おまえのおかげだ…ありがとな

リナ…ごめん わたし…
ううん…わたしも ごめん…
デスゲームが 失敗《しっぱい》に終《お》わるなんて …初《はじ》めてだ
みんな 自分《じぶん》だけは 助《たす》かろうと
醜《みにく》い争《あらそ》いを始《はじ》め 冷静《れいせい》な判断《はんだん》が できなくなる…
——…でも 友《とも》だち…か 楽《たの》しませて もらったな
フッ
いや…ダメだ オレは デモンさまの 計画《けいかく》を台《だい》なしにした
憎《にく》き人間《にんげん》らを おとしいれるために ここに来《き》たんだ

さあ早《はや》く…
次《つぎ》のバカどもが来《こ》ないかな…
この廃墟《はいきょ》で悪魔《あくま》に出会《であ》えるとなんでも願《ねが》いごと叶《かな》えてくれるんだって！
アホらしいけど…行《い》ってみようぜ！
ギイイイ…

23話《わ》 キミに伝《つた》えたい…

それでね…その子《こ》がさ

ぷいっ
それ
ヤバイね
ねえ結衣《ゆい》
どうかした？
ドキッ
うん平気《へいき》
大丈夫《だいじょうぶ》だよ
ねえ…
ねえ…
ゾワッ
いやっ
ねえってば
やめて！

はっ
!!
やっぱり
ぼくのこと 気《き》づいてた
いやあああ
ちょっと～ 結衣《ゆい》!!

ハァ
ハァ
ハァ
ハァ
わたしには霊感《れいかん》があり
しょっちゅう変《へん》なものを見《み》ます…
ハァ
はーー
こわかったぁー
…でも話《はな》しかけられたのは…
初《はじ》めてのことでした
あの…すみません
え？なんですか

ひっっ
…やっと…
見《み》つ……けた
…な…
なんなの?
見《み》つけた
見《み》つけた!!
ガクガク
ブルブル

もうやめて!!
ダッ
はぁ
見《み》つけたってなに…?
はぁ
だ…誰《だれ》かとまちがえているの…?
はぁ
はぁ
あんな人《ひと》
知《し》らない
とにかく逃《に》げなきゃ
きゃあっ

どうして逃《に》げるの？
ぼくの話《はなし》を聞《き》いてよ…
やめて
わたしじゃない…
まちがってない…
キミだよ
誰《だれ》か～助《たす》けて!!

別《べつ》になにもしないよ
…………………え？
キミにお願《ねが》いがある
彼女《かのじょ》にメッセージを伝《つた》えてほしい
メ…メッセージ？
このままじゃ彼女《かのじょ》は…

オレと一葉《いちよ》はみんながうらやむ仲《なか》よしカップルだった…
つきあってもうすぐ1年《ねん》だな…
おまたせ
大輝《だいき》くんっ
うん帰《かえ》ろーぜっ
そして一年記念《いちねんきねん》のデートの日《ひ》…一葉《いちよ》はずっとこの日《ひ》のことを思《おも》いだし泣《な》いている
ハァ ハァ
遅《おそ》くなっちゃった…大輝《だいき》くんもう来《き》てるかな
たっ たっ たっ たっ

事《じ》故《こ》かな
高校生《こうこうせい》
くらいよね…
気《き》の毒《どく》だわ
トラックと
男《おとこ》の子《こ》だって
!!
ま…
まさか
ゴロ ゴロ ゴロ ゴロ
バタ バタ バタ バタ

大《だい》輝《き》くんっ!!
オレは事故《じこ》の翌日《よくじつ》死《し》んでしまった
——数《すう》か月《げつ》後《ご》
大輝《だいき》…くん

ひっく
あの日《ひ》
ひっく
わたしが
待《ま》ちあわせに
遅《おく》れなければ…
そんなことないって!!
ドンッ
ぎゅぅぅぅっ

ふつうの人間《にんげん》にオレの声《こえ》は聞《き》こえない
一葉《いちよ》を救《すく》うこともできないだから――
一葉《いちよ》にオレの言葉《ことば》を届《とど》けてほしい
お願いします!!
おたがいを想《おも》いあっているんですね
はい…わたしがお手伝《てつだ》いできるなら

——数日後《すうじつご》
一葉《いちょ》さん ですよね
ちょっと いいですか
わたしに なにか…
わたし… 霊《れい》が見《み》えます
あっ 待《ま》って!!
え?
ぷいっ

…ここに大輝《だいき》さんがいます
ふざけないで！
本当《ほんとう》なんです!!
今《いま》もあなたをすぐ横《よこ》で見《み》ていて…
あの事故《じこ》の前日《ぜんじつ》…
初《はじ》めてケンカしたんですよね？
!?

なんでそれを…
ほ…本当《ほんとう》に大輝《だいき》くんがいるの？
コクッ
はい…
オレが死《し》んだのは
一葉《いちよ》さんのせいじゃないって
でもっ
あの日《ひ》わたしが遅《おく》れなければ
彼《かれ》は事故《じこ》にあわなかった

あの日《ひ》の前日《ぜんじつ》…
ケンカなんて しなければ 行《い》くか悩《なや》んで 遅刻《ちこく》をする こともなかった のに…
1年記念《ねんきねん》に ほしいもの 前《まえ》に 話《はな》したよね！
それはっ
どきっ
おぼえて ないんだっ‼ もういい
たったったっ
たったっ
お…おい！ 待《ま》てって！
ごそ ごそ
つきあって 1年記念《ねんきねん》に ほしかったもの… 大輝《だいき》さん… ちゃんと おぼえてたん ですよ
スッ

大切《たいせつ》な一葉《いちよ》へ
一葉《いちよ》に手紙《てがみ》を書《か》くのは初《はじ》めてだから
すごくてれるな。
昨日《きのう》はごめん。
サプライズにしたかったから、手紙《てがみ》のことは
忘《わす》れてるフリをしちゃったよ。
これから毎年《まいとし》、一葉《いちよ》に手紙《てがみ》を書《か》きます。
今《いま》はまだ１枚《まい》だけど、これから先《さき》
数《かぞ》えきれないくらいになるよ。
これからもずっとずっとずっといっしょにいようね。
手紙《てがみ》なんてなれてないから、何度《なんど》も書《か》き直《なお》したよ。
マズイ、もうこんな時間《じかん》だ。
待《ま》ち合《あ》わせの時間《じかん》に遅《おく》れちゃう。
先《さき》にあやまっておきます。今日《きょう》は遅《おく》れてごめんね。
一葉《いちよ》を世界一大好《せかいいちだいす》きな大輝《だいき》
大輝《だいき》くんっ

彼《かれ》は今《いま》どこに?
一葉《いちょ》さんの目《め》の前《まえ》です
大輝《だいき》さんの言葉《ことば》そのまま伝《つた》えますね
一葉《いちょ》ごめん オレって本当《ほんとう》バカだな
手紙《てがみ》のこと忘《わす》れたふりして怒《おこ》らせたり…
手紙《てがみ》書《か》いてて遅刻《ちこく》したり…
大好《だいす》きな一葉《いちょ》をよろこばせるどころか
こんなに悲《かな》しませてるなんて…
オレをまだ好《す》きでいてくれるなら…
自分《じぶん》を責《せ》めず笑《わら》っていてほしいんだ

……だ…
…いきくん…

…うん
わかったよ
やっぱり
オレ…
一葉《いちよ》の
笑《わら》った顔《かお》が
大好《だいす》きだ

一葉《いちよ》の笑顔《えがお》が見《み》れた…
結衣《ゆい》ちゃん…ありがとう
霊感《れいかん》があるって悪《わる》いことばかりじゃないのかも…
さよなら大輝《だいき》さん…

24話《わ》 人《にん》間《げん》ゴミばこ

学校《がっこう》のストーリー

恐怖レベル

ゾクッ

自分勝手《じぶんかって》

恐怖の入口

キーンコーン
カーンコーン。
花音《かのん》ちゃん愛海《あいみ》ちゃんまた明日《あした》ね！
…春陽《はるひ》のヘアゴム花音《かのん》がほしがってたやつだよね？
そう…サイアク…
イライラ
イライライラ
春陽《はるひ》ってさ…いい子《こ》ぶっててウザイよね…この前《まえ》もさぁ…
イライライラ

花音《かのん》ちゃん！
あら
春陽《はるひ》ちゃん…
こんにちは！
春陽《はるひ》ちゃんは
これから塾《じゅく》？
ペコ
はい
行《い》ってきます
春陽《はるひ》ちゃんは
勉強《べんきょう》ができて
礼儀正《れいぎただ》しくて
いい子《こ》ねぇ

あなたもっと春陽《はるひ》ちゃんを見習《みなら》いなさいよ
イラァ…
…別《べつ》に見習《みなら》いたくないし…
あ～春陽《はるひ》ってキライ…マジキライ…
じゃあね愛海《あいみ》
じゃーねぇ
イライラ
イライラ
イラ
春陽《はるひ》があのヘアゴムを…
きゃあああ!!
!

あなた ダレ…？
いやぁっ…
——消《き》えた…!?
ね…ねぇ あんた 今《いま》のなに!?
人間《にんげん》ゴミばこにすてたの…

人間《にんげん》ゴミばこに
すてられた
人間《にんげん》はこの世《よ》から
消《き》える…
最初《さいしょ》から存在《そんざい》して
いなかった
ことになるわ
…ありえない…
けどさっき本当《ほんとう》に
消《き》えたし…
スッ
ス
すてたい人間《にんげん》に
この動《うご》きを3回《かい》
見《み》せるだけ…
ス
すてられる
のは1日《にち》に
ひとりまで…
女《おんな》の人《ひと》は水曜《すいよう》で
男《おとこ》の人《ひと》は金曜《きんよう》よ

プッ
アッハハハハ おっかしい!!
町内《ちょうない》のゴミすてと同《おな》じじゃん!
アハハハハハハ
ほかにルールとかあんの?
ないわ… ただ――…
すてたい人間《にんげん》か… そんなの春陽《はるひ》に決《き》まってんじゃん!
…人《ひと》の話《はなし》は最後《さいご》までしっかり聞《き》きましょうって…
学校《がっこう》で教《おそ》わったでしょ

ねぇ春陽《はるひ》…
どうしたの花音《かのん》ちゃん?
ちょっと…相談《そうだん》があって
ふたりだけで話《はな》したいの…
花音《かのん》ちゃんなにか悩《なや》みごと?
ギリ…
おまえがウザイんだよ…

えっ!?
アンタがいると イラつくから
すてちゃうね!!
花音《かのん》ちゃ…
ククククッ…
す…すごい マジで消《き》えちゃった…!
人間《にんげん》ゴミばこって やっぱり本当《ほんとう》 だったんだ…!

ミカってさぁ…
あたしの悪口《わるぐち》
言《い》ってた
らしいじゃん？
ねえ永沼《ながぬま》！
なんだよ
木村《きむら》…
成績《せいせき》いいからって
いつもえらそう
なんだよ!!
…ククク…
あ～人間《にんげん》ゴミばこマジ最強《さいきょう》じゃん!!
これでわたしの世界《せかい》はバラ色《いろ》!!

アッハハハ
イラつく原因《げんいん》は すぐ排除《はいじょ》～♪
このクラス 気《き》づけばだいぶ 減《へ》っちゃったぁ
沢
中山
西山
花音
ねえ聞《き》いてよ 花音《かのん》!!
吉田先生《よしだせんせい》に 服装《ふくそう》のこと 注意《ちゅうい》された～
まかせなよ 愛海《あいみ》
あのね…

人間《にんげん》ゴミばこ…？
なにそれ花音《かのん》怖《こわ》いんですけど～…
ヒソ ヒソ
ヒソ…
ヒソ ヒソ…
ヒソ…
ヒソ ヒソ… ヒソ
愛海《あいみ》から聞《き》いたんだけどさ… 人間《にんげん》消《け》すって…
やだ怖《こわ》～い
頭《あたま》おかしくなってんじゃね？
前《まえ》から思《おも》ってたけど花音《かのん》ってさ…
イラ イラ イラ イラ イラ イラ イラ イラ イラ イラ
キッ!
あんたたち言《い》いたいことあるなら言《い》えば!?
サザッ
愛海《あいみ》のやつ…言《い》いふらしやがって…
ギリィッ…
では教科書をひらいてー

あいつらもマジでウザイなぁ…
イライラ
イラ
あ～もう めんどくさい！
ガタッ
！
おい 木村《きむら》…？
はーいみんな こっち見《み》て～
今日《きょう》はまとめて大《おお》そうじの日《ひ》♪
ズッ
ザワ…

シュンッ
ガラッ
あ～スッキリ
したぁ～!!
シィン…
あれ…？
誰《だれ》も
いない…
となりの教室《きょうしつ》
もカラだ…
ゾク

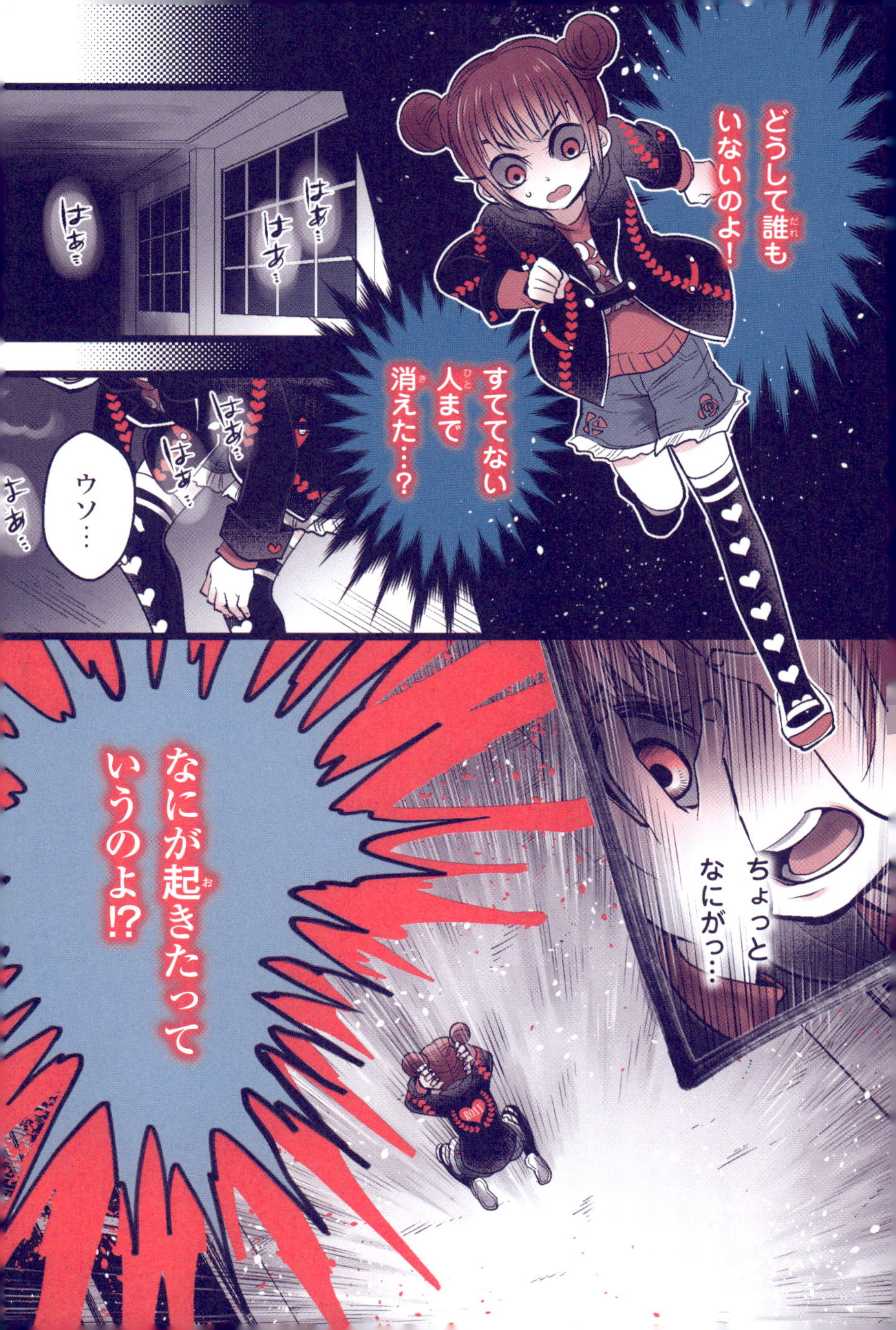

どうして誰《だれ》もいないのよ!
はぁ… はぁ…
はぁ…
すててない人《ひと》まで消《き》えた…?
はぁ… はぁ…
ウソ…
ちょっとなにがっ…
なにが起《お》きたっていうのよ!?

思《おも》ったとおり…
あなたは使《つか》っちゃったのね
あんたは…
ROXY
ねぇ助《たす》けて！誰《だれ》もいないの!!
あたしこんなつもりじゃ…
も…もしかしてすて方《かた》のルールをやぶったから？
フフフフ…
アハハハハ!!

あなたが人間《にんげん》ゴミばこを使《つか》ったからよ!!
なっ…
あんたがあたしに教《おし》えたんでしょ!?
使《つか》えなんてひとことも言《い》ってないわ
それにわたしは最後《さいご》に言《い》いたかった
ないわ…
ただ—…
ただ——…
本当《ほんとう》に使《つか》っていいものなのかをよく考《かんが》えてって——
ヒドイ…

あたしを
だましたのね!!
…あなたは
すぐにイライラ…
そしてなんでも
人《ひと》のせいね…
ハァ…
もうずっと
昔《むかし》に
なるけど…
わたしはこの
学校《がっこう》で先生《せんせい》を
していたの
ゴキゴキゴキ
最近《さいきん》は先生《せんせい》の
話《はなし》をきちんと
聞《き》かなかったり
平気《へいき》で他人《たにん》を
傷《きず》つける子《こ》が
増《ふ》えてしまった
そんな悪《わる》い子《こ》を
見《み》つけておしおき
するために　わたしは
いろんな子《こ》に
人間《にんげん》ゴミばこの
話《はなし》をするの
本当《ほんとう》はそんなもの
マボロシなんだけど…
ザワ…

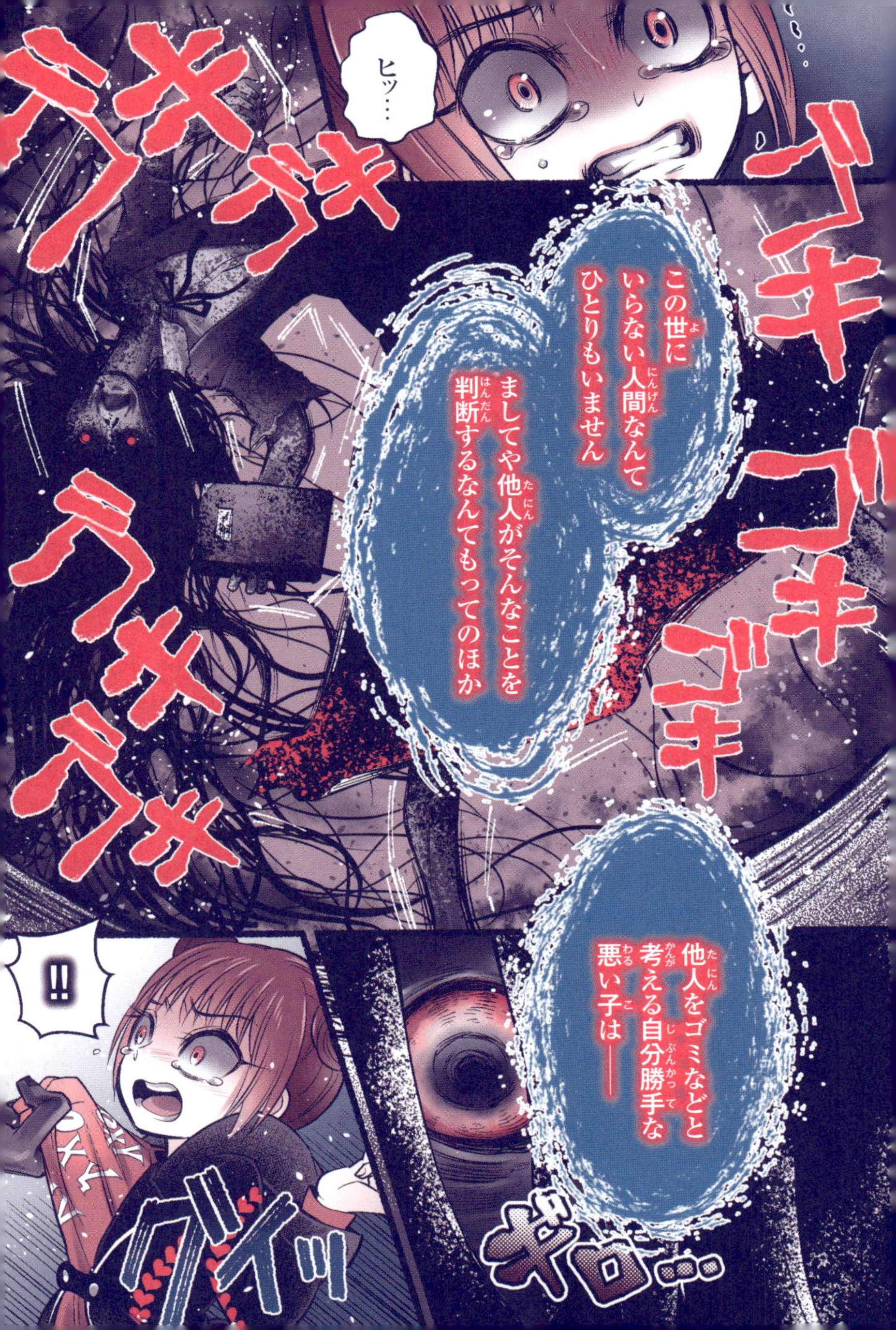
ヒッ…
ゴキゴキゴキ
ベキゴキ
ベキベキ
この世《よ》に
いらない人間《にんげん》なんて
ひとりもいません
ましてや他人《たにん》がそんなことを
判断《はんだん》するなんてもってのほか
他人《たにん》をゴミなどと
考《かんが》える自分勝手《じぶんかって》な
悪《わる》い子《こ》は――
!!
グイッ
ギロ…

ひとりきりで反省《はんせい》しなさい
きゃああぁああぁ

花音《かのん》ちゃん ひとりでなにしてるの…？
さ… さあ
花音《かのん》てば… どうしたの!?
ブツブツ…
ごめんなさい…
ゆるして…
ごめんなさい…
ブツブツ…
ブツブツ…
ごめんなさああい

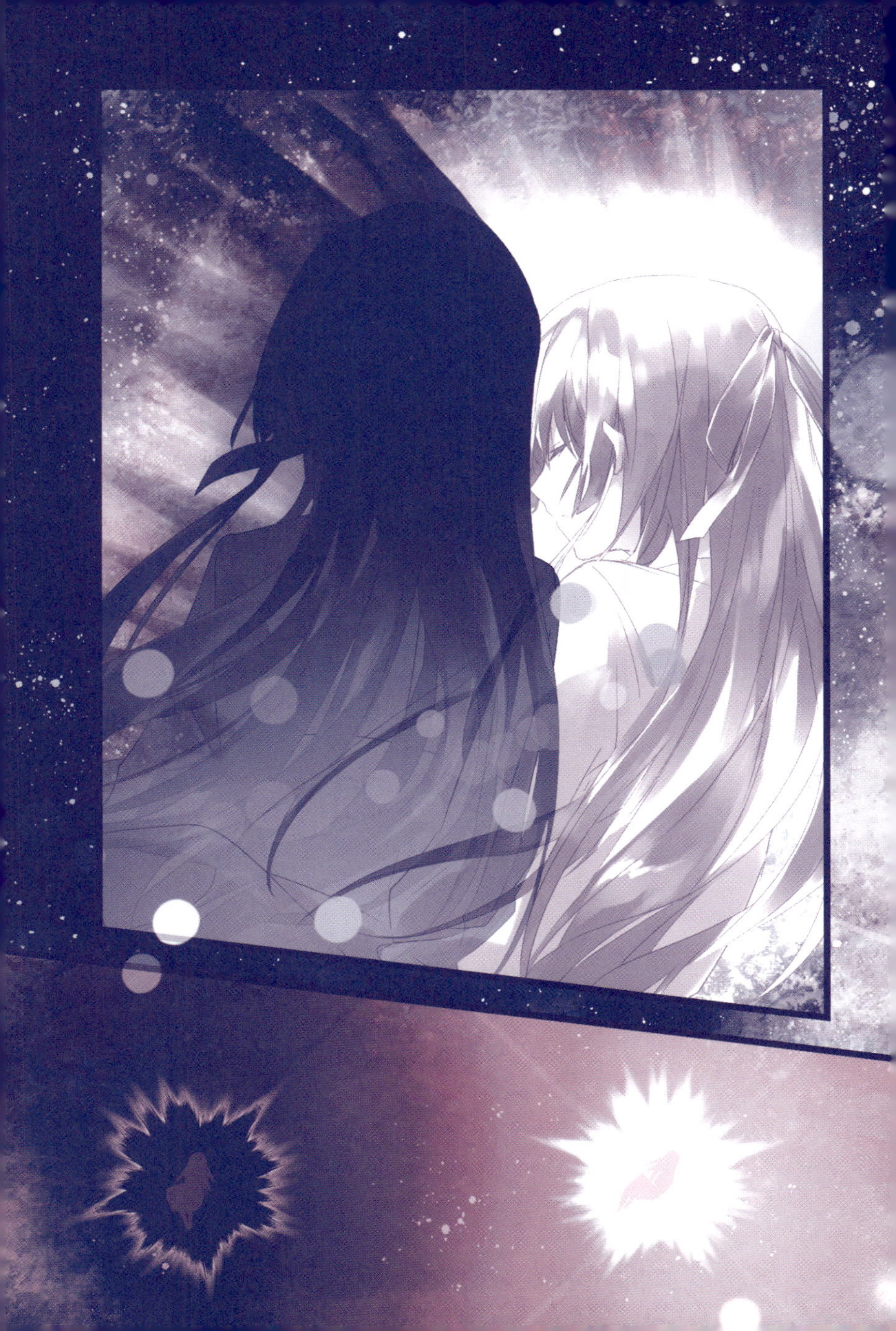

フランソワへ

おそらくまた麗《れい》の夢《ゆめ》を見《み》たんじゃないだろうか？

きみにはショックな話《はなし》だとは思《おも》うが
麗《れい》はもうこの世界《せかい》のどこにもいない。
完全《かんぜん》に消滅《しょうめつ》してしまったと伝《つた》えたほうが
わかりやすいだろうか…。

闇月麗《やみづきれい》は、わたしとエイブがこの世界《せかい》と
いっしょに作《つく》りだしたものだったんだ。
天国《てんごく》と地獄《じごく》。真逆《まぎゃく》の存在《そんざい》の世界《せかい》を作《つく》る際《さい》
これらふたつが争《あらそ》いを起《お》こさぬよう、中立《ちゅうりつ》の印《しるし》として
善《ぜん》と悪《あく》をちょうど半分《はんぶん》ずつ組《く》みあわせたのが彼女《かのじょ》だ。

創造《そうぞう》の玉《たま》をデモンの攻撃《こうげき》から守《まも》ったとき
彼女《かのじょ》は粉々《こなごな》になってしまった。だが、強《つよ》い想《おも》いが
魂《たましい》として残《のこ》り、異空間《いくうかん》をただよい続《つづ》けていたようだ。

しかしそれも時間《じかん》がたち……。闇月麗《やみづきれい》は、もとの善《ぜん》と悪《あく》
のふたつの魂《たましい》にもどったんだ。

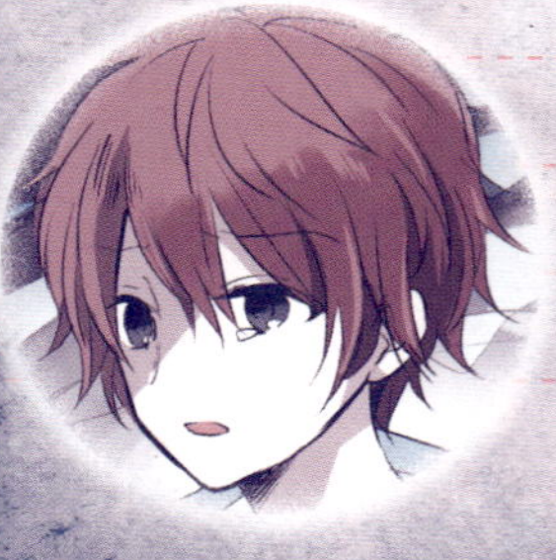

──でも大丈夫《だいじょうぶ》だ。闇月麗《やみづきれい》の魂《たましい》
は、きっとまた新《あたら》しい肉体《にくたい》を得《え》て、
生《う》まれ変《か》わるはずだろう…。

クリクチャー

ミラクルきょうふ！

新《しん》シリーズ　スタート決定《けってい》！

闇月麗《やみづきれい》から分裂《ぶんれつ》した善《ぜん》と悪《あく》の魂《たましい》。
この魂《たましい》から誕生《たんじょう》した『悪魔《あくま》の血《ち》が流《なが》れる女《おんな》の子《こ》』と
『天使《てんし》の血《ち》が流《なが》れる男《おとこ》の子《こ》』の双子《ふたご》が、人間界《にんげんかい》で活《かつ》やくします。
新《あらた》な恐怖《きょうふ》のステージの幕開《まくあ》けを、どうかお楽《たの》しみに……！

あなたのコワ～イ

心霊体験談《しんれいたいけんだん》や不思議《ふしぎ》な話《はなし》を送《おく》ってください…

背筋《せすじ》の凍《こお》るような恐怖体験《きょうふたいけん》を
本《ほん》づくりの参考《さんこう》に
させていただきます。

- 怖《こわ》いウワサ話《ばなし》
- 実際《じっさい》に体験《たいけん》した心霊現象《しんれいげんしょう》
- あなたが考《かんが》えた怖《こわ》い小説《しょうせつ》…など

● 下《した》のあて先《さき》までおハガキ、お手紙《てがみ》のどちらかで送《おく》ってください。
●「ペンネーム」「年《ねん》れい」と、「この本《ほん》で心《こころ》に残《のこ》ったお話《はなし》」を３つ書《か》いてください。
●あわせて下《した》の「恐怖《きょうふ》アンケート」にもお答《こた》えください。

あて先《さき》

〒113-0034　東京都文京区湯島《とうきょうとぶんきょうくゆしま》2-3-13
株式会社《かぶしきがいしゃ》西東社《せいとうしゃ》
「ミラクルきょうふシリーズ 心霊体験談募集《しんれいたいけんだんぼしゅう》」係《がかり》

•小説《しょうせつ》やマンガを作成《さくせい》する際《さい》に応募《おうぼ》いただいたお話《はなし》の一部《いちぶ》を変更《へんこう》したり、内容《ないよう》を加《くわ》えたりすることがあります。
•応募《おうぼ》いただいたお話《はなし》をもとに作成《さくせい》した小説《しょうせつ》やマンガの著作権《ちょさくけん》は、株式会社西東社《かぶしきがいしゃせいとうしゃ》に帰属《きぞく》します。

マンガ——————三葉ミラノ[P4～]　真鍋りか[P24～]　紫月あざみ[P33～]
たちばな梓[P44～、P300～]　青空瑞希[P49～]　hnk[P73～]
とよたさおり[P97～]　るゆ[P102～]　やとさきはる[P113～]
雲七紅[P121～]　三浦采華[P132～]　あまねみこ[P164～]
山部沙耶香[P170～]　こいち[P198～]　花鳥由佳[P216～]
千秋ユウ[P237～]　poto[P281～]　高咲あゆ[P305～]
しめ子[P321～]　ザネリ[P337～]　sanarin[P357～、P382～]
ひなた未夢[P401～]　倫理きよ[P423～]

カバーイラスト——紫月あざみ

イラスト——————青空瑞希　ザネリ　Laruha　三葉ミラノ
やとさきはる　るご　かな助　sanarin

執筆協力——————リバプール株式会社

監修協力——————LUA　ageUN株式会社

取材協力——————志月かなで（株式会社山口敏太郎タートルカンパニー）

カバーデザイン——棟保雅子

デザイン——————佐々木麗奈　柿澤真理子

DTP——————J-9

マンガ原作————08CREATION　青空瑞希[5話]

マンガ原作協力——近藤悠季[23話]・芙雪[24話]（kitty Creators）

編集協力——————08CREATION

ミラクルきょうふ！
本当《ほんとう》に怖《こわ》いストーリー DX《デラックス》

2018年1月15日発行　第1版

編著者　闇月　麗［やみづき　れい］

発行者　若松和紀

発行所　株式会社 西東社
〒113-0034　東京都文京区湯島2-3-13
http://www.seitosha.co.jp/
営業部　03-5800-3120
編集部　03-5800-3121〔お問い合わせ用〕

※本書に記載のない内容のご質問や著者等の連絡先につきましては、お答えできかねます。

ISBN 978-4-7916-2631-1